inspire 3

Méthode de français **B1**

Marie-José Lopes
Delphine Twardowski
de l'Alliance française de Paris-Île-de-France

Avec la collaboration de
Anne-Marie Diogo (DELF)
Joëlle Bonenfant (S'entraîner,
Précis de grammaire, Conjugaisons)
Jean-Thierry Le Bougnec (Phonétique)

Pourquoi inspire ?

Chère collègue, cher collègue,

Les manières de comprendre, d'apprendre, d'être en classe ont énormément changé avec la technologie. Elle a donné à l'apprenant de nouvelles possibilités de s'exprimer, de pratiquer la langue, d'être autonome et de jouer un rôle actif dans son apprentissage. Nous le constatons tous les jours dans nos classes ainsi qu'en mission avec nos collègues étrangers.

Parce que nous pensons que la classe doit être un espace d'échanges, de communication, de productions et de corrections, nous plaçons l'étudiant et l'autonomie au cœur de l'apprentissage.

Inspire est basé sur deux principes fondamentaux : d'une part, il offre un cadre dans lequel les étudiants collaborent, réfléchissent au fonctionnement de la langue et produisent. D'autre part, il permet à l'étudiant de travailler plus librement, à son rythme, en autonomie. Cette possibilité d'hybridation, notamment lors des activités de compréhension et de production, libère du temps pour la communication authentique.

Afin de faciliter la prise de parole et l'argumentation, nous avons construit chaque unité à partir d'une problématique à laquelle les étudiants sont amenés à répondre à la fin des trois leçons.

Pour offrir une expérience vivante et réelle, nous avons choisi des documents authentiques en intégrant les formats issus des nouveaux moyens de communication.

Les étudiants découvriront des techniques pour utiliser le français dans des situations réelles et concrètes. Ils réaliseront des documents qu'ils pourront utiliser et partager.

Nous privilégions la médiation pour impliquer l'étudiant, lui donner un rôle actif. Constamment présente dans le déroulé des leçons, la médiation fait aussi l'objet d'une activité spécifique en fin d'unité. Ainsi, *Inspire* crée un espace à la fois rassurant et respectueux des cultures de tous.

C'est grâce à notre expérience, à nos rencontres mais aussi grâce à vous, chère collègue, cher collègue, qu'*Inspire* est né. Vous nous avez inspirés !

Amicalement,

Marie-José Lopes

Delphine Twardowski

PARCE QUE

Je parle en français devant un miroir pour m'entraîner à bien prononcer.
Kyria, Allemagne

Mon conseil ? Oser parler, se lancer et surtout ne pas avoir honte de son accent !
Enrique, Mexique

Moi, j'ai changé la langue de mon smartphone pour que tout s'affiche en français.
Ricky, Hong Kong

PARCE QUE

France

Sylvie Vaskou, Régine Mertens, Catherine Brumelot, Marthe Vorobiov, Iryna Linde, Frédéric Moussion

Allemagne

Françoise Hynek, Axel Polybe, Christophe Peyrani

Japon

Julien Agaësse, Malvina Lecomte, Sylvain Mokhtari, Xavier Gillard, Guillaume Delaveney, Rodolphe Bourgeois, Nicolas Bouffé, Fabrice Chotin, Charles Hacquel, Antoine Nicolas, Frédéric Lafaye, Fabien Lautier

LES ÉTUDIANTS NOUS ONT PARLÉ DE LEURS EXPÉRIENCES

« Qu'est-ce qui vous a aidé lors de votre apprentissage ? »
Voici leurs témoignages. Vous retrouverez ces étudiants dans les unités d'*Inspire*.

Je lis des romans en français et j'écoute les livres audio en même temps. J'ai beaucoup amélioré ma compréhension.
Carmen, Espagne

Ce qui m'a beaucoup aidée à l'écrit, c'est d'utiliser les réseaux sociaux pour échanger avec des francophones.
Eva, Brésil

Je suis beaucoup de comptes français sur Instagram. Ça me donne des modèles de prononciation !
Raveena, Inde

Mon professeur m'a conseillé des cahiers d'exercices de grammaire pour m'entraîner à la maison.
Étienne, Canada

Je regarde des matchs de foot avec des commentateurs français. C'est super pour saisir le rythme du discours !
Pavel, Russie

J'ai commencé par regarder des films français avec les sous-titres en espagnol. Maintenant, je choisis aussi les sous-titres en français !
Xasia, Mexique

VOUS AVEZ PARTAGÉ VOS IDÉES

Pour nous rapprocher le plus possible de vos pratiques de classe, nous sommes venus à votre rencontre. Merci à tous !

Maroc

Mamadou Wade, Imane Ettoubaji

Grande-Bretagne

Samia Berbachi, William Moissenet, Nathalie Rognon, Christine Thoméré, Francis Zahi

Mexique

Sophie Villate, Prescillia Milhet, Ricardo Gonzáles, Diego Damian Gomez Becerra, Oscar Gamaliel Osorio Garcia, Betty Fritz Delienne, César Paz, Miriam Domínguez Granados

Argentine

Diego Chotro, Victoria Torres, Marie-Hélène Mieszkin

Espagne

Maxime Hunerblaes, Christine Comiti, Audrey Gloanec, Catherine Loche, Christine Josserand, Samara Ibarra, Enriqueta Cabra, Mercedes Castaño, Beatriz de Loizaga, Carlos Pérez, Marina García, Olivier Mathlet, Laetitia Bournazel, Roxane Beauvais

Pour en savoir +

Retrouvez toutes les informations concernant la méthode *Inspire* sur cette brochure interactive.

trois 3

inspire, c'est vous !

PARCE QUE

❯ Documents, thématiques, cultures

Les thématiques de la vie réelle doivent être stimulantes pour maintenir l'intérêt des étudiants. Les documents doivent permettre de rencontrer « le quotidien en français » et la culture.

Roxane Beauvais, Alliance française de Madrid, Espagne

Inspire **propose :**
- des documents variés et de sources authentiques français et francophones pour **intégrer la vie réelle dans la classe** ;
- des thématiques du quotidien pour **agir en français** avec :
  – des tâches collaboratives (rubriques *Agir*),
  – des stratégies pour développer l'autonomie à l'oral et à l'écrit (pages *Techniques pour…*) ;
- des rendez-vous culturels réguliers avec des vidéos et des rubriques dédiées (*Culture(s)*) pour **enrichir les échanges**.

❯ Contenus et activités linguistiques

Les contenus linguistiques doivent être structurés et clairs. Il faut aussi multiplier les activités motivantes qui favorisent la prise de parole et l'utilisation des éléments de langue et de vocabulaire dans des contextes proches du réel.

Ionut Pepenel, professeur au lycée Câmpulung Muscel, Roumanie

Inspire **offre :**
- une approche **en contexte**, **progressive** et **inductive** de la langue avec des étapes de **collaboration** et de **réflexion commune** ;
- des **tableaux synthétiques** de grammaire, vocabulaire et phonétique et une liste des **expressions utiles** en fin d'unité (pages *Faites le point*) ;
- des **capsules vidéos** pour guider l'étudiant dans sa production ;
- de **nombreuses activités** à réaliser seul ou en groupe :
  – des activités de production ludiques,
  – des exercices d'entraînement en contexte,
  – des activités interactives autocorrectives (Parcours digital®).

VOUS NOUS AVEZ FAIT PART DE VOS BESOINS

❯ Outils pour évaluer

> « Les évaluations formatives sont une manière simple pour l'enseignant de savoir où en est l'étudiant et de lui proposer des activités en fonction de ses besoins. J'essaie également d'intégrer l'autoévaluation au fil des cours, ce qui permet aux étudiants de mesurer les progrès qu'ils pensent avoir réalisés et me permet de réadapter mon cours ! L'institution demande des notes. Il faut aussi évaluer de façon sommative. »
>
> Catherine Brumelot, professeure de FLE à l'université, Paris, France

Inspire inclut :
- dans **le livre de l'élève** : une autoévaluation par unité, une évaluation de type DELF toutes les deux unités et une épreuve DELF complète ;
- dans **le cahier d'activités** : un bilan par unité et un portfolio pour faire le point sur son apprentissage ;
- dans **le Parcours digital®** : 250 activités de remédiation et un tableau de bord pour suivre ses progrès ;
- dans **le guide pédagogique** : des tests complémentaires (téléchargeables et modifiables), des fiches d'approfondissement et une épreuve DELF complète.

❯ Outils pour organiser le temps et personnaliser l'apprentissage

> « Le livre doit faciliter la gestion de la classe, m'aider à faire face aux contraintes actuelles : moins de temps en classe, l'organisation du travail, les besoins différents au sein du groupe. »
>
> Samah El Khatib, professeure de FLE en centre universitaire, Beyrouth, Liban

Inspire comprend :
- des exemples systématiques pour **faciliter l'autonomie** ;
- des médias et ressources complémentaires facilement accessibles **en classe ou hors de la classe** (voir le verso de la couverture) ;
- des fiches de révision et d'approfondissement et le Parcours digital® pour **gérer l'hétérogénéité de la classe** ;
- des ressources pensées pour **l'hybridation de votre enseignement** :
  – une démarche didactique compatible avec la classe inversée et favorisant l'autonomie des apprenants,
  – des pistes proposées dans le guide pédagogique pour vous accompagner.

Comment utiliser inspire ?

Le livre de l'élève

- **9 unités** de 4 leçons
- **4 évaluations** de type DELF, toutes les deux unités
- **Des annexes** : une épreuve DELF B1 complète, un tableau des sons du français, un précis de grammaire, des tableaux de conjugaisons, les corrigés des exercices « S'entraîner » et des « Évaluez-vous ! », une carte de France
- **Un livret** avec les transcriptions des enregistrements et des vidéos

 **160 documents audio et 27 vidéos complémentaires**

250 activités autocorrectives pour s'entraîner sur ehachettefle.com

1 unité = 14 pages

Une page d'ouverture
avec le contrat d'apprentissage.

Trois leçons d'apprentissage
en doubles pages, avec un travail sur la langue en contexte.

Les savoir-faire et savoir agir

Les objectifs grammaticaux par leçon

Une vidéo culturelle avec son exploitation à la fin de la troisième leçon

Une double page « Techniques pour… » qui développe l'autonomie en français, à l'oral et à l'écrit, à l'aide de matrices discursives et de la médiation.

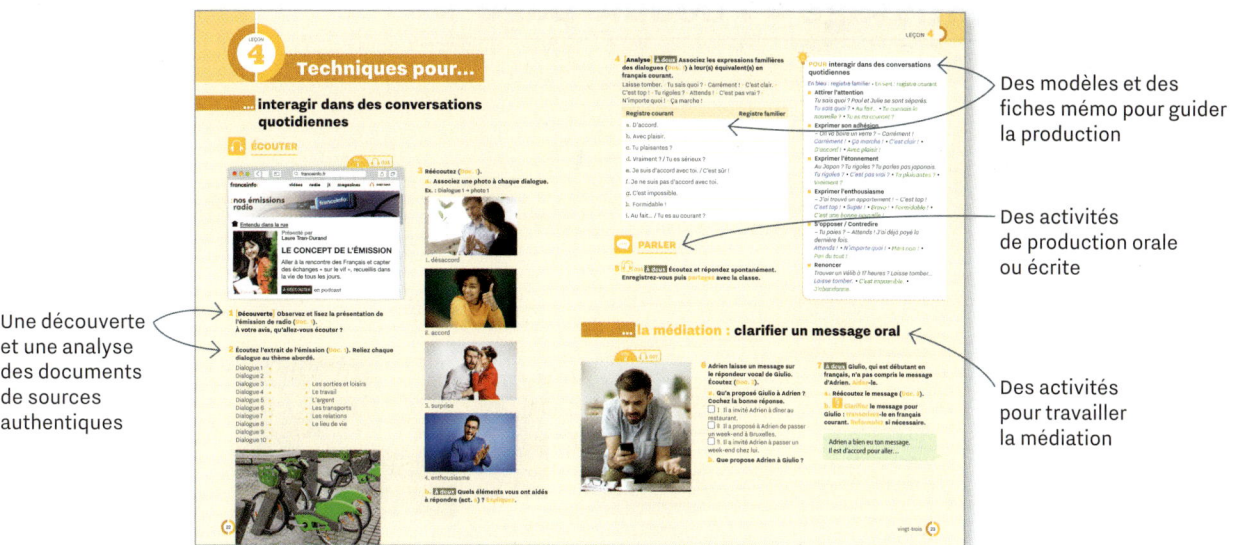

- Une découverte et une analyse des documents de sources authentiques
- Des modèles et des fiches mémo pour guider la production
- Des activités de production orale ou écrite
- Des activités pour travailler la médiation

Deux doubles pages « Langue & S'entraîner »

- Les points de langue par leçon
- Des activités de grammaire 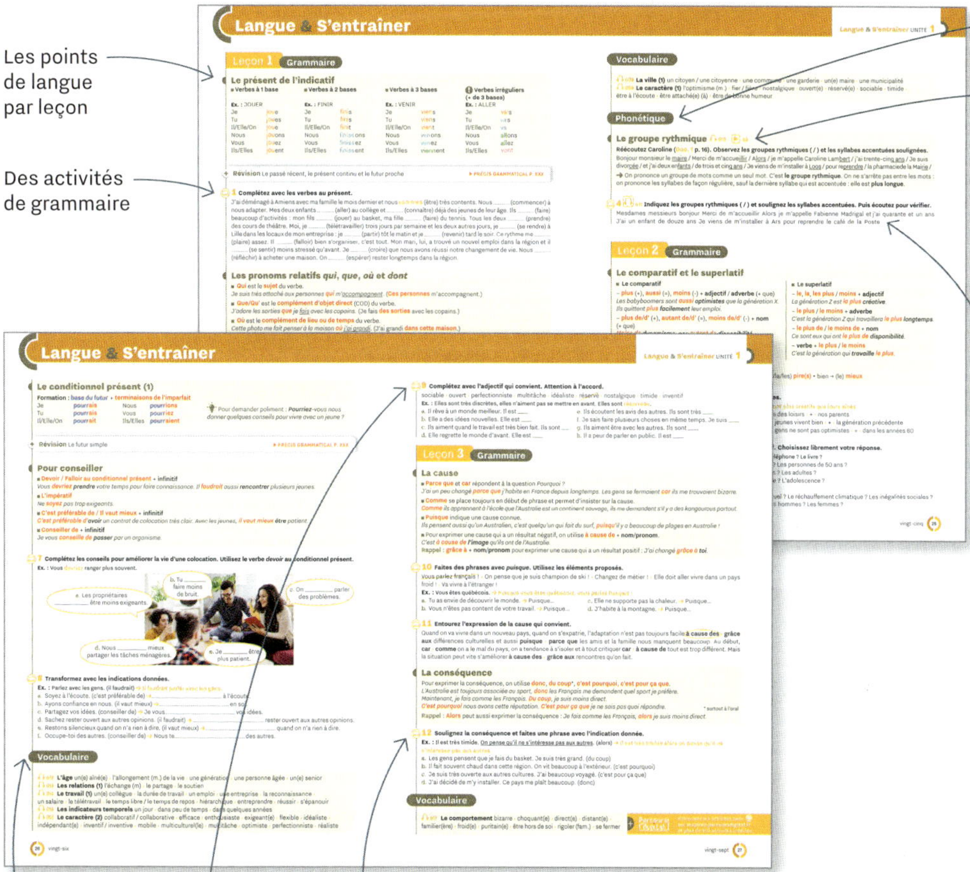
- Un point de phonétique par unité
- Des tutoriels de phonétique en vidéo
- Une activité de phonétique
- Le vocabulaire de la leçon
- Des activités de vocabulaire
- Les exercices marqués du logo sont également disponibles sur le Parcours digital® avec un tableau de bord pour vérifier ses progrès en autonomie. 
- **Une page « Faites le point »** avec la liste des expressions utiles et une autoévaluation à réaliser.

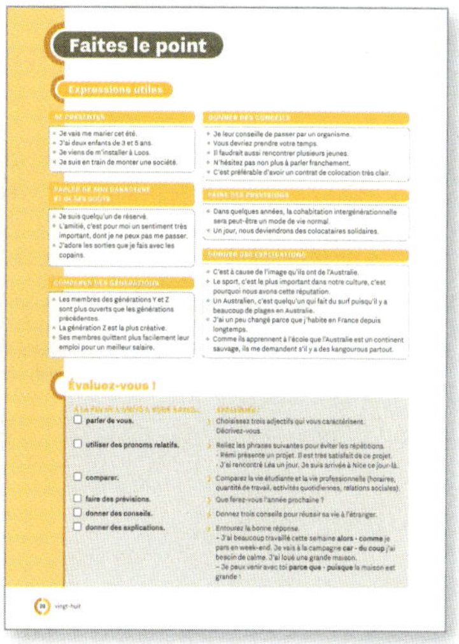

sept 7

Comment utiliser inspire ?

1 leçon d'apprentissage = 1 double page

LEÇON 1

Des documents de source authentique (visuels, oraux et écrits)

La découverte du sens et de la langue, à partir des documents

Une rubrique *Culture(s)*, avec des activités dans le guide pédagogique

Des activités pour favoriser la prise de parole entre élèves

Des tâches orales/écrites avec des options numériques

LEÇON 2

Des modèles de production en vidéo par des étudiants

Des consignes pour introduire des étapes de médiation

Des modalités de travail variées pour des moments d'échange et de travail en autonomie

Des renvois vers les pages « **Langue & S'entraîner** » et vers le **Parcours digital®**

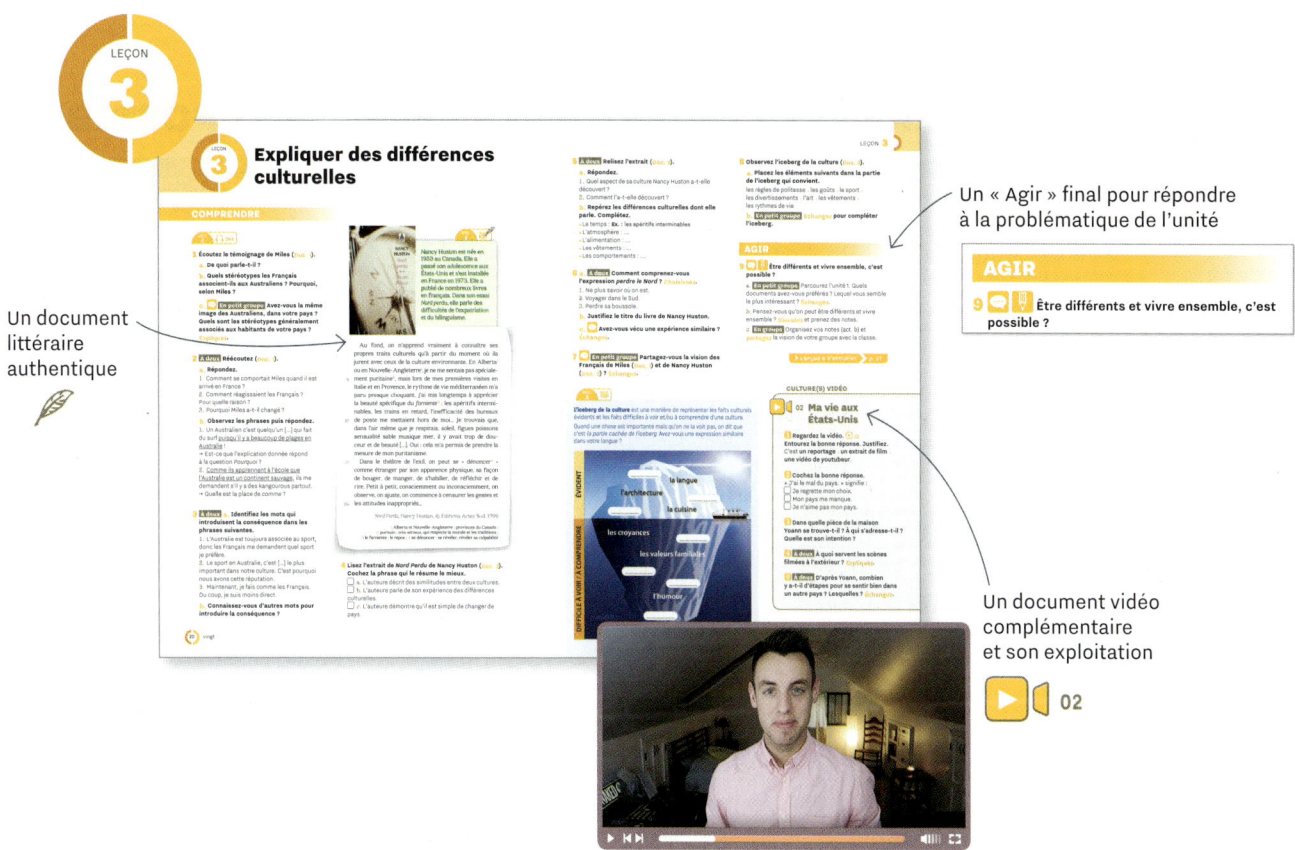

Un document littéraire authentique

Un « Agir » final pour répondre à la problématique de l'unité

Un document vidéo complémentaire et son exploitation

Des repères dans les pages

5  **En petit groupe** Quel thème des groupes de réflexion (Doc. 1) vous intéresse ? **Expliquez**.

⟨ Des consignes qui incluent les **modalités de travail** et des **activités de médiation**

 Écouter   📖 Lire   Parler/Échanger   ✏ Écrire   Regarder

 Activités avec une option numérique

🖥 Exercices des pages « Langue & S'entraîner » également disponibles sur le Parcours digital®

Inspire 3, c'est + de 500 activités d'entraînement !

➕ **100 exercices de systématisation** dans les pages « Langue & S'entraîner » (livre de l'élève + Parcours digital®)

➕ **150 activités autocorrectives inédites** dans le Parcours digital®

➕ **250 activités d'entraînement** avec les corrigés dans le cahier d'activités

Des activités pour s'entraîner en autonomie :

- Activités de compréhension et de production, orales et écrites
- Exercices de réemploi : *Vocabulaire, Grammaire, Conjugaison, Phonétique* et *Culture(s)*
- 2 pages de bilan en fin d'unité et un portfolio en annexe
- 1 épreuve DELF B1 en annexe

Sommaire

UNITÉ 1 — ÊTRE DIFFÉRENTS ET VIVRE ENSEMBLE, C'EST POSSIBLE ?

	Savoir-faire / Savoir agir	Grammaire	Vocabulaire	Phonétique	Socioculturel
LEÇON 1 — Parler de soi	• Se présenter • Parler de son caractère et de ses goûts • Parler de ses activités	• Le présent de l'indicatif • Le passé récent, le présent continu et le futur proche • Les pronoms relatifs *qui*, *que*, *où* et *dont*	• La ville (1) • Le caractère (1)	• Le groupe rythmique	• Le/La maire d'une ville • La participation des habitants
LEÇON 2 — Comprendre les autres	• Comparer des générations • Donner des conseils • Faire des prévisions	• Le comparatif et le superlatif • Le conditionnel présent (1) • Le futur simple • Les expressions pour conseiller	• L'âge • Les relations (1) • Le travail (1) • Les indicateurs temporels • Le caractère (2)		• Les différentes générations • La cohabitation intergénérationnelle
LEÇON 3 — Expliquer des différences culturelles	• Identifier des différences culturelles • Donner des explications	• La cause • La conséquence	• Le comportement		• L'iceberg de la culture • 🖋 *Nord perdu* de Nancy Huston **Culture(s) vidéo** *Ma vie aux États-Unis*
LEÇON 4	**Techniques pour...** • interagir dans des conversations quotidiennes • **la médiation** : clarifier un message oral				

UNITÉ 2 — PEUT-ON COMBATTRE LES INÉGALITÉS ?

	Savoir-faire / Savoir agir	Grammaire	Vocabulaire	Phonétique	Socioculturel
LEÇON 5 — Raconter un engagement	• Exprimer une opposition • Faire un test • Raconter un fait d'actualité • Faire un récit au passé	• L'opposition : *en revanche*, *par contre*, *mais*, *alors que* • L'imparfait et le passé composé • L'accord du participe passé	• Le travail (2) • L'engagement • L'immigration		• L'apprentissage professionnel
LEÇON 6 — Donner son avis	• Mettre en valeur une information • Parler de son parcours professionnel • Exprimer une opinion (1)	• La mise en relief : *ce qui / ce que / ce dont... c'est / ce sont*	• L'état psychologique • L'opinion • Le handicap • L'État • Le travail (3)		• Le service civique • La loi en faveur de l'emploi des travailleurs handicapés
LEÇON 7 — Parler des inégalités	• Commenter un sondage • Nuancer un propos	• La formation des adverbes en *-ment* • La place de l'adverbe	• Les statistiques • L'égalité • L'intensité + Registre familier	• Voyelles nasales et dénasalisation	• Le festival des Solidarités • Le forum Génération Égalité 🖋 *Vis ma vie d'instit* de Lucien Marbœuf **Culture(s) vidéo** *Une Idée Folle*
LEÇON 8	**Techniques pour...** • présenter des statistiques à l'écrit • **la médiation** : illustrer des statistiques				

sommaire

UNITÉ 3 — PEUT-ON TOUT FAIRE EN LIGNE ?

	Savoir-faire / Savoir agir	Grammaire	Vocabulaire	Phonétique	Socioculturel
LEÇON 9 Donner des renseignements	• Exprimer une obligation • Parler d'un service en ligne	• L'obligation • Le subjonctif (1)	• La santé (1) • Les activités en ligne (1) • L'équipement (1)		• L'assurance maladie • La téléconsultation • Les applications de sport en ligne
LEÇON 10 Organiser une activité à distance	• Faire des recommandations • Faire des hypothèses (1) • Exprimer un souhait	• L'hypothèse (1) : *si* + présent + présent ou impératif ; *si* + présent + futur • Le souhait	• Les relations (2) • Les activités en ligne (2) • L'équipement (2)	• Les liaisons	• Le télétravail • Les apéritifs à distance
LEÇON 11 Parler de ses expériences	• Décrire un problème • Exprimer un jugement	• Les pronoms COD et COI • Les pronoms toniques	• La vente en ligne • Les réseaux sociaux • Les nouvelles technologies		• L'association de consommateurs *Que choisir* • La société du « sans contact » • 🖋 *Comme elle l'imagine* de Stéphanie Dupays **Culture(s) vidéo** *Présentation d'un Mooc*
LEÇON 12	**Techniques pour…** • écrire un e-mail de réclamation • **la médiation** : expliquer un terme				

UNITÉ 4 — PROFITONS-NOUS DE NOTRE TEMPS LIBRE ?

	Savoir-faire / Savoir agir	Grammaire	Vocabulaire	Phonétique	Socioculturel
LEÇON 13 S'informer sur les loisirs	• Parler des pratiques de loisirs • Faire des prévisions (1) • Répondre à un sondage • Faire des hypothèses (2)	• L'hypothèse (2) : *si* + imparfait + conditionnel présent • Le conditionnel présent (rappel)	• Les loisirs • L'équipement (3) • Le temps + Le préfixe *multi-*		• Les loisirs des Français • Le réseau social LinkedIn
LEÇON 14 Découvrir un fait de société	• Poser des questions • Expliquer une pratique sociale • Demander des renseignements	• L'interrogation • Le pronom personnel sujet *on*	• Les sciences humaines • La santé (2) • L'analyse • Les activités	• Les voyelles [ø], [œ] et [ə]	• La fatigue à travers les siècles
LEÇON 15 Imaginer	• Rédiger un court texte de fiction • Parler du temps libre	• La négation : *ne… personne / personne… ne, ne… rien / rien… ne, ne… ni… ni… / ni… ni… ne, ne… jamais*	• Le jardin • Les sensations • Le travail (4) + Le préfixe *dé-* ou *dés-*		• Auguste Renoir • 🖋 *Surtout ne rien faire* de Philippe Delerm **Culture(s) vidéo** *Les congés payés*
LEÇON 16	**Techniques pour…** • écrire une newsletter • **la médiation** : expliquer une recette				

onze 11

Sommaire

UNITÉ 5 — COMMENT AMÉLIORER SON CADRE DE VIE ?

	Savoir-faire / Savoir agir	Grammaire	Vocabulaire	Phonétique	Socioculturel
LEÇON 17 Proposer un projet	• Parler de la ville • Donner des précisions sur une action • Situer dans l'espace	• Le gérondif pour exprimer la manière et la simultanéité	• La localisation (1) • La ville (2) • Les espaces verts • Le logement (1) • La loi		• La numérotation de rues de Paris • Le permis de végétaliser
LEÇON 18 Faire visiter un lieu	• Décrire les transformations d'une ville • Situer dans le temps • Organiser une visite guidée	• Le plus-que-parfait • Les marqueurs temporels pour situer dans le temps	• La ville (3) • Le logement (2)		• La ville du Havre • Le Volcan, centre culturel du Havre • Le patrimoine mondial de l'Unesco
LEÇON 19 Parler de son lieu de vie	• Faire un commentaire sur un roman • Décrire un logement • Parler des améliorations du cadre de vie	• L'accord du participe passé avec *avoir*	• La ville (4) • Le logement (3) • Mots tronqués	• Les voyelles [y] et [u] et les semi-consonnes [ɥ] et [w]	• Le prix Goncourt • Les immeubles haussmanniens 🖋 *Marx et la poupée* de Maryam Madjidi **Culture(s) vidéo** *Ville ou campagne ?*
LEÇON 20	**Techniques pour…** • faire un exposé oral • **la médiation** : faire une carte mentale				

UNITÉ 6 — L'ART PEUT-IL CHANGER NOTRE QUOTIDIEN ?

	Savoir-faire / Savoir agir	Grammaire	Vocabulaire	Phonétique	Socioculturel
LEÇON 21 Parler d'une œuvre d'art	• Décrire une œuvre d'art • Donner une appréciation	• La forme passive • La place des adjectifs	• La muséologie • L'architecture • Les arts plastiques • La caractérisation (1) • La musique (1)		• Le musée du Louvre-Lens et la Galerie du temps
LEÇON 22 Nuancer un avis	• Expliquer le travail d'un artiste • Exprimer une utilité • Exprimer une contradiction • Exprimer une opinion (2)	• Les pronoms *y* et *en* • La concession	• Les arts de la rue • La caractérisation (2)		• L'artiste Invader • La gratuité des musées
LEÇON 23 Échanger sur le rôle de l'art	• Expliquer les bienfaits d'un art • Organiser son discours	• Les connecteurs pour organiser son discours	• La santé (3) • La musique (2)	• L'enchaînement vocalique	• La musicothérapie 🖋 *Châtelet-Lilas* de Sébastien Ortiz **Culture(s) vidéo** *Avignon*
LEÇON 24	**Techniques pour…** • faire le cartel d'une œuvre d'art • **la médiation** : expliquer les pictos d'un musée				

sommaire

UNITÉ 7 — SOMMES-NOUS TOUS JOURNALISTES ?

	Savoir-faire / Savoir agir	Grammaire	Vocabulaire	Phonétique	Socioculturel
LEÇON 25 Parler des métiers de l'information	• Caractériser et décrire une profession • Exprimer un objectif • Animer un débat	• Le but • La formation du subjonctif (rappel) (2) • Le participe présent pour caractériser	• Les médias (1)		• La naissance de la presse française • Les influenceurs
LEÇON 26 Transmettre des informations	• Alerter sur les risques d'une pratique • Rapporter des propos • Réagir à une affirmation	• Le discours indirect au présent et au passé	• Les médias (2) • La santé (4)		• L'infobésité
LEÇON 27 S'interroger sur l'information	• Parler des médias • Exprimer une information non vérifiée	• Le conditionnel présent (3)	• La technologie • La rumeur • La caractérisation (3)	• Les consonnes [s], [z], [ʃ] et [ʒ]	• L'intelligence artificielle • 🖋 *Bel-Ami* de Guy de Maupassant **Culture(s) vidéo** *Nous sommes tous médias*
LEÇON 28	**Techniques pour...** • écrire un fait divers • **la médiation** : prendre des notes				

UNITÉ 8 — QUELLE PLACE RÉSERVER AU VIVANT ?

	Savoir-faire / Savoir agir	Grammaire	Vocabulaire	Phonétique	Socioculturel
LEÇON 29 Parler des changements climatiques	• Exprimer des regrets • Faire des reproches • Faire des hypothèses (3)	• L'hypothèse (3) : *si* + plus-que-parfait + conditionnel passé • Le conditionnel passé pour exprimer un regret ou un reproche	• L'écologie (1)		• L'accord de Paris pour le climat
LEÇON 30 Prendre position sur les droits des animaux	• Comprendre des articles de loi • Exprimer un doute • Participer à un débat	• Les adjectifs et les pronoms indéfinis • Le subjonctif (3) pour exprimer le doute	• Le droit • Les animaux • La science	• La semi-consonne [j]	• La déclaration universelle des droits de l'animal • La législation française sur les animaux
LEÇON 31 Agir pour l'avenir	• Faire une proposition • Comprendre le registre familier	• Les élisions dans les phrases au registre familier • Les doubles pronoms	• L'écologie (2) • La solidarité + Registre familier		• Le comportement social des arbres • 🖋 *La Vie secrète des arbres* de Peter Wohlleben **Culture(s) vidéo** *Biomimétisme*
LEÇON 32	**Techniques pour...** • participer à un débat • **la médiation** : gérer un désaccord				

Sommaire

UNITÉ 9 — POURQUOI VOYAGE-T-ON ?

	Savoir-faire / Savoir agir	Grammaire	Vocabulaire	Phonétique	Socioculturel
LEÇON 33 Raconter une expérience	• Raconter au passé • Expliquer une motivation	• Les temps du récit au passé • L'antériorité, la simultanéité et la postériorité	• Les animaux sauvages • La randonnée (1) • L'aventure • La mer (1) • La psychologie		• Le Pacific Crest Trail
LEÇON 34 Parler du tourisme	• Décrire une tendance • Faire des prévisions (2)	• Les pronoms relatifs composés • Le futur antérieur (sensibilisation)	• La randonnée (2) • L'espace		• L'Hexagone • Le tourisme spatial
LEÇON 35 Réfléchir au voyage	• Exprimer des sentiments • Comprendre un texte poétique • Échanger sur le voyage	• Le subjonctif (4)	• Le voyage • La mer (2) • Les sentiments • Le sacré • La localisation (2)	• Les accentuations et les intonations	• Les voyages immobiles • Claude Monet • 🖋 *Le Port* de Charles Baudelaire **Culture(s) vidéo** *Un port normand*
LEÇON 36	Techniques pour… • écrire une lettre de motivation • **la médiation** : interpréter des gestes				

Être différents et vivre ensemble, c'est possible ?

UNITÉ 1

VOUS ALLEZ APPRENDRE À :

- parler de vous
- comprendre les autres
- expliquer des différences culturelles

VOUS ALLEZ UTILISER :

LEÇON 1
- le présent de l'indicatif
- le passé récent, le présent continu et le futur proche
- les pronoms relatifs *qui*, *que*, *où* et *dont*

LEÇON 2
- le comparatif et le superlatif
- le conditionnel présent (1)
- le futur simple
- les expressions pour conseiller

LEÇON 3
- la cause
- la conséquence

TECHNIQUES POUR...

- interagir dans des conversations quotidiennes
- **la médiation :** clarifier un message oral

LANGUE & S'ENTRAÎNER

CULTURE(S) VIDÉO
Ma vie aux États-Unis

LEÇON 1 — Parler de soi

COMPRENDRE

1 Observez la page du site (Doc. 1).

a. Identifiez la ville et la région. Situez-les sur la carte de France à la fin du livre.

b. Entourez la bonne réponse.
1. C'est le site d'une association écologique • d'une mairie • d'un centre culturel.
2. Les associations • La ville et les citoyens • La ville décide(nt) des actions pour la municipalité.

2 Écoutez la réunion municipale (Doc. 1). Quelle phrase résume le mieux la situation ? Cochez.
☐ a. Les nouveaux habitants demandent l'organisation d'activités gratuites.
☐ b. Les nouveaux habitants se retrouvent pour se présenter et choisir un groupe de réflexion.
☐ c. Les nouveaux habitants expliquent leurs difficultés et demandent au maire de trouver des solutions.

3 *En petit groupe* Réécoutez (Doc. 1).

a. Complétez les notes du maire.

RÉUNION DU 5 SEPTEMBRE

	Situation de famille	Motif de l'emménagement	Profession	Centres d'intérêt
Caroline Lambert				
Maria Linares	grand-mère (petits-enfants à Loos)			couture
Philippe Armand				

b. À votre avis, à quel groupe de réflexion Caroline, Maria et Philippe vont-ils participer (Doc. 1) ? Justifiez.

4 *À deux* **a.** Observez les phrases. Conjuguez les verbes en gras à toutes les personnes du présent.
1. Je **reçois** les clients. • 2. J'**apprends** à me servir d'un ordinateur. • 3. J'**envoie** des mails. • 4. Je **joue** au foot. • 5. Je **vais** me marier cet été. • 6. Je **viens** de m'installer à Loos.

b. Dites si ce sont des verbes à une, deux ou trois bases au présent. Identifiez le verbe irrégulier (= qui a plus de 3 bases).
Ex. : 1. je re<u>çois</u> ; nous re<u>cev</u>ons ; ils re<u>çoiv</u>ent → 3 bases

5 *En petit groupe* Quel thème des groupes de réflexion (Doc. 1) vous intéresse ? Expliquez.

Culture(s)

Le/La maire d'une ville est élu(e) par les habitants et dirige la commune avec le conseil municipal. Il/Elle décide des budgets, fait respecter la loi et célèbre les mariages.
→ Qui célèbre les mariages dans votre pays ?

6 Ismaïl et Lola participent à un atelier d'écriture de Loos-en-Gohelle. Lisez leurs textes (Doc. 2).

a. Quelle est, d'après vous, la consigne de la séance ? Échangez.

b. Identifiez la photo choisie par Ismaïl et celle choisie par Lola (Doc. 2). Justifiez.

7 *À deux* Relisez les textes (Doc. 2).

a. Que disent Ismaïl et Lola de leur caractère ?
Ex. : Ismaïl → Je suis très sociable.

b. *Vrai* ou *faux* ? Justifiez.
1. Ismaïl aime la solitude.
2. Pour lui, les amis s'apportent de l'aide.
3. Il utilise toujours les mêmes playlists.
4. Quand Lola était enfant, elle vivait en ville.
5. Elle aime passer du temps avec ses enfants.
6. Elle ne partage pas les textes qu'elle écrit.
7. Elle aime son métier.

LEÇON 1

DOC. 2

A Cette photo me représente. Elle symbolise les amis, c'est-à-dire des personnes qui nous soutiennent et qu'on soutient. Je suis très sociable. J'adore les sorties que je fais avec les copains. L'amitié, c'est pour moi un sentiment très important, dont je ne peux pas me passer. Je suis très attaché aux personnes qui m'accompagnent, à mes amis d'enfance en particulier. Ils disent souvent que je suis toujours de bonne humeur ; je crois qu'ils apprécient mon optimisme. Je ne suis pas quelqu'un de nostalgique, j'aime vivre dans le présent. J'adore organiser des soirées. Je crée des playlists en relation avec le thème choisi pour l'occasion. J'adore les jours où nous faisons la fête, où nous dansons. La musique, c'est quelque chose qui réunit les gens.

Ismaïl

B Cette photo me fait penser à la maison où j'ai grandi. Elle représente le calme, les moments en famille, les longues balades dans la forêt. Quand j'étais enfant, j'étais très timide. Aujourd'hui, je suis plus ouverte ; j'ai changé avec mon travail, avec mes enfants, mais j'apprécie toujours ces moments tranquilles où nous nous réunissons pour parler de nos journées. Quand j'ai le temps, je lis de la poésie, il m'arrive aussi d'écrire mes pensées. C'est une chose dont je ne parle jamais, c'est très personnel.

Dans la vie, je suis quelqu'un de réservé, je suis toujours à l'écoute des gens, et puis je fais un métier dont je suis fière et qui exige beaucoup d'attention et de compréhension : je suis orthophoniste.

Lola

8 **À deux** Relisez (Doc. 2).

a. Observez les phrases. Retrouvez leur équivalent dans le texte B.

1. Cette photo me fait penser <u>à la maison</u>. J'ai grandi <u>dans cette maison</u>.
2. J'apprécie <u>ces moments</u>. Nous nous réunissons <u>pendant ces moments</u>.
3. C'est <u>une chose</u>. Je ne parle jamais <u>de cette chose</u>.

Ex. : 1. → Cette photo me fait penser à la maison où j'ai grandi.

b. Repérez le pronom relatif dans chaque phrase relevée.

c. Quelle est la fonction de *dont* ? Reliez.

1. C'est une chose **dont** •   • *dont* remplace le complément d'un adjectif
   je ne parle jamais.
2. Je fais un métier **dont** •   • *dont* remplace le complément d'un verbe
   je suis fière.

d. Connaissez-vous d'autres pronoms relatifs ? Quelle est leur fonction ? Expliquez avec des phrases du texte A.

AGIR

9 **Parlez de vous à partir d'une photo.**

a. Choisissez une photo de l'atelier d'écriture (Doc. 2) ou une photo personnelle.

b. À partir de cette photo, rédigez un texte pour parler de vous. (Ne précisez pas votre nom.)

c. **À deux** Partagez et **améliorez** vos textes.

d. **En groupe** Lisez les textes et **retrouvez** leur auteur(e).

Créez le groupe de la classe sur un réseau social. Postez vos textes.

> **Langue & S'entraîner**   p. 24-25

LEÇON 2 — Comprendre les autres

COMPRENDRE

Les Echos

Quatre générations, quatre styles

ENTREPRISES

Avec l'allongement de la vie et de la durée du travail, quatre générations se côtoient aujourd'hui dans les entreprises. Quels sont leurs points communs et leurs différences ?

	Baby-boomers nés entre 1945 et 1965	**Génération X** nés entre 1965 et 1980	**Génération Y** nés entre 1980 et 1995	**Génération Z** nés après 1995
Ils ont vécu…	l'invention de la pilule contraceptive	les 35 heures de travail hebdomadaires	les nouvelles technologies	le réchauffement climatique
Objectif professionnel	avoir une reconnaissance personnelle	avoir du temps libre et réussir	s'épanouir en équipe	entreprendre
Objet	la télévision	le CD	la tablette et le téléphone portable	le smartphone
Caractéristiques au travail	- prêts à assumer des responsabilités - optimistes - progressistes - idéalistes	- indépendants - enthousiastes - réalistes - efficaces	- très formés - multiculturels - sociables - collaboratifs	- connectés - inventifs - perfectionnistes - individualistes

Les membres des générations Y et Z sont plus ouverts que les générations précédentes. Ils se sentent bien dans une organisation du travail moins hiérarchique. Ils cherchent un travail en accord avec leurs valeurs. Ils vivent dans un monde hyperconnecté et séparent moins le temps de travail du temps de repos. Ils sont aussi multitâches. Ce sont eux qui ont le plus de disponibilité. Ils apprécient le télétravail et sont très flexibles. Ils sont plus mobiles que les autres et ils aiment travailler à l'étranger. Ils sont surdiplômés et ont commencé à travailler plus tard.

La génération Z est la plus créative et aussi la plus exigeante. Ses membres quittent plus facilement leur emploi pour un meilleur salaire dans une autre entreprise ou un autre pays. Ils veulent vivre mieux. Ils vivent la pire situation sur le plan écologique et cherchent à donner un sens à leur vie.

Les baby-boomers sont aussi optimistes que la génération X mais ils sont moins pragmatiques, plus idéalistes. Ils souffrent parfois de stéréotypes : moins de dynamisme, pas autant de disponibilité. Pourtant, ils travaillent autant que quand ils étaient plus jeunes, peut-être même plus. Ils ont aussi plus de difficultés d'adaptation aux nouveaux moyens de communication.

Mais les différentes générations ont aussi des points communs. Tous les salariés cherchent le respect des managers et les bons rapports avec leurs collègues.

1 Observez l'article du journal *Les Échos* (Doc. 1).

a. Repérez la rubrique.

b. Identifiez les parties de l'article.
1. l'illustration
2. le chapeau
3. le titre
4. le corps de l'article
5. le tableau

2 Lisez l'article (Doc. 1).

a. Quel est le thème ?

b. Soulignez la bonne réponse.

L'article compare **les tâches professionnelles** · **les types de management** · **le rapport au travail** des différentes générations.

LEÇON 2

3 Relisez le tableau (Doc. 1).

a. Quelle génération :
1. est née pendant une période de crise écologique ?
2. est associée à un objet qu'on n'utilise plus beaucoup ?
3. aime travailler en groupe ?
4. est née juste après la Seconde Guerre mondiale ?

b. À deux Quelles caractéristiques au travail vous correspondent le mieux ? Échangez.

4 À deux Relisez le corps de l'article (Doc. 1).

a. Relevez les autres caractéristiques données pour chaque génération.

b. Répondez.
1. Quel problème ont les baby-boomers ? Est-ce justifié ?
2. Quel est l'effet du smartphone sur les générations Y et Z ?
3. Qu'est-ce qui distingue la génération Z des générations précédentes ?

5 À deux **a.** Observez les comparaisons suivantes. Puis complétez avec *comparatif* ou *superlatif*.

- Les baby-boomers sont **aussi** optimistes **que** la génération X mais ils sont **moins** pragmatiques.
- Pourtant, ils travaillent **autant que** quand ils étaient plus jeunes.
- [Ils] quittent **plus** facilement leur emploi pour un **meilleur** salaire.
- Ce sont eux qui ont **le plus de** disponibilité.
- La génération Z est **la plus** créative.

1. Pour comparer un élément à tous les autres, on utilise le _____ .
2. Pour comparer deux éléments, on utilise le _____ .

b. Reliez.

bien • • meilleur(e)
mauvais(e) • • mieux
bon(ne) • • pire

6 En petit groupe À quelle génération appartenez-vous ? Êtes-vous d'accord avec les caractéristiques présentées ? Échangez.

7 Écoutez l'émission de radio (Doc. 2).

a. Quel est le thème de l'émission ? Qui sont les intervenants ?

b. Mettez dans l'ordre les parties de l'émission.
1. Prévisions sur les logements du futur
2. Données sur la cohabitation intergénérationnelle
3. Témoignage sur la cohabitation intergénérationnelle

c. Quel est l'objectif du témoignage ?

8 À deux Réécoutez (Doc. 2).

a. Relevez les conseils de Francine.
Ex. : Il faudrait aussi rencontrer plusieurs jeunes.

b. Associez les conseils relevés aux formes et structures suivantes.
1. *conseiller de* + infinitif • 2. *falloir / devoir* au conditionnel + infinitif • 3. *valoir mieux* + infinitif • 4. l'impératif

c. Pourquoi Francine recommande-t-elle la colocation intergénérationnelle ?

9 En petit groupe Regardez la vidéo de Raveena et répondez.

Et vous, dans votre culture, vous donnez quelle place aux personnes âgées ?
 01

10 À deux Réécoutez la fin de l'émission (Doc. 2).

a. Comment vivront les gens en coliving ? Retrouvez les prévisions du journaliste au sujet :
1. du quotidien. 2. de la vie sociale. 3. du logement.

b. Quel temps utilise le journaliste pour faire ses prévisions ? Comment conjugue-t-on ce temps ?

AGIR

11 Créez un guide du travail collaboratif en classe.

a. En petit groupe Comparez vos manières d'apprendre dans votre groupe.

b. Listez les points communs et les différences. Expliquez.

c. Rédigez des conseils pour vous aider à travailler ensemble.

d. En groupe Partagez vos conseils avec la classe. Sélectionnez 10 conseils.

> Langue & S'entraîner ▶ p. 25-27

DOC. 2 🎧 003

LEÇON 3 — Expliquer des différences culturelles

COMPRENDRE

DOC. 1 — 004

1 Écoutez le témoignage de Miles (Doc. 1).

a. De quoi parle-t-il ?

b. Quels stéréotypes les Français associent-ils aux Australiens ? Pourquoi, selon Miles ?

c. En petit groupe Avez-vous la même image des Australiens, dans votre pays ? Quels sont les stéréotypes généralement associés aux habitants de votre pays ? Expliquez.

2 À deux Réécoutez (Doc. 1).

a. Répondez.
1. Comment se comportait Miles quand il est arrivé en France ?
2. Comment réagissaient les Français ? Pour quelle raison ?
3. Pourquoi Miles a-t-il changé ?

b. Observez les phrases puis répondez.
1. Un Australien c'est quelqu'un [...] qui fait du surf puisqu'il y a beaucoup de plages en Australie !
→ Est-ce que l'explication donnée répond à la question *Pourquoi* ?
2. Comme ils apprennent à l'école que l'Australie est un continent sauvage, ils me demandent s'il y a des kangourous partout.
→ Quelle est la place de *comme* ?

3 À deux **a.** Identifiez les mots qui introduisent la conséquence dans les phrases suivantes.
1. L'Australie est toujours associée au sport, donc les Français me demandent quel sport je préfère.
2. Le sport en Australie, c'est [...] le plus important dans notre culture. C'est pourquoi nous avons cette réputation.
3. Maintenant, je fais comme les Français. Du coup, je suis moins direct.

b. Connaissez-vous d'autres mots pour introduire la conséquence ?

DOC. 2

Nancy Huston est née en 1953 au Canada. Elle a passé son adolescence aux États-Unis et s'est installée en France en 1973. Elle a publié de nombreux livres en français. Dans son essai *Nord perdu*, elle parle des difficultés de l'expatriation et du bilinguisme.

Au fond, on n'apprend vraiment à connaître ses propres traits culturels qu'à partir du moment où ils jurent avec ceux de la culture environnante. En Alberta¹ ou en Nouvelle-Angleterre², je ne me sentais pas spéciale-
5 ment puritaine³, mais lors de mes premières visites en Italie et en Provence, le rythme de vie méditerranéen m'a paru presque choquant. J'ai mis longtemps à apprécier la beauté spécifique du *farniente*⁴ : les apéritifs intermi- nables, les trains en retard, l'inefficacité des bureaux
10 de poste me mettaient hors de moi… Je trouvais que, dans l'air même que je respirais, soleil, figues poissons sensualité sable musique mer, il y avait trop de dou- ceur et de beauté [...]. Oui : cela m'a permis de prendre la mesure de mon puritanisme.
15   Dans le théâtre de l'exil, on peut se « dénoncer⁵ » comme étranger par son apparence physique, sa façon de bouger, de manger, de s'habiller, de réfléchir et de rire. Petit à petit, consciemment ou inconsciemment, on observe, on ajuste, on commence à censurer les gestes et
20 les attitudes inappropriés…

Nord perdu, Nancy Huston, © Éditions Actes Sud, 1999

1 Alberta : province du Canada ; 2 Nouvelle Angleterre : région des États-Unis ; 3 puritain : très sérieux, qui respecte la morale et les traditions ; 4 le farniente : le repos ; 5 se dénoncer : se révéler, révéler sa culpabilité

4 Lisez l'extrait de *Nord Perdu* de Nancy Huston (Doc. 2). Cochez la phrase qui le résume le mieux.

☐ **a.** L'auteure décrit des similitudes entre deux cultures.
☐ **b.** L'auteure parle de son expérience des différences culturelles.
☐ **c.** L'auteure démontre qu'il est simple de changer de pays.

LEÇON 3

5 À deux Relisez l'extrait (Doc. 2).

  a. Répondez.
  1. Quel aspect de sa culture Nancy Huston a-t-elle découvert ?
  2. Comment l'a-t-elle découvert ?

  b. Repérez les différences culturelles dont elle parle. Complétez.
  • Le temps : **Ex.** : les apéritifs interminables
  • L'atmosphère : …
  • L'alimentation : …
  • Les vêtements : …
  • Les comportements : …

6 a. À deux Comment comprenez-vous l'expression *perdre le Nord* ? Choisissez.
  1. Ne plus savoir où on est.
  2. Voyager dans le Sud.
  3. Perdre sa boussole.

  b. Justifiez le titre du livre de Nancy Huston.

  c. Avez-vous vécu une expérience similaire ? Échangez.

7 En petit groupe Partagez-vous la vision des Français de Miles (Doc. 1) et de Nancy Huston (Doc. 2) ? Échangez.

8 Observez l'iceberg de la culture (Doc. 3).

  a. Placez les éléments suivants dans la partie de l'iceberg qui convient.
  les règles de politesse • les goûts • le sport • les divertissements • l'art • les vêtements • les rythmes de vie

  b. En petit groupe Échangez pour compléter l'iceberg.

AGIR

9 Être différents et vivre ensemble, c'est possible ?

  a. En petit groupe Parcourez l'unité 1. Quels documents avez-vous préférés ? Lequel vous semble le plus intéressant ? Échangez.

  b. Pensez-vous qu'on peut être différents et vivre ensemble ? Discutez et prenez des notes.

  c. En groupe Organisez vos notes (act. **b**) et partagez la vision de votre groupe avec la classe.

> Langue & S'entraîner p. 27

DOC. 3

L'iceberg de la culture est une manière de représenter les faits culturels évidents et les faits difficiles à voir et/ou à comprendre d'une culture. Quand une chose est importante mais qu'on ne la voit pas, on dit que c'est *la partie cachée de l'iceberg*. Avez-vous une expression similaire dans votre langue ?

CULTURE(S) VIDÉO

02 Ma vie aux États-Unis

1 Regardez la vidéo. ▶ 02
Entourez la bonne réponse. Justifiez.
C'est un reportage • un extrait de film • une vidéo de youtubeur.

2 Cochez la bonne réponse.
« J'ai le mal du pays. » signifie :
☐ Je regrette mon choix.
☐ Mon pays me manque.
☐ Je n'aime pas mon pays.

3 Dans quelle pièce de la maison Yoann se trouve-t-il ? À qui s'adresse-t-il ? Quelle est son intention ?

4 À deux À quoi servent les scènes filmées à l'extérieur ? Expliquez.

5 À deux D'après Yoann, combien y a-t-il d'étapes pour se sentir bien dans un autre pays ? Lesquelles ? Échangez.

LEÇON 4

Techniques pour...

... interagir dans des conversations quotidiennes

🎧 ÉCOUTER

DOC. 1 🎧 005

franceinfo.fr

franceinfo: vidéos radio jt magazines DIRECT RADIO

:nos émissions radio

🏠 **Entendu dans la rue**

Présenté par Laure Tran-Durand

LE CONCEPT DE L'ÉMISSION

Aller à la rencontre des Français et capter des échanges « sur le vif », recueillis dans la vie de tous les jours.

À RÉÉCOUTER en podcast

1 [Découverte] Observez et lisez la présentation de l'émission de radio (Doc. 1).
À votre avis, qu'allez-vous écouter ?

2 Écoutez l'extrait de l'émission (Doc. 1). Reliez chaque dialogue au thème abordé.

Dialogue 1 •
Dialogue 2 •
Dialogue 3 •   • Les sorties et loisirs
Dialogue 4 •   • Le travail
Dialogue 5 •   • L'argent
Dialogue 6 •   • Les transports
Dialogue 7 •   • Les relations
Dialogue 8 •   • Le lieu de vie
Dialogue 9 •
Dialogue 10 •

3 Réécoutez (Doc. 1).

a. Associez une photo à chaque dialogue.

Ex. : Dialogue 1 → photo 1

1. désaccord

2. accord

3. surprise

4. enthousiasme

b. À deux Quels éléments vous ont aidés à répondre (act. a) ? Expliquez.

LEÇON 4

4 [Analyse] À deux Associez les expressions familières des dialogues (Doc. 1) à leur(s) équivalent(s) en français courant.

Laisse tomber. • Tu sais quoi ? • Carrément ! • C'est clair. • C'est top ! • Tu rigoles ? • Attends ! • C'est pas vrai ? • N'importe quoi ! • Ça marche !

Registre courant	Registre familier
a. D'accord.	
b. Avec plaisir.	
c. Tu plaisantes ?	
d. Vraiment ? / Tu es sérieux ?	
e. Je suis d'accord avec toi. / C'est sûr !	
f. Je ne suis pas d'accord avec toi.	
g. C'est impossible.	
h. Formidable !	
i. Au fait… / Tu es au courant ?	

PARLER

5 À deux  006 Écoutez et répondez spontanément. Enregistrez-vous puis partagez avec la classe.

> **POUR** interagir dans des conversations quotidiennes
>
> En bleu : registre familier • En vert : registre courant
>
> ■ **Attirer l'attention**
> *Tu sais quoi ? Paul et Julie se sont séparés.*
> Tu sais quoi ? • Au fait… • Tu connais la nouvelle ? • Tu es au courant ?
>
> ■ **Exprimer son adhésion**
> *– On va boire un verre ? – Carrément !*
> Carrément ! • Ça marche ! • C'est clair ! • D'accord ! • Avec plaisir !
>
> ■ **Exprimer l'étonnement**
> *Au Japon ? Tu rigoles ? Tu parles pas japonais.*
> Tu rigoles ? • C'est pas vrai ? • Tu plaisantes ? • Vraiment ?
>
> ■ **Exprimer l'enthousiasme**
> *– J'ai trouvé un appartement ! – C'est top !*
> C'est top ! • Super ! • Bravo ! • Formidable ! • C'est une bonne nouvelle !
>
> ■ **S'opposer / Contredire**
> *– Tu paies ? – Attends ! J'ai déjà payé la dernière fois.*
> Attends ! • N'importe quoi ! • Mais non ! • Pas du tout !
>
> ■ **Renoncer**
> *Trouver un Vélib à 17 heures ? Laisse tomber…*
> Laisse tomber. • C'est impossible. • J'abandonne.

… la médiation : clarifier un message oral

DOC. 2 🎧 007

6 Adrien laisse un message sur le répondeur vocal de Giulio. Écoutez (Doc. 2).

a. Qu'a proposé Giulio à Adrien ? Cochez la bonne réponse.
☐ 1. Il a invité Adrien à dîner au restaurant.
☐ 2. Il a proposé à Adrien de passer un week-end à Bruxelles.
☐ 3. Il a invité Adrien à passer un week-end chez lui.

b. Que propose Adrien à Giulio ?

7 À deux Giulio, qui est débutant en français, n'a pas compris le message d'Adrien. Aidez-le.

a. Réécoutez le message (Doc. 2).

b. ✏️ Clarifiez le message pour Giulio : transcrivez-le en français courant. Reformulez si nécessaire.

> Adrien a bien eu ton message. Il est d'accord pour aller…

Langue & S'entraîner

Leçon 1 — Grammaire

Le présent de l'indicatif

Verbes à 1 base

Ex. : JOUER
- Je joue
- Tu joues
- Il/Elle/On joue
- Nous jouons
- Vous jouez
- Ils/Elles jouent

Verbes à 2 bases

Ex. : FINIR
- Je finis
- Tu finis
- Il/Elle/On finit
- Nous finissons
- Vous finissez
- Ils/Elles finissent

Verbes à 3 bases

Ex. : VENIR
- Je viens
- Tu viens
- Il/Elle/On vient
- Nous venons
- Vous venez
- Ils/Elles viennent

Verbes irréguliers (+ de 3 bases)

Ex. : ALLER
- Je vais
- Tu vas
- Il/Elle/On va
- Nous allons
- Vous allez
- Ils/Elles vont

+ Révision Le passé récent, le présent continu et le futur proche ▶ PRÉCIS GRAMMATICAL P. 173-175

1 Complétez avec les verbes au présent.

J'ai déménagé à Amiens avec ma famille le mois dernier et nous sommes (être) très contents. Nous .... (commencer) à nous adapter. Mes deux enfants .... (aller) au collège et .... (connaître) déjà des jeunes de leur âge. Ils .... (faire) beaucoup d'activités : mon fils .... (jouer) au basket, ma fille .... (faire) du tennis. Tous les deux .... (prendre) des cours de théâtre. Moi, je .... (télétravailler) trois jours par semaine et les deux autres jours, je .... (se rendre) à Lille dans les locaux de mon entreprise : je .... (partir) tôt le matin et je .... (revenir) tard le soir. Ce rythme me .... (plaire) assez. Il .... (falloir) bien s'organiser, c'est tout. Mon mari, lui, a trouvé un nouvel emploi dans la région et il .... (se sentir) moins stressé qu'avant. Je .... (croire) que nous avons réussi notre changement de vie. Nous .... (réfléchir) à acheter une maison. On .... (espérer) rester longtemps dans la région.

Les pronoms relatifs *qui*, *que*, *où* et *dont*

■ **Qui** est le **sujet** du verbe.
Je suis très attaché aux personnes qui m'accompagnent. (**Ces personnes** m'accompagnent.)

■ **Que/Qu'** est le **complément d'objet direct** (COD) du verbe.
J'adore les sorties que je fais avec les copains. (Je fais **des sorties** avec les copains.)

■ **Où** est le **complément de lieu ou de temps** du verbe.
Cette photo me fait penser à la maison où j'ai grandi. (J'ai grandi **dans cette maison**.)
J'apprécie toujours ces moments où nous nous réunissons. (Nous nous réunissons **pendant ces moments**.)

■ **Dont** est :
– **le complément d'un verbe** introduit par **de**. **Ex.** : parler de, se souvenir de…
C'est une chose dont je ne parle jamais. (Je ne parle jamais **de cette chose**.)
– **le complément d'un adjectif** introduit par **de**. **Ex.** : être fier de, heureux de…
Je fais un métier dont je suis fière. (Je suis fière **de mon métier**.)

2 Mettez les mots dans l'ordre. Puis dites si *où* est complément de lieu ou de temps.

Ex. : travaille • c'est le bâtiment • où • le maire → C'est le bâtiment où le maire travaille. / où = complément de lieu
a. du jour • où • je me souviens • je suis devenue maire
b. magnifique • où • les réunions • est • la salle de la mairie • ont lieu
c. dans une commune • participent aux décisions • les habitants • on habite • où
d. où • les moments • j'adore • des nouveaux projets • nous discutons

3 Faites une seule phrase avec *dont*.

Ex. : J'ai créé un centre culturel. Je suis très fière de ce centre. → J'ai créé un centre culturel dont je suis très fière.
a. Le maire a mis en place la garderie pour enfants. La ville avait besoin de cette garderie.
b. La peinture est un loisir. Je ne peux pas me passer de ce loisir.
c. J'ai rencontré une chanteuse. Je suis fan de cette chanteuse.
d. Voici le nouveau projet. Je t'ai parlé de ce projet.
e. On a créé l'atelier théâtre. Les habitants avaient envie de cet atelier.

Langue & S'entraîner UNITÉ 1

Vocabulaire

🎧 008 **La ville (1)** un citoyen / une citoyenne • une commune • une garderie • un(e) maire • une municipalité

🎧 009 **Le caractère (1)** l'optimisme (m.) • fier / fière • nostalgique • ouvert(e) • réservé(e) • sociable • timide • être à l'écoute • être attaché(e) (à) • être de bonne humeur

Phonétique

Le groupe rythmique 🎧 010 ▶ 03

Réécoutez Caroline (**Doc. 1** p. 16). Observez les groupes rythmiques (/) et les syllabes accentuées soulignées.
Bonjour monsieur le <u>maire</u> / Merci de m'accue<u>illir</u> / A<u>lors</u> / je m'appelle Caroline Lam<u>bert</u> / j'ai trente-cin<u>q ans</u> / Je suis divor<u>cée</u> / et j'ai deux en<u>fants</u> / de trois et cin<u>q ans</u> / Je viens de m'installer à <u>Loos</u> / pour re<u>prendre</u> / la pharmacie de la <u>Mairie</u> /

→ On prononce un groupe de mots comme un seul mot. C'est **le groupe rythmique**. On ne s'arrête pas entre les mots : on prononce les syllabes de façon régulière, sauf la dernière syllabe qui est accentuée : elle est **plus longue**.

4 🎧 011 Indiquez les groupes rythmiques (/) et soulignez les syllabes accentuées. Puis écoutez pour vérifier.
Mesdames messieurs bonjour Merci de m'accueillir Alors je m'appelle Fabien Madrigal et j'ai quarante et un ans J'ai un enfant de douze ans Je viens de m'installer à Ars pour reprendre le café de la Poste

Leçon 2 — Grammaire

Le comparatif et le superlatif

■ **Le comparatif**
– **plus** (+), **aussi** (=), **moins** (-) + **adjectif / adverbe** (+ que)
Les baby-boomers sont aussi optimistes que la génération X.
Ils quittent plus facilement leur emploi.

– **plus de/d'** (+), **autant de/d'** (=), **moins de/d'** (-) + **nom** (+ que)
Moins de dynamisme, pas autant de disponibilité.

– **verbe** + **plus** (+), **autant** (=), **moins** (-) (+ que)
Ils travaillent autant que quand ils étaient plus jeunes.

■ **Le superlatif**
– **le, la, les plus / moins** + **adjectif**
La génération Z est la plus créative.

– **le plus / le moins** + **adverbe**
C'est la génération Z qui travaillera le plus longtemps.

– **le plus de / le moins de** + **nom**
Ce sont eux qui ont le plus de disponibilité.

– **verbe** + **le plus / le moins**
C'est la génération qui travaille le plus.

❗ **Comparatifs et superlatifs irréguliers**
bon(ne)(s) → (le/la/les) **meilleur(e)(s)** • mauvais(e)(s) → (le/la/les) **pire(s)** • bien → (le) **mieux**

5 Faites une comparaison avec les indications données.
Ex. : Les jeunes sont créatifs • + • leurs aînés → Les jeunes sont plus créatifs que leurs aînés.
a. On vit • + • longtemps • avant
b. Les femmes travaillent • = • les hommes
c. Mon père gagne de l'argent • - • ma mère
d. On a des loisirs • + • nos parents
e. Les jeunes vivent bien • + • la génération précédente
f. Les gens ne sont pas optimistes • = • dans les années 60

6 À deux Complétez les questions avec un superlatif. Choisissez librement votre réponse.
Ex. : Quel est, pour vous, l'objet **le plus utile** (+ / utile) ? Le téléphone ? Le livre ?
a. Qui trouve du travail .... (- / facilement) ? Les jeunes ? Les personnes de 50 ans ?
b. Qui a .... (+ / temps libre) pour s'amuser ? Les enfants ? Les adultes ?
c. Quelle est .... (+ / bonne) période de la vie ? L'enfance ? L'adolescence ?
d. Où vit-on .... (+ / bien) ? En ville ? À la campagne ?
e. Quel est .... (+++ / mauvais) problème de société actuel ? Le réchauffement climatique ? Les inégalités sociales ?
f. En ce qui concerne les salaires, qui gagne .... (-) ? Les hommes ? Les femmes ?

Langue & S'entraîner

Le conditionnel présent (1)

Formation : base du futur + terminaisons de l'imparfait

Je	pourr**ais**	Nous	pourr**ions**
Tu	pourr**ais**	Vous	pourr**iez**
Il/Elle/On	pourr**ait**	Ils/Elles	pourr**aient**

💡 Pour demander poliment : **Pourriez**-vous nous donner quelques conseils pour vivre avec un jeune ?

+ Révision Le futur simple

▶ PRÉCIS GRAMMATICAL P. 174

Pour conseiller

■ **Devoir / Falloir au conditionnel présent + infinitif**
Vous **devriez prendre** votre temps pour faire connaissance. Il **faudrait** aussi **rencontrer** plusieurs jeunes.

■ **L'impératif**
Ne **soyez** pas trop exigeants.

■ **C'est préférable de / Il vaut mieux + infinitif**
C'est préférable d'avoir un contrat de colocation très clair. Avec les jeunes, **il vaut mieux être** patient.

■ **Conseiller de + infinitif**
Je vous **conseille de passer** par un organisme.

7 Complétez les conseils pour améliorer la vie d'une colocation. Utilisez le verbe *devoir* au conditionnel présent.

Ex. : Vous devriez ranger plus souvent.

a. Les propriétaires .... être moins exigeants.
b. Tu .... faire moins de bruit.
c. On .... parler des problèmes.
d. Nous .... mieux partager les tâches ménagères.
e. Je .... être plus patient.

8 Transformez avec les indications données.

Ex. : Parlez avec les gens. (il faudrait) → Il faudrait parler avec les gens.
a. Soyez à l'écoute. (c'est préférable de) → .... à l'écoute.
b. Ayons confiance en nous. (il vaut mieux) → .... en soi.
c. Partagez vos idées. (conseiller de) → Je vous .... vos idées.
d. Sachez rester ouvert aux autres opinions. (il faudrait) → .... rester ouvert aux autres opinions.
e. Restons silencieux quand on n'a rien à dire. (il vaut mieux) → .... quand on n'a rien à dire.
f. Occupe-toi des autres. (conseiller de) → Nous te .... des autres.

Vocabulaire

🎧 012 **L'âge** un(e) aîné(e) • l'allongement (m.) de la vie • une génération • une personne âgée • un(e) senior
🎧 013 **Les relations (1)** l'échange (m) • le partage • le soutien
🎧 014 **Le travail (1)** un(e) collègue • la durée de travail • un emploi • une entreprise • la reconnaissance • un salaire • le télétravail • le temps libre / le temps de repos • hiérarchique • entreprendre • réussir • s'épanouir
🎧 015 **Les indicateurs temporels** un jour • dans peu de temps • dans quelques années
🎧 016 **Le caractère (2)** collaboratif / collaborative • efficace • enthousiaste • exigeant(e) • flexible • idéaliste • indépendant(e) • inventif / inventive • mobile • multiculturel(le) • multitâche • optimiste • perfectionniste • réaliste

Langue & S'entraîner UNITÉ 1

9 Complétez avec l'adjectif qui convient. Attention à l'accord.

sociable • ouvert • perfectionniste • multitâche • idéaliste • réservé • nostalgique • timide • inventif

Ex. : Elles sont très discrètes, elles n'aiment pas se mettre en avant. Elles sont réservées.

a. Il rêve à un monde meilleur. Il est _____
b. Elle a des idées nouvelles. Elle est _____
c. Ils aiment quand le travail est très bien fait. Ils sont _____
d. Elle regrette le monde d'avant. Elle est _____
e. Ils écoutent les avis des autres. Ils sont très _____
f. Je sais faire plusieurs choses en même temps. Je suis _____
g. Ils aiment être avec les autres. Ils sont _____
h. Il a peur de parler en public. Il est _____

Leçon 3 — Grammaire

La cause

■ **Parce que** et **car** répondent à la question *Pourquoi ?*
J'ai un peu changé *parce que* j'habite en France depuis longtemps. Les gens se fermaient *car* ils me trouvaient bizarre.

■ **Comme** se place toujours en début de phrase et permet d'insister sur la cause.
Comme ils apprennent à l'école que l'Australie est un continent sauvage, ils me demandent s'il y a des kangourous partout.

■ **Puisque** indique une cause connue.
Ils pensent aussi qu'un Australien, c'est quelqu'un qui fait du surf, *puisqu*'il y a beaucoup de plages en Australie !

■ Pour exprimer une cause qui a un résultat négatif, on utilise **à cause de** + **nom/pronom**.
C'est *à cause de* l'image qu'ils ont de l'Australie.

Rappel : **grâce à** + **nom/pronom** pour exprimer une cause qui a un résultat positif : *J'ai changé grâce à toi.*

10 Faites des phrases avec *puisque*. Utilisez les éléments proposés.

Vous parlez français ! • On pense que je suis champion de ski ! • Changez de métier ! • Elle doit aller vivre dans un pays froid ! • Va vivre à l'étranger !

Ex. : Vous êtes québécois. → Puisque vous êtes québécois, vous parlez français !

a. Tu as envie de découvrir le monde. → Puisque…
b. Vous n'êtes pas content de votre travail. → Puisque…
c. Elle ne supporte pas la chaleur. → Puisque…
d. J'habite à la montagne. → Puisque…

11 Entourez l'expression de la cause qui convient.

Quand on va vivre dans un nouveau pays, quand on s'expatrie, l'adaptation n'est pas toujours facile **à cause des** • **grâce aux** différences culturelles et aussi **puisque** • **parce que** les amis et la famille nous manquent beaucoup. Au début, **car** • **comme** on a le mal du pays, on a tendance à s'isoler et à tout critiquer **car** • **à cause de** tout est trop différent. Mais la situation peut vite s'améliorer **à cause des** • **grâce aux** rencontres qu'on fait.

La conséquence

Pour exprimer la conséquence, on utilise **donc**, **du coup***, **c'est pourquoi**, **c'est pour ça que**.
L'Australie est toujours associée au sport, *donc* les Français me demandent quel sport je préfère.
Maintenant, je fais comme les Français. *Du coup*, je suis moins direct.
C'est pourquoi nous avons cette réputation. *C'est pour ça que* je ne sais pas quoi répondre.

* surtout à l'oral

Rappel : **Alors** peut aussi exprimer la conséquence : *Je fais comme les Français, alors je suis moins direct.*

12 Soulignez la conséquence et faites une phrase avec l'indication donnée.

Ex. : Il est très timide. <u>On pense qu'il ne s'intéresse pas aux autres.</u> (alors) → Il est très timide alors on pense qu'il ne s'intéresse pas aux autres.

a. Les gens pensent que je fais du basket. Je suis très grand. (du coup)
b. Il fait souvent chaud dans cette région. On vit beaucoup à l'extérieur. (c'est pourquoi)
c. Je suis très ouverte aux autres cultures. J'ai beaucoup voyagé. (c'est pour ça que)
d. J'ai décidé de m'y installer. Ce pays me plaît beaucoup. (donc)

Vocabulaire

🎧 017 **Le comportement** bizarre • choquant(e) • direct(e) • distant(e) • familier(ère) • froid(e) • puritain(e) • être hors de soi • rigoler (fam.) • se fermer

Retrouvez les activités avec 💻 sur inspire3.parcoursdigital.fr et plus de 150 activités inédites.

Faites le point

Expressions utiles

SE PRÉSENTER
- Je vais me marier cet été.
- J'ai deux enfants de 3 et 5 ans.
- Je viens de m'installer à Loos.
- Je suis en train de monter une société.

PARLER DE SON CARACTÈRE ET DE SES GOÛTS
- Je suis quelqu'un de réservé.
- L'amitié, c'est pour moi un sentiment très important, dont je ne peux pas me passer.
- J'adore les sorties que je fais avec les copains.

COMPARER DES GÉNÉRATIONS
- Les membres des générations Y et Z sont plus ouverts que les générations précédentes.
- La génération Z est la plus créative.
- Ses membres quittent plus facilement leur emploi pour un meilleur salaire.

DONNER DES CONSEILS
- Je leur conseille de passer par un organisme.
- Vous devriez prendre votre temps.
- Il faudrait aussi rencontrer plusieurs jeunes.
- N'hésitez pas non plus à parler franchement.
- C'est préférable d'avoir un contrat de colocation très clair.

FAIRE DES PRÉVISIONS
- Dans quelques années, la cohabitation intergénérationnelle sera peut-être un mode de vie normal.
- Un jour, nous deviendrons des colocataires solidaires.

DONNER DES EXPLICATIONS
- C'est à cause de l'image qu'ils ont de l'Australie.
- Le sport, c'est le plus important dans notre culture, c'est pourquoi nous avons cette réputation.
- Un Australien, c'est quelqu'un qui fait du surf puisqu'il y a beaucoup de plages en Australie.
- J'ai un peu changé parce que j'habite en France depuis longtemps.
- Comme ils apprennent à l'école que l'Australie est un continent sauvage, ils me demandent s'il y a des kangourous partout.

Évaluez-vous !

À LA FIN DE L'UNITÉ 1, VOUS SAVEZ...

☐ parler de vous.

☐ utiliser des pronoms relatifs.

☐ comparer.

☐ faire des prévisions.

☐ donner des conseils.

☐ donner des explications.

APPLIQUEZ !

> Choisissez trois adjectifs qui vous caractérisent. Décrivez-vous.

> Reliez les phrases suivantes pour éviter les répétitions.
> • Rémi présente un projet. Il est très satisfait de ce projet.
> • J'ai rencontré Léa un jour. Je suis arrivée à Nice ce jour-là.

> Comparez la vie étudiante et la vie professionnelle (horaires, quantité de travail, activités quotidiennes, relations sociales).

> Que ferez-vous l'année prochaine ?

> Donnez trois conseils pour réussir sa vie à l'étranger.

> Entourez la bonne réponse.
> – J'ai beaucoup travaillé cette semaine **alors · comme** je pars en week-end. Je vais à la campagne **car · du coup** j'ai besoin de calme. J'ai loué une grande maison.
> – Je peux venir avec toi **parce que · puisque** la maison est grande !

Peut-on combattre les inégalités ?

UNITÉ 2

VOUS ALLEZ APPRENDRE À :

> raconter un engagement
> donner votre avis
> parler des inégalités

VOUS ALLEZ UTILISER :

LEÇON 5
> l'opposition : *en revanche, par contre, mais, alors que*
> l'imparfait et le passé composé
> l'accord du participe passé

LEÇON 6
> la mise en relief : *ce qui / ce que / ce dont… c'est / ce sont*

LEÇON 7
> la formation des adverbes en *-ment*
> la place de l'adverbe

TECHNIQUES POUR…

> présenter des statistiques à l'écrit
> **la médiation** : illustrer des statistiques

LANGUE & S'ENTRAÎNER

CULTURE(S) VIDÉO
Une Idée Folle 05

LEÇON 5 — Raconter un engagement

COMPRENDRE

DOC. 1

___ TEST _____ PSYCHOLOGIES

L'engagement est-il important pour vous ?

Les raisons de s'engager sont très nombreuses : les problèmes écologiques, les inégalités, l'éducation… Nous ne pouvons pas résoudre tous les problèmes, par contre nous pouvons agir pour plus de solidarité. Faites le test pour connaître votre niveau d'engagement.

1 Les habitants d'une commune ont besoin d'aide pour nettoyer leur plage polluée. Vous y allez ?
▲ Je n'ai pas le temps, je travaille.
■ Je prends des vacances et je vais les aider.
● Je note le nom de la plage pour ne pas y aller !

2 Passer le réveillon de Noël avec des SDF* : qu'en pensez-vous ?
● Quelle idée bizarre !
■ Génial, je m'inscris pour le prochain réveillon.
▲ C'est une bonne idée mais ce n'est pas pour moi.

3 Le tourisme responsable : vous le pratiquez ?
■ Moi, je fais du tourisme responsable ou je reste chez moi.
▲ Un jour peut-être, mais pas tout de suite.
● Pourquoi se priver des séjours « tout compris » ?

4 Une association caritative organise une collecte d'aliments dans votre supermarché. Vous y participez ?
■ Je distribue les prospectus à l'entrée du supermarché.
● Non, ce n'est pas mon problème.
▲ Je donne toujours un paquet de pâtes.

5 Manifester dans la rue, ça vous arrive ?
▲ Je le faisais quand j'étais plus jeune.
● Non, cela dérange tout le monde.
■ Je descends dans la rue quand la cause est importante.

*sans domicile fixe

RÉSULTATS

Vous avez un maximum de ▲ :
Vous n'êtes pas engagé(e) mais vous acceptez parfois de vous mobiliser pour une cause. Vous faites un don de temps en temps. En revanche, vous ne serez jamais bénévole dans une association.

Vous avez un maximum de ■ :
Vous êtes très engagé(e). Vous agissez toujours pour le bien de la collectivité, mais n'oubliez pas de garder du temps pour vous et votre famille !

Vous avez un maximum de ● :
Vous préférez vous occuper de vous et de votre famille. Vous restez focalisé(e) sur vos projets personnels alors que d'autres veulent changer le monde. Vos proches, votre carrière, vos loisirs passent avant.

---

1 Observez le test du magazine *Psychologies* (Doc. 1). Repérez le thème et l'objectif du test.

2 **À deux** Lisez le test (Doc. 1).
a. Associez chaque mot à sa définition.
1. le tourisme responsable
2. un don
3. manifester
4. un(e) bénévole
5. une association caritative
6. une collecte

a. Personne qui travaille gratuitement.
b. Événement organisé pour recueillir des dons (nourriture, vêtements…).
c. Organisation qui aide les gens.
d. Marcher dans la rue pour exprimer une opinion.
e. Manière de voyager qui respecte l'environnement et les habitants.
f. Somme d'argent ou objet donné(e) pour aider.

b. Quelles actions sont mentionnées pour les engagements suivants ?
• Protection de l'environnement
  Ex. : le tourisme responsable
• Lutte contre les inégalités sociales
• Défense d'une opinion politique

3 a. Faites le test (Doc. 1).
b. **En petit groupe** Comparez vos résultats. Pensez-vous que ça vous correspond ? Expliquez.

4 **À deux a.** Lisez les phrases suivantes. Expriment-elles la cause, la conséquence ou l'opposition ?
1. Nous ne pouvons pas résoudre les problèmes, par contre nous pouvons agir pour plus de solidarité.
2. Vous restez focalisé(e) sur vos projets personnels alors que d'autres veulent changer le monde.

b. Relevez les connecteurs.

LEÇON 5

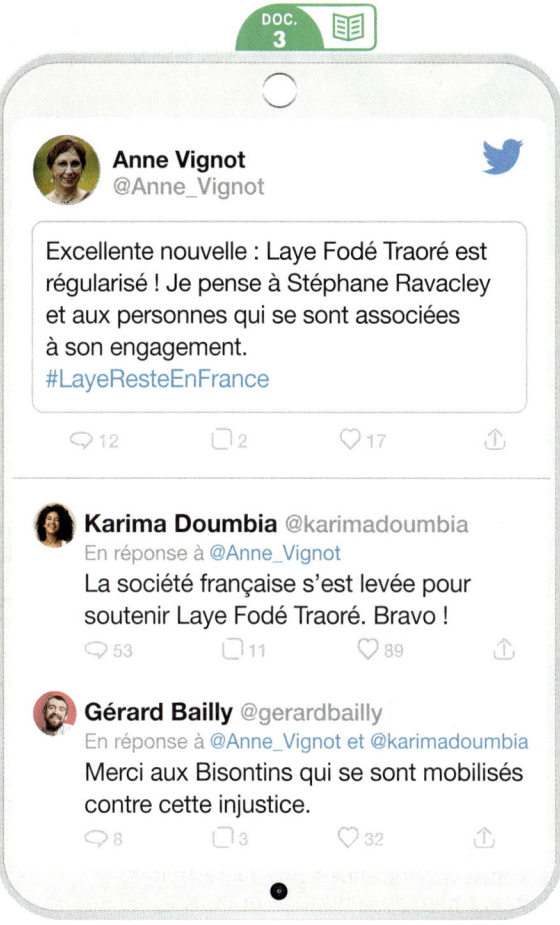

5 Observez et lisez le site de France Inter (Doc. 2).

a. Quelle est la nouvelle ?

b. Réagissez à cette nouvelle. Choisissez un émoji. **Expliquez**.

c. 💬 **À deux** À votre avis, le boulanger a-t-il réussi à éviter l'expulsion de son apprenti ? **Échangez**.

6 Écoutez la chronique du jour (Doc. 2). Vérifiez votre hypothèse (act. 5c).

7 **À deux** Réécoutez (Doc. 2).

a. Répondez.
1. Pourquoi Stéphane a-t-il choisi un jeune réfugié comme apprenti ?
2. Que sait-on de son apprenti ?
3. Pourquoi Stéphane s'est-il battu pour garder Laye dans sa boulangerie ?

b. Complétez la frise temporelle avec les événements correspondants.

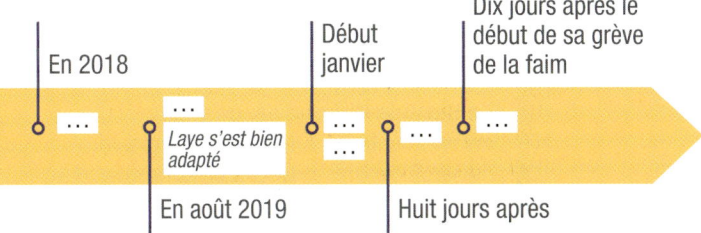

c. Associez les informations suivantes aux événements de la frise correspondants.
1. Il n'arrivait pas à trouver un apprenti en boulangerie.
2. Laye était mineur et ne parlait pas français.
3. Il travaillait dur, se levait à 3 heures tous les matins et faisait beaucoup d'efforts.

d. Quels sont les temps utilisés pour décrire les faits ponctuels, les circonstances et les habitudes ? **Expliquez**.

8 Lisez le tweet de la maire de Besançon et les réponses (Doc. 3).

a. Quels sentiments expriment-ils ?

b. ✏️ Et vous, que pensez-vous de cet événement ? Écrivez un tweet pour réagir.

AGIR

9 ✏️ 💬 Racontez un engagement dans une chronique radio.

a. **À deux** Faites des recherches. Choisissez une personne qui s'est engagée pour lutter contre une injustice. **Échangez**.

b. Écrivez l'histoire : commencez par une phrase d'introduction puis présentez les faits chronologiquement. Décrivez les circonstances. Expliquez pourquoi c'est injuste.

c. Enregistrez votre chronique.

d. **En groupe** Partagez votre chronique avec la classe. **Expliquez** votre choix.

📡 Postez votre chronique sur le réseau de la classe.

> **Langue & S'entraîner** > p. 38-39

LEÇON 6 — Donner son avis

COMPRENDRE

DOC. 1

https://www.service-civique.gouv.fr

RÉPUBLIQUE FRANÇAISE — **SERVICE CIVIQUE**

#LePouvoirDetreUtile

JEUNES / VOLONTAIRES | ORGANISMES | AGENCE DU SERVICE CIVIQUE | TÉMOIGNAGES | RESSOURCES | FAQS | CRÉER MON ESPACE | CONNEXION | NEWSLETTER

« Cette mission a changé ma vie. »

Aline Honoré, actuellement animatrice culturelle à Boulogne-Billancourt (Hauts-de-Seine)

« En 2019, j'avais vingt ans et je me sentais un peu perdue. Je voulais m'occuper des autres, trouver ma vocation, entrer dans le monde du travail… Avant cette mission, je ne savais pas ce que je voulais faire comme métier.

Je me suis engagée à la mairie de ma commune, à Fresnes dans le Val-de-Marne, pour une mission de huit mois en animation culturelle, au service jeunesse. J'ai vécu des expériences humaines et professionnelles extraordinaires.
Ce dont je me souviens, c'est du travail avec les enfants, de l'organisation des sorties, des jeux, des rencontres sportives, du dialogue avec les jeunes. Je me sentais utile ; j'étais plus sûre de moi.
Ce que j'ai retenu de cette expérience, c'est que le travail avec les jeunes, c'est passionnant, c'est fait pour moi.

Ce Service Civique a effacé toutes mes inquiétudes sur mon avenir, c'est ce qui a été le plus important pour moi. Cette mission a changé ma vie.
Ce dont je suis le plus fière, c'est du tournoi de tennis de table que j'ai organisé dans une cité défavorisée.

Plus tard, quand j'ai cherché un travail, ce qui a le plus compté dans mon CV, c'est cette mission. Maintenant je suis confiante, motivée. Je suis heureuse dans mon travail. »

1 Observez la page du site (Doc. 1).
  a. Identifiez l'adresse du site, les logos, le hashtag (#), la rubrique.
  b. Répondez.
  1. Qui témoigne ? Quelle est sa profession ?
  2. À votre avis, qu'est-ce que le Service Civique ? Lisez le point « Culture(s) » pour vérifier vos hypothèses.

2 Lisez le témoignage (Doc. 1).
  a. Quand Aline s'est-elle engagée ? Pendant combien de temps ?
  b. Pour quel service a-t-elle travaillé ? De quoi s'est-elle occupée ?
  c. L'expérience a-t-elle été positive pour Aline ? Justifiez.

Culture(s)

Le Service Civique est un engagement volontaire de 6 à 12 mois au service de l'intérêt général, ouvert aux jeunes de 16 à 25 ans (30 ans pour les jeunes en situation de handicap).
Les missions concernent l'un des domaines suivants : culture et loisirs, développement international et action humanitaire, éducation pour tous, environnement, intervention d'urgence en cas de crise, mémoire et citoyenneté, santé, solidarité, sport.
→ Le Service Civique, ou un équivalent, existe-t-il dans votre pays ?

LEÇON 6

3 À deux Relisez (Doc. 1).

a. Que dit Aline sur son état d'esprit ? Complétez.

Avant la mission	Pendant la mission	Après la mission
Ex. : Je me sentais un peu perdue.	…	…

b. Associez une réponse d'Aline à chaque question.

1. De quoi vous souvenez-vous ?
2. Qu'avez-vous retenu ?
3. Qu'est-ce qui a le plus compté dans votre CV ?
4. De quoi êtes-vous le plus fière ?

a. Ce que j'ai retenu de cette expérience, c'est que le travail avec les jeunes, c'est passionnant.
b. Ce dont je suis le plus fière, c'est du tournoi de tennis de table que j'ai organisé.
c. Ce qui a le plus compté dans mon CV, c'est cette mission.
d. Ce dont je me souviens, c'est du travail avec les enfants.

c. Associez.

1. Ce qui… c'est
2. Ce que… c'est   met en relief
3. Ce dont… c'est

a. un complément introduit par *de*.
b. le sujet du verbe.
c. le COD du verbe.

4 À deux Regardez la vidéo d'Étienne et répondez.

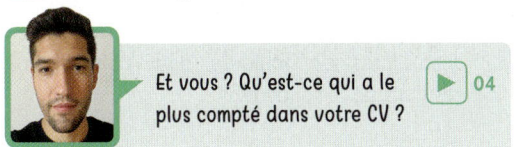

Et vous ? Qu'est-ce qui a le plus compté dans votre CV ? ▶ 04

DOC. 2

CODE DU TRAVAIL
Loi du 10 juillet 1987

Les entreprises d'au moins vingt salariés doivent employer des personnes en situation de handicap à temps plein ou à temps partiel, dans une proportion de 6 % de l'effectif total. L'État donne 4 000 € (maximum) aux employeurs pour l'embauche d'une personne handicapée (en contrat à durée indéterminée ou déterminée).

5 Lisez l'extrait du Code du travail français (Doc. 2).

a. Répondez.
L'entreprise de transports « Gaston et fils » emploie 45 salariés. Combien de personnes handicapées doit-elle embaucher ? Quelle somme l'État peut-il lui donner ?

b. À deux Retrouvez dans l'extrait les expressions correspondant :
– aux sigles « CDD » et « CDI » ;
– à « 35 heures de travail par semaine » et « 24 heures de travail par semaine ».

DOC. 3 🎧 019

6 Écoutez le micro-trottoir (Doc. 3). D'après vous, quelle est la question posée ?

7 À deux Réécoutez (Doc. 3).

a. Quels handicaps sont mentionnés ? En connaissez-vous d'autres ?

b. Classez les personnes selon leur avis : favorable, assez favorable ou défavorable. Justifiez.

Ex. : Personne 3 → favorable. « Heureusement que cette loi existe ! »

c. Quelles personnes mentionnent ces thèmes ?

1. La responsabilité : **Ex. :** Personne 5 → « C'est le devoir de la collectivité. »
2. Le coût : …
3. L'accessibilité : …

d. Relevez les expressions pour donner un avis.

AGIR

8 💬 Donnez votre avis sur l'obligation de rendre accessibles les espaces publics aux personnes handicapées.

a. En petit groupe Listez les lieux (ex. : transports publics, rues, musées) et les équipements (ex. : ordinateur) difficiles d'accès pour les personnes handicapées. **Échangez**.

b. Réfléchissez aux difficultés rencontrées pour chaque type de handicap.

c. Trouvez des solutions.

d. En groupe Débattez sur l'accessibilité des espaces publics. Donnez votre avis, donnez des exemples et proposez des solutions. **Réagissez** aux avis des autres groupes.

> Langue & S'entraîner   p. 39-40

trente-trois 33

LEÇON 7 — Parler des inégalités

COMPRENDRE

DOC. 1

1 Observez l'affiche (Doc. 1).

a. Identifiez l'événement et les dates.

b. Lisez les slogans. Associez-les à un thème de la liste.
Écologie • Égalité femmes-hommes • Société et politique • Immigration
Ex. : « Nos vies valent plus que vos profits. » → Société et politique

2 💬 **En petit groupe** Pour quelle cause aimeriez-vous vous engager ? Pourquoi ? Échangez.

DOC. 2 🎧 020

www.tv5monde.com

TV5MONDE | Info | Langue française | Afrique | Culture | Style

TV5Monde France Belgique Suisse > Programmes > Tout compte fait

MAGAZINE **Tout compte fait**

La vision des Françaises et des Français sur l'égalité entre les femmes et les hommes avant le Forum Génération Égalité de 2021

Le Forum Génération Égalité pour l'égalité entre les femmes et les hommes, organisé par ONU Femmes, se tiendra pendant le premier semestre 2021, à Mexico puis à Paris. Dans ce cadre, l'association Focus 2030 a interrogé les Françaises et les Français sur leur vision de l'égalité femmes-hommes. Julia Letourneau reçoit deux invités : Mathilde Renould, fondatrice du club « Future, au féminin » et François Gradvohl, professeur de sociologie à l'université Jean-Jaurès de Toulouse pour commenter les résultats de ce sondage.

3 Lisez la présentation de l'émission (Doc. 2).

a. De quel événement parle-t-on ? Quand se déroule-t-il ?

b. Quel est le thème de l'émission ?

c. Qui sont les deux invités ?

4 Écoutez l'émission (Doc. 2).

a. Soulignez la bonne réponse.

1. Le sondage porte sur les inégalités femmes-hommes **en France** • **dans le monde** • **en France et dans le monde**.
2. **Les femmes** • **Les hommes** • **Les femmes et les hommes** sont prêt(e)s à s'engager pour lutter contre les inégalités.

b. Cochez les trois thématiques de l'émission.

1. ☐ l'effet des inégalités femmes-hommes sur la pauvreté
2. ☐ le partage des tâches ménagères
3. ☐ les inégalités dans le monde professionnel
4. ☐ la parité au niveau politique et professionnel

c. Relevez les pourcentages associés à chaque thématique (act. b).

LEÇON 7

5 **À deux** Réécoutez (Doc. 2).

a. Entourez le mot qui correspond aux commentaires de l'émission.

1. L'égalité femmes-hommes a **vraiment** · **plutôt** progressé dans le monde.
2. Les femmes obtiennent **difficilement** · **facilement** des postes de direction.
3. Les hommes prennent **fréquemment** · **rarement** les décisions.
4. La position des femmes est **assez** · **très** similaire à celle des hommes sur l'engagement de la France.

b. Associez.

1. vraiment · beaucoup · plutôt · très · assez
2. facilement · difficilement · majoritairement
3. régulièrement · constamment · fréquemment

a. la manière   b. la fréquence   c. l'intensité

6 **En petit groupe** Les femmes occupent-elles fréquemment des postes de direction dans votre pays ? Échangez.

> **DOC. 3**
>
> Dans son livre *Vis ma vie d'instit*, Lucien Marbœuf, instituteur dans une école primaire, raconte une année scolaire dans sa classe.
> Dans cet extrait, il décrit une scène après la visite du musée du Louvre avec les enfants de sa classe.
>
> En sortant du musée, ça parle dans tous les sens, j'aime ces moments où les élèves commentent, refont la visite à voix haute et dans le désordre logique de leurs passages préférés. En fin de rang, [...] Kevin est pensif.
> 5 Tout à l'heure, durant la visite, lui d'habitude si bavard, aux commentaires pas toujours finauds[1], était littéralement captivé, les yeux grands ouverts [...].
> « Ça t'a plu, Kevin ?
> — Ouais, vachement[2] ! J'adore visiter des trucs comme
> 10 ça. Je voulais y aller depuis longtemps au Louvre, mais mon père il dit que y a que des conneries[3] là-dedans. »
> Je n'ai même pas eu à cœur de reprendre son lexique, sa syntaxe, d'une phrase il m'avait touché au plus profond, cet âne[4]. J'ai juste dit : « On en fera d'autres, des sorties
> 15 comme ça, d'accord ? » Ému, j'étais. Tu fais ce boulot pour ça, me suis-je dit, rappelle-toi bien le visage de Kevin, là, maintenant, garde-le au chaud pour les mauvais jours, les temps gris, [...] quand tu galéreras[5] sur le complément du nom. »
>
> *Vis ma vie d'instit. Les 1001 histoires de ma classe*, Lucien Marbœuf, © Librairie Arthème Fayard, 2015
>
> 1 finaud (fam.) : fin, rusé ; 2 vachement (fam.) : beaucoup ; 3 connerie (fam.) : choses inutiles ; 4 cet âne (fam.) : cet idiot ; 5 galérer (fam.) : avoir des difficultés

7 Lisez la présentation de l'extrait (Doc. 3).

a. Identifiez l'auteur et le thème du livre.

b. Est-ce un extrait de roman ?

c. Quand se déroule la scène ?

8 Lisez l'extrait (Doc. 3).

a. Avec qui parle l'instituteur ?

b. Comment se comporte Kevin en classe ? Et après la sortie ?

c. Pourquoi Kevin n'est-il jamais allé au musée ?

d. Que ressent l'instituteur ?

9 **À deux** Expliquez la phrase : « Tu fais ce boulot pour ça, me suis-je dit. » (l. 15-16). Puis échangez avec la classe.

AGIR

10 Peut-on combattre les inégalités ?

a. **En petit groupe** Pensez-vous qu'on peut combattre les inégalités ? Listez les motifs d'engagement, les manières de s'engager, les actions possibles et leurs limites. Échangez.

b. Prenez des notes et classez-les.

c. **En groupe** Comparez vos notes et partagez la vision de votre groupe avec la classe.

> **Langue & S'entraîner** p. 40-41

CULTURE(S) VIDÉO

05 Une Idée Folle

1 Regardez la bande-annonce du documentaire *Une Idée Folle* sans le son. ▶ 05
a. Que voyez-vous ?
b. À votre avis, quel est le thème du documentaire ? Faites des hypothèses.

2 **À deux** Regardez la vidéo avec le son. ▶ 05
a. Relevez les questions posées par la première personne interviewée.
b. Vérifiez vos hypothèses (act. 1b).

3 **En petit groupe** Regardez de nouveau la vidéo avec le son. ▶ 05
a. Quels sont les principes et les objectifs du projet éducatif présenté ? Cochez.
☐ la mémorisation   ☐ le vivre ensemble
☐ la solidarité   ☐ l'écologie
☐ l'autorité   ☐ la compétition
b. Repérez des exemples d'entraide. Expliquez.
c. Que pensez-vous de ce projet ? L'école peut-elle aider à réduire les inégalités ? Échangez.

Techniques pour...

...présenter des statistiques à l'écrit

LIRE

DOC. 1

1 [**Découverte**] Lisez le tableau de statistiques de l'INSEE (Doc. 1).

a. Identifiez :
1. le thème de l'étude.
2. les périodes concernées.
3. les catégories de la population.
4. les temps de travail.

b. Entourez la bonne réponse.
Les chiffres sont exprimés en **milliers** · **millions** · **pourcentages**.

2 Lisez le texte de présentation (Doc. 2) et relisez le tableau (Doc. 1). Retrouvez dans le tableau les pourcentages mentionnés dans le texte.

3 [**Analyse**] **À deux** Relisez (Doc. 1 et 2).

a. Associez les intitulés suivants aux parties 1 à 5 du texte (Doc. 2).
A. Évolution des chiffres pour les femmes
B. Introduction : présentation du sondage
C. Comparaison entre les femmes et les hommes
D. Constat général pour les femmes et les hommes
E. Titre

b. Cochez la bonne réponse.
Les informations sont classées :
☐ de la plus précise à la plus générale.
☐ de la plus générale à la plus précise.

DOC. 2

Évolution du temps de travail selon le sexe entre 2015 et 2019 ← 1

L'INSEE vient de publier un sondage sur l'évolution du temps de travail chez les femmes et les hommes. Cette étude compare les deux années 2015 et 2019. ← 2

En moyenne, le pourcentage total des Français qui travaillent à temps complet augmente légèrement entre 2015 et 2019. Il passe de 80,8 à 81,6 %. En revanche, le pourcentage total des Français qui travaillent à temps partiel diminue avec, respectivement, 19,2 et 18,4 %. ← 3

Parmi ces deux catégories, les femmes occupent toujours plus fréquemment que les hommes des postes à temps partiel : c'est-à-dire, en 2019, 28,4 % contre 8,3% pour les hommes. ← 4

En 2019, 3,8 % des femmes ont un taux horaire équivalent à un mi-temps. Ce chiffre est en légère baisse par rapport à 2015. Cette évolution suit la tendance générale : en effet, le total des Français qui travaillent à temps partiel recule de 0,8 %. ← 5

4 Relisez le texte (Doc. 2). Repérez les mots de la liste puis classez-les.

diminuer · une tendance générale · une baisse · un taux · passer de... à · reculer de · contre · augmenter · en moyenne · 3,8 % des femmes · par rapport à

– résumer l'information générale : ...
– indiquer une proportion : ...
– indiquer une variation : **Ex.** : diminuer
– comparer des chiffres précis : ...

LEÇON 8

POUR présenter des statistiques à l'écrit

- **Donner un titre au texte**
- **Faire une introduction**
  – nommer l'institut de sondage
  L'INSEE…
  – préciser les dates de l'étude
  Cette étude compare les deux années 2015 et 2019.
- **Résumer l'information générale**
  En moyenne, le pourcentage total des Français qui travaillent à temps complet augmente.
- **Comparer une même information**
  Parmi ces deux catégories, les femmes occupent toujours plus fréquemment que les hommes des postes à temps partiel.
- **Indiquer une proportion**
  En 2019, 3,8 % des femmes ont un taux horaire équivalent à un mi-temps.
- **Indiquer des données chiffrées précises**
  respectivement, passer de… à…, … contre…, un taux
  Il passe de 80,8 à 81,6 %.
  Le pourcentage total des Français qui travaillent à temps partiel diminue avec, respectivement, 19,2 et 18,4 %.
- **Indiquer les variations :**
  – une baisse : *être en baisse, reculer, diminuer*
  Ce chiffre est en légère baisse par rapport à 2015.
  – une hausse : *augmenter*
  Le pourcentage total des Français qui travaillent à temps complet augmente légèrement.

ÉCRIRE

5 **En petit groupe** Rédigez une présentation de statistiques.

a. **Choisissez** un thème (chômage, bénévolat…).

b. **Cherchez** des informations et des statistiques sur le thème choisi pour votre pays.

c. **Sélectionnez** les informations principales. **Traduisez** si nécessaire.

d. **Rédigez** votre texte et **décidez** d'un titre.

… la médiation : illustrer des statistiques

DOC. 3

a À la maison, les femmes passent en moyenne 3 heures par jour à faire des tâches ménagères (dont 1 h 30 de cuisine, 45 minutes de ménage, 25 minutes de courses, 20 minutes de lessive et 5 minutes de bricolage) contre 2 heures pour les hommes (dont 35 minutes de cuisine, 10 minutes de ménage, 40 minutes de courses, 5 minutes de lessive et 30 minutes de bricolage).

b En 2020, les femmes occupaient 25 % des sièges parlementaires, contre 23 % en 2015 et 19 % en 2010.

c En France, les femmes représentaient 26 % du nombre total de chercheurs en 2020.

6 **À deux** Lisez les statistiques a, b, c et observez les graphiques 1, 2, 3 (Doc. 3).

a. **Associez** chaque statistique à un graphique. **Justifiez**.

b. **Complétez** chaque graphique avec les informations correspondantes et trouvez un titre.

7 **À deux** Cherchez une statistique dans votre langue, sur le sujet de votre choix. Illustrez-la avec un graphique. Puis **présentez** et **expliquez** votre graphique à un autre groupe.

trente-sept 37

Langue & S'entraîner

Leçon 5 — Grammaire

L'opposition

- **en revanche, par contre, mais**

Vous faites un don de temps en temps. **En revanche**, vous ne serez jamais bénévole.
Nous ne pouvons pas résoudre tous les problèmes, **par contre** nous pouvons agir pour plus de solidarité.
Vous n'êtes pas engagé(e) **mais** vous acceptez parfois de vous mobiliser pour une cause.

- **alors que** + indicatif

Vous restez focalisé(e) sur vos projets personnels **alors que** d'autres **veulent** changer le monde.

1 Associez.

Ex. : a → 4

a. Ça m'arrive de manifester pour défendre des causes,
b. Je travaille beaucoup
c. Pour aider les gens, je donne de la nourriture.
d. Je suis libre de faire grève pour défendre mes idées

1. En revanche, je ne donne jamais d'argent.
2. mais je consacre quelques heures par semaine à une association caritative.
3. alors que certaines personnes n'ont pas ce droit.
4. par contre je ne suis pas engagé dans une association.

L'imparfait et le passé composé pour faire un récit au passé

- Pour parler d'un événement ou d'un fait ponctuel, on utilise **le passé composé**.

Stéphane **a pris** Laye en apprentissage en août 2019.

Le passé composé permet d'exprimer une succession d'actions qui font avancer le récit.
Laye **s'est** bien **adapté**. Il **a** très vite **appris** le français et **s'est intégré** sans problème.

- Pour décrire les circonstances d'un événement ou d'un fait ponctuel, faire une description ou raconter des habitudes, on utilise **l'imparfait**.

Il n'**arrivait** pas à trouver un apprenti en boulangerie. Laye **était** mineur et ne **parlait** pas français.
Il **travaillait** dur, **se levait** à trois heures tous les matins et **faisait** beaucoup d'efforts.

L'accord du participe passé

- Avec l'auxiliaire **avoir**, le participe passé ne s'accorde pas avec le sujet.

Elle **a parlé**. Ils **ont mangé**.

- Avec l'auxiliaire **être**, le participe passé s'accorde avec le sujet.

Plusieurs associations **se sont rassemblées** pour le soutenir. La maire **est venue** dans la boulangerie.

2 Reliez les sujets et les formes verbales. (Plusieurs réponses possibles.)

a. Il
b. Elle
c. Ils
d. Elles

1. a agi
2. se sont intégrés
3. s'est adaptée
4. ont appris
5. se sont mobilisées
6. est venu

3 Conjuguez les verbes au passé composé ou à l'imparfait.

Un bel exemple de solidarité !

Hawa, une jeune Malienne, **est arrivée** (arriver) en France en 2019, à l'âge de 16 ans. Elle _____ (recevoir) une aide sociale comme mineure étrangère et elle _____ (s'installer) à Bordeaux où elle _____ (aller) au lycée. Puis elle _____ (faire)

un BTS en commerce international. Chaque jour, elle _____ (se lever) tôt pour aller en cours et elle _____ (travailler) très tard le soir. Quand elle _____ (avoir) son diplôme, une entreprise _____ (proposer) de l'embaucher mais Hawa n'_____ (avoir) pas le droit d'avoir un emploi sans autorisation de la préfecture.
Ses amis _____ (se mobiliser) pour l'aider à obtenir ce droit le plus vite possible. Trois mois plus tard, elle _____ (obtenir) l'autorisation de travailler et _____ (devenir) l'employée la plus célèbre de son entreprise.

Vocabulaire

🎧 021 **Le travail (2)** un(e) apprenti(e) • un apprentissage • un(e) patron(ne)

🎧 022 **L'engagement** une association caritative • un(e) bénévole • une cause • une injustice / juste ≠ injuste • la solidarité • s'engager
Les actions : une collecte • une grève de la faim • une mobilisation • une pétition • accueillir • agir • faire un don • manifester • protester • résoudre (un problème) • se mobiliser (pour une cause) • se rassembler • soutenir

🎧 023 **L'immigration** une expulsion / expulser • un(e) migrant(e) • un(e) réfugié(e) • une régularisation / régulariser • s'intégrer

4 Complétez avec les mots de la liste.
soutenir • mobilisation • expulsions • pétition • causes • bénévole • solidarité • régularisations

a. Nous devons soutenir les ...... justes !
b. La ......, c'est penser aux autres ! Devenez ....
c. Non aux ...... injustes ! Oui aux ...... !
d. La ...... de tous est importante ! Signez la ...... !

Leçon 6 Grammaire

La mise en relief : *ce qui / ce que / ce dont... c'est / ce sont*

■ **Ce qui... c'est** (ou **C'est ce qui**) met en relief le sujet.
Ce qui a le plus compté dans mon CV, *c'est* cette mission.
Ce service civique, *c'est ce qui* a été le plus important pour moi.

■ **Ce que... c'est** (ou **C'est ce que**) met en relief le complément d'objet direct.
Ce que j'ai retenu de cette expérience, *c'est* que le travail avec les jeunes, c'est passionnant.

■ **Ce dont... c'est** (ou **C'est ce dont**) met en relief un complément introduit par *de*.
Ce dont je me souviens, *c'est* du travail avec les enfants.

■ On peut aussi utiliser la structure suivante :
C'est / Ce sont + information à mettre en valeur + **qui / que / dont**.
C'est cette mission *qui* a le plus compté.

5 Transformez comme dans l'exemple. Mettez en relief le mot souligné de deux manières différentes.
Ex. : Cette mission m'a été très utile. → Ce qui m'a été très utile, c'est cette mission. / Cette mission, c'est ce qui m'a été très utile.
a. J'ai apprécié les échanges dans cette formation.
b. J'ai besoin d'aider les autres.
c. Ce métier a changé ma vie.
d. J'ai envie de travailler avec les enfants.
e. Je voudrais m'engager.

Langue & S'entraîner

Vocabulaire

🎧 024 **L'état psychologique** confiant(e) • motivé(e) • perdu(e) • sûr(e) de soi

🎧 025 **L'opinion** croire que • penser que • trouver que • il me semble que • à mon avis • d'après moi • pour moi

🎧 026 **Le handicap** un fauteuil roulant • une personne handicapée / en situation de handicap • malentendant(e) • malvoyant(e) • non-voyant(e) = aveugle • sourd(e)

🎧 027 **L'État** une aide financière • une loi • les services publics (m.)

🎧 028 **Le travail (3)** un contrat à durée déterminée / indéterminée • un effectif • une entreprise • une mission • une multinationale • une vocation • embaucher • employer • à temps plein / à temps partiel

6 🎧 029 **À deux** Quel est le handicap de la personne ? Écoutez et cochez.

Ex. : Je ne peux pas prendre les escaliers.

La personne …	Ex.	a.	b.	c.	d.	e.
… est malvoyante ou non-voyante.						
…se déplace en fauteuil roulant.	✓					
… est sourde ou malentendante.						

7 Complétez avec les mots de la liste.

patron • CDI • mission • État • à temps plein • embauche • emploie • entreprise • effectif

Cette entreprise a un _____ de soixante personnes. Elle _____ trois personnes handicapées _____ et deux à temps partiel. Elles sont en CDD ou en _____. Elles ont toutes une _____ bien précise. Le _____ reçoit une aide financière de l'_____ pour l'_____ des personnes en situation de handicap.

Leçon 7 — Grammaire

La formation des adverbes en *-ment*

- On ajoute la terminaison **-ment** à l'adjectif féminin : respective + -ment → respective**ment**
- Quand l'adjectif se termine par un **-e**, on ajoute **-ment** : difficile + -ment → difficile**ment**
- ❗ Vrai**ment**, absolu**ment**, énorm**é**ment.
- Les adjectifs qui se terminent par **-ant** ont un adverbe en **-amment** : const**ant** → const**amment**
- Les adjectifs qui se terminent par **-ent** ont un adverbe en **-emment** : fréqu**ent** → fréqu**emment**

8 Complétez avec un adverbe en *-ment*, comme dans l'exemple.

Ex. : Nous vivons dans une société totalement (total) inégalitaire.
a. Il faut lutter _____ (patient) pour réduire les inégalités sociales.
b. On doit _____ (vrai) obtenir la parité hommes-femmes dans le monde professionnel.
c. Les députés ont _____ (récent) voté une loi contre les injustices salariales.
d. La lutte contre la pauvreté a _____ (réel) progressé depuis une dizaine d'années.
e. Le combat contre la faim sera _____ (évident) très long.
f. Les entreprises peuvent agir _____ (différent) et embaucher plus de jeunes.
g. Depuis longtemps, les associations se battent _____ (courageux) pour l'accès gratuit à la culture.

La place de l'adverbe

- Un adverbe peut modifier un verbe, un adjectif ou un autre adverbe.
L'égalité femmes-hommes a plutôt progressé.
Les hommes sont vraiment prêts à s'engager pour plus d'égalité.
Les femmes arrivent très difficilement à des postes de direction.

 quarante

Langue & S'entraîner UNITÉ 2

■ Aux temps simples, l'adverbe se place toujours **après le verbe**.
Aux temps composés, il se place généralement **entre l'auxiliaire** et **le participe passé**.
L'égalité progresse plutôt. / L'égalité a plutôt progressé.

9 Réécrivez la phrase comme dans l'exemple. Placez l'adverbe au bon endroit.
Ex. : La justice sociale est capitale. (absolument) → La justice sociale est absolument capitale.
a. L'école reproduit souvent les inégalités sociales. (assez)
b. Le système éducatif a évolué depuis le siècle dernier. (beaucoup)
c. L'école doit s'adapter aux changements de la société. (constamment)
d. Le gouvernement soutient rarement les projets éducatifs originaux. (trop)
e. La gratuité de l'école est essentielle. (vraiment)
f. Cette innovation pédagogique a aidé à développer le « vivre ensemble ». (surtout)
g. Le nouvel objectif du programme scolaire a permis de former des citoyens épanouis. (principalement)

Vocabulaire

030 **Les statistiques** une étude • un sondage • progresser • de plus en plus / de moins en moins
031 **L'égalité** une différence de salaire • la parité • le partage des tâches (ménagères)
032 **L'intensité** assez • plutôt • très • trop • vraiment

Registre familier un boulot • une connerie* • galérer • vachement   *grossier

10 Lisez puis cochez l'expression de même sens.
Ex. : Il dit toujours des conneries. 1. ☑ Il dit toujours des bêtises. 2. ☐ Il dit toujours la vérité.
a. Elle galère en orthographe.
   1. ☐ Elle a des facilités en orthographe.   2. ☐ Elle a des difficultés en orthographe.
b. Ce cours est vachement intéressant.
   1. ☐ Ce cours est très intéressant.   2. ☐ Ce cours n'est pas intéressant.
c. J'adore mon boulot.
   1. ☐ J'adore mon travail.   2. ☐ J'adore mon pays.

Phonétique

Voyelles nasales et dénasalisation 033 06

Réécoutez le Doc. 2 p. 34 avec la transcription (livret de transcriptions p. 5).
Repérez 4 façons d'écrire le son [ɛ̃], 4 façons d'écrire le son [ɑ̃] et 2 façons d'écrire le son [ɔ̃]. Connaissez-vous d'autres graphies pour ces sons ?

→ [ɛ̃] (ou [œ̃]) est souriant, aigu, tendu : **un**, fém**in**in, b**ien**, p**oin**t, f**aim**, coré**en**, pl**ein**, b**ain**
→ [ɑ̃] est ouvert, grave, relâché : fr**an**çaises, s'**en**gager, J**ean**, ex**em**ple
→ [ɔ̃] est arrondi, fermé, grave : m**on**de, n**om**bre

❗ Devant une voyelle ou devant un double *n* ou *m* + voyelle, on ne prononce plus [ɛ̃], [ɑ̃] ou [ɔ̃] mais on prononce le *n* ou le *m* : un**i**versité, in**é**galité, coré**enne**, pl**eine**, an**née**, recon**nai**ssant, h**omme**.

11 a. Lisez et classez les mots : [ɛ̃], [ɑ̃] ou [ɔ̃] ? [in], [an] ou [ɔn] ?
1. une enquête • 2. donner • 3. un don • 4. cet âne • 5. féminin •
6. finaud • 7. une amélioration • 8. une différence • 9. un instit

b. 034 **Écoutez pour vérifier.**

Faites le point

Expressions utiles

EXPRIMER UNE OPPOSITION

- Nous ne pouvons pas résoudre tous les problèmes, par contre, nous pouvons agir pour plus de solidarité.
- Vous restez focalisé(e) sur vos projets personnels alors que d'autres veulent changer le monde.

SITUER UN ÉVÉNEMENT DANS LE TEMPS

- Stéphane l'a pris en apprentissage en août 2019.
- Début janvier, Laye est devenu majeur.
- Le 4 janvier, Stéphane Ravacley a commencé une grève de la faim.
- Dix jours après le début de sa grève de la faim, la préfecture a régularisé Laye.

METTRE EN VALEUR UNE INFORMATION

- Ce dont je me souviens, c'est du travail avec les enfants.
- Ce que j'ai retenu de cette expérience, c'est que le travail avec les jeunes, c'est passionnant.
- Ce qui a le plus compté dans mon CV, c'est cette mission.

DONNER SON AVIS

- Je crois que l'État doit payer la totalité du salaire de l'employé handicapé.
- Heureusement que cette loi existe !
- Il me semble que les autres pays font mieux que nous.
- À mon avis / D'après moi, l'État devrait faire un effort.
- Je trouve / Je pense que c'est compliqué.

NUANCER UN PROPOS

- Les hommes sont vraiment prêts à s'engager pour plus d'égalité.
- L'égalité femmes-hommes a plutôt progressé dans le monde.
- Les hommes et les femmes sont assez d'accord.

PRÉCISER LA MANIÈRE ET LA FRÉQUENCE

- Les femmes arrivent très difficilement à des postes de direction.
- Les Français reconnaissent majoritairement les différences de salaires.
- Les hommes sont trop fréquemment dominants.

Évaluez-vous !

À LA FIN DE L'UNITÉ 2, VOUS SAVEZ…

☐ exprimer l'opposition.

☐ raconter au passé.

☐ mettre en valeur une information.

☐ donner votre avis.

☐ former les adverbes.

☐ nuancer un propos.

APPLIQUEZ !

▸ Exprimez deux oppositions à partir de ces deux phrases. Utilisez *en revanche* puis *alors que*.
Le vote n'est pas obligatoire en France. • Le vote est obligatoire en Belgique.

▸ Vous avez été témoin d'une scène amusante entre deux personnes dans la rue. Racontez.

▸ Mettez en valeur les éléments soulignés avec *ce qui*, *ce que* ou *ce dont*.
J'adore le travail en équipe. La communication me passionne. Je suis fier de nos résultats.

▸ La France va tester le salaire pour les étudiants. Qu'en pensez-vous ?

▸ Donnez les adverbes correspondant aux adjectifs suivants.
courageux • patient • étonnant

▸ Utilisez des adverbes de la liste pour nuancer les affirmations suivantes.
très • trop • plutôt • assez • vraiment
- Le français est une langue difficile.
- Je regarde souvent des films français.

Préparation au DELF B1

COMPRÉHENSION DE L'ORAL

Comprendre une interaction entre locuteurs natifs

Vous écoutez une conversation.

🎧 035 **Lisez les questions. Écoutez le document puis cochez la bonne réponse.**

1. Léo et Margot parlent...
   - ☐ a. des différences au travail entre l'Italie et la France.
   - ☐ b. des différences culturelles entre l'Italie et la France.
   - ☐ c. des habitudes alimentaires en Italie et en France.

2. Qu'est-ce qui a gêné Margot à son arrivée en Italie ?
   - ☐ a. Le mode de vie.
   - ☐ b. La façon de travailler.
   - ☐ c. Le comportement des gens au travail.

3. Selon Léo, qu'est-ce qui est très important dans les relations professionnelles en France ?
   - ☐ a. Le salaire.
   - ☐ b. La position hiérarchique.
   - ☐ c. La compétence professionnelle.

4. Pendant son stage, Margot a découvert que les Italiens...
   - ☐ a. aiment la France.
   - ☐ b. sortent beaucoup.
   - ☐ c. travaillent beaucoup.

5. Qu'est-ce qui montre que les conseils de Giulia ont été utiles à Margot ?
   - ☐ a. Margot voulait rester en Italie.
   - ☐ b. Margot a appris l'italien très vite.
   - ☐ c. Margot a sympathisé avec tous ses collègues.

6. À la fin de la conversation, Léo demande s'il peut...
   - ☐ a. aller à Venise avec Margot.
   - ☐ b. recevoir des photos de Venise.
   - ☐ c. recevoir des photos du stage de Margot.

Comprendre des émissions de radio et des enregistrements

Vous écoutez la radio.

🎧 036 **Lisez les questions. Écoutez le document puis cochez la bonne réponse.**

1. Dans ce reportage, on présente une association qui intervient dans le domaine…
   - ☐ a. social.
   - ☐ b. culturel.
   - ☐ c. économique.

2. Les fondatrices d'Unis-Cité souhaitent impliquer…
   - ☐ a. les jeunes.
   - ☐ b. les adultes.
   - ☐ c. tout le monde.

3. À Marseille, les Intergénéreux interviennent…
   - ☐ a. à l'hôpital.
   - ☐ b. dans les forums.
   - ☐ c. chez les personnes.

4. Grâce aux Intergénéreux, les personnes âgées reçoivent…
   - ☐ a. une aide économique.
   - ☐ b. des conseils médicaux.
   - ☐ c. un soutien psychologique.

5. Pour Zahia, cette expérience est très positive parce qu'elle lui permet…
   - ☐ a. de gagner un bon salaire.
   - ☐ b. de s'enrichir humainement.
   - ☐ c. de retrouver un contact avec l'extérieur.

6. Pour entrer dans l'association, il faut…
   - ☐ a. suivre une formation.
   - ☐ b. avoir un diplôme spécifique.
   - ☐ c. avoir beaucoup d'expérience.

7. Après le service civique, les volontaires peuvent…
   - ☐ a. trouver un emploi
   - ☐ b. diriger des projets } dans le social.
   - ☐ c. animer des formations

Peut-on tout faire en ligne ?

UNITÉ 3

VOUS ALLEZ APPRENDRE À :
> donner des renseignements
> organiser une activité à distance
> parler de vos expériences

VOUS ALLEZ UTILISER :

LEÇON 9
> l'obligation
> le subjonctif (1)

LEÇON 10
> l'hypothèse (1) : *si* + présent + présent / impératif ; *si* + présent + futur
> le souhait

LEÇON 11
> les pronoms COD et COI
> les pronoms toniques

TECHNIQUES POUR...
> écrire un e-mail de réclamation
> la médiation : expliquer un terme

LANGUE & S'ENTRAÎNER

CULTURE(S) VIDÉO
Présentation d'un Mooc ▶ 08

LEÇON 9 — Donner des renseignements

COMPRENDRE

DOC. 1

https://www.ameli.fr/paris/assure/remboursements/rembourse/telemedecine/teleconsultation

ASSURÉ | PROFESSIONNEL DE SANTÉ | ENTREPRISE   Qui sommes-nous ? | Carrières | Etudes et données | Presse

l'Assurance Maladie — *Agir ensemble, protéger chacun* — **ameli.fr** pour les assurés

ACTUALITÉS | COVID-19 Coronavirus | DROITS ET DÉMARCHES selon votre situation | REMBOURSEMENTS prestations et aides | SANTÉ comprendre et agir

Assuré > Remboursements > Ce qui est remboursé > Télémédecine > **La téléconsultation**

La téléconsultation
FAQ

Je ne peux pas me déplacer chez mon médecin. Puis-je bénéficier d'une téléconsultation ?
Oui. Partout en France, votre médecin peut vous proposer une téléconsultation. Dans ce cas, il doit opter pour une prise en charge médicale à distance plutôt qu'en face à face.

Faut-il que je voie mon médecin habituel ?
Pour garantir une consultation de qualité, il faut que le médecin téléconsultant vous connaisse. Une première consultation physique avec lui (dans son cabinet, à votre domicile ou dans un établissement de santé) au cours des douze derniers mois avant la téléconsultation est nécessaire.

Faut-il être assuré pour bénéficier d'une téléconsultation ?
Non. Il est possible de demander une consultation payante dans tous les cas. Mais il est indispensable de présenter un numéro de sécurité sociale pour obtenir un remboursement.

Quels équipements dois-je posséder pour une téléconsultation ?
Il faut que vous possédiez un ordinateur, une tablette ou un smartphone équipé(e) d'une webcam et relié(e) à Internet. Vous pouvez obtenir une téléconsultation depuis les lieux équipés comme les maisons de santé ou certaines pharmacies.

Comment se déroule une téléconsultation ?
Une téléconsultation se déroule comme une consultation classique. Il faut prendre rendez-vous avec le secrétariat ou en ligne. Avant la consultation, le médecin vous envoie un lien de connexion à un site Internet ou à une application pour l'heure prévue du rendez-vous.

Puis-je prendre rendez-vous via une application ?
Oui. Beaucoup d'applications proposent ce service. Attention, il faut que vous vérifiiez que l'application est bien sécurisée.

Culture(s)

L'assurance maladie est un service de la sécurité sociale, gratuit et accessible à tous. Il est financé par l'État.
Les personnes assurées ont un numéro de sécurité sociale et une carte Vitale. Elles bénéficient d'un remboursement (70 % du prix de la consultation) qui peut être complété par une mutuelle payante complémentaire.
→ Existe-t-il un système de remboursement des frais de santé dans votre pays ?

1 Observez le site de l'assurance maladie (Doc. 1). De quoi parle cette page ?

2 Lisez la foire aux questions (FAQ) (Doc. 1). Entourez la bonne réponse.
Les questions concernent les **expériences** · **conditions** · **problèmes** de la téléconsultation.

3 À deux — Relisez la FAQ (Doc. 1).
a. Que doit-on faire pour obtenir une consultation en ligne ?
b. Dans quels lieux peut-on faire une téléconsultation ?
c. Quelle est la condition pour être remboursé ?

4 À deux **Relisez la FAQ (Doc. 1).**

a. Listez les obligations à respecter :
1. par les patients (équipement, remboursement, prise de rendez-vous, choix de l'application) ;
2. par les médecins.

b. Classez les obligations relevées (act. a) : obligation générale ou obligation personnelle ?
Ex. : Il faut que vous possédiez un ordinateur, une tablette ou un smartphone.
→ sujet : vous = obligation personnelle
Il est indispensable de présenter un numéro de sécurité sociale.
→ pas de sujet = obligation générale

c. Complétez la règle avec *infinitif* **ou** *subjonctif*.
1. Pour exprimer une obligation générale :
Il faut / Il est indispensable de + _____
2. Pour exprimer une obligation personnelle :
– Il faut que / Il est nécessaire que + sujet + _____
– sujet + devoir + _____

d. Reliez chaque subjonctif à la base du présent correspondante.

que je voie • • nous **pren**ons
que vous preniez • • ils **voi**ent

5 En petit groupe **Que pensez-vous des consultations médicales en ligne ? Échangez.**

DOC. 2 🎧 037

6 En petit groupe **Observez le dessin (Doc. 2).**

a. Est-ce que vous le trouvez drôle ? Expliquez.

b. Avez-vous déjà pratiqué du sport en ligne ? Racontez.

7 Écoutez la conversation téléphonique entre Nina et Émilie (Doc. 2). Identifiez :
a. le sujet de la conversation.
b. le sport choisi par Nina.

8 Réécoutez la conversation téléphonique (Doc. 2).

a. Répondez.
1. Pourquoi Nina fait-elle du sport ?
2. Comment Émilie réagit-elle ?

b. Soulignez la bonne réponse.
1. Nina a choisi une application en ligne pour **gagner du temps** • **faire plus de sport**.
2. Nina renseigne Émilie sur **le fonctionnement** • **les inconvénients** des cours en ligne.
3. Nina **ne réussit pas** • **réussit** à convaincre Émilie de s'inscrire à une séance en ligne.

9 À deux **Lisez les deux obligations. Donnez l'infinitif des verbes en gras.**
Il faut que je **fasse** de l'exercice.
Il faut que tu **sois** motivée.

10 À deux **Réécoutez (Doc. 2). Notez les informations pratiques sur le cours de sport en ligne de Nina (fréquence, durée, nombre de personnes, prix, accès).**

AGIR

11 ✏️ 💬 **Donnez des renseignements sur un service en ligne.**

a. À deux **Choisissez une application qui propose un service en ligne (cours de langue, coaching…).**

b. Rédigez le descriptif de l'application : les informations pratiques pour l'inscription, le fonctionnement, le déroulement des séances.

📲 Postez le descriptif de l'application sur le groupe de la classe.

c. En groupe **Expliquez le fonctionnement de votre application. Indiquez ce qu'il faut faire et répondez aux questions des autres groupes.**

> Langue & S'entraîner p. 54-55

LEÇON 10 — Organiser une activité à distance

COMPRENDRE

DOC. 1  038

1 Écoutez l'interview (Doc. 1).
  a. Quel est le thème de l'émission ?
  b. Qui est la personne interviewée ? Pourquoi ?

2 Réécoutez l'interview (Doc. 1).
  a. Cochez les sujets abordés par le spécialiste.
  ☐ l'équipement   ☐ les transports
  ☐ l'espace de travail   ☐ le salaire
  ☐ la tenue   ☐ les horaires de travail
  ☐ les collègues
  b. **À deux** Observez l'image ci-contre. Quels éléments ne correspondent pas aux recommandations du spécialiste ? Justifiez.

3 **À deux** Réécoutez l'interview (Doc. 1).
  a. Reliez pour reconstituer les hypothèses.

  1. Si vous **travaillez** sur votre PC portable,
  2. Si vous **avez** un petit appartement,
  3. Si vous **travaillez** quand vos enfants sont à la maison,
  4. Si vous **vous aménagez** un espace bureau,
  5. Si vous ne **voulez** pas laisser le travail occuper toute votre vie,
  6. Si vous **devez** participer à une visioconférence urgente,
  7. Si vous **passez** plusieurs heures consécutives sur votre écran,

  a. **isolez**-vous.
  b. il vous **suffit** d'aménager un coin bureau.
  c. vous **serez** plus efficace.
  d. **investissez** dans un grand écran.
  e. vous **serez** prêt à vous présenter.
  f. **fixez**-vous des horaires de travail.
  g. vous **serez** moins efficace.

  b. Donnez le temps des verbes en gras. Identifiez les trois hypothèses sur le futur.

4 💬 **À deux** Imaginez d'autres difficultés à pratiquer le télétravail. **Proposez** des solutions.

5 💬 **En petit groupe** Regardez la vidéo d'Eva et répondez.

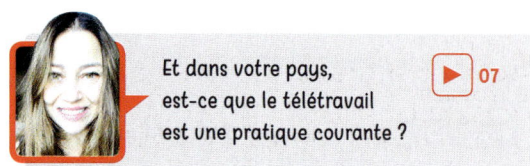
Et dans votre pays, est-ce que le télétravail est une pratique courante ? ▶ 07

6 Observez l'article et lisez le chapeau (Doc. 2). Qu'est-ce qu'un « apéro Zoom » ?

7 Lisez l'article (Doc. 2).
  a. Quel est le profil des deux personnes qui témoignent (prénom, âge, profession, lieu de vie) ?
  b. Entourez la bonne réponse.
  Les deux personnes sont **peu · plutôt · très** satisfaites des apéros Zoom.

8 **À deux** Relisez l'article (Doc. 2).
  a. Quels types d'activités ces personnes organisent-elles pendant leurs apéros ?
  b. Quels sont les avantages des apéros Zoom ?
  c. Quels sont les inconvénients ?

Le Parisien

Ce soir, c'est « apéro Zoom » !

De plus en plus de Français organisent des apéritifs à distance. À apprécier avec modération !
Témoignages.

Diane, 41 ans, pratique les apéritifs en visioconférence depuis plusieurs années. « Au début, j'organisais des apéros à distance avec mes amis qui travaillaient à l'étranger, car nous voulions rester en contact. Aujourd'hui, je le fais aussi avec mes amis en région parisienne, c'est pratique et ça nous évite les déplacements ! », explique la photographe, installée à Houilles (Yvelines).

Audrey, 34 ans, commerciale dans l'immobilier à Vaison-la-Romaine (Vaucluse), près d'Avignon, habituée aux rendez-vous Zoom à quatre ou cinq personnes, parle de son prochain projet : « Ce soir, je fête mon anniversaire. Je veux passer un bon moment et je souhaite que tous mes amis soient présents. Nous allons tester l'apéro Zoom avec une vingtaine de personnes ! ».
Elle explique : « Quand on veut qu'il y ait de la musique, on demande à un copain de jouer de la guitare. Certains aiment tellement ces soirées qu'ils voudraient que ça dure plus longtemps ! Mais il faut bien se déconnecter ! »

Diane aussi est assez contente de son expérience. « La visioconférence, ça permet de se voir, de faire des blagues, ça ressemble aux soirées qu'on fait dans des bars ou dans des appartements, on peut varier les thèmes », précise-t-elle. « Un de mes amis voudrait qu'on fasse des jeux de société ou des jeux en ligne la prochaine fois. On va essayer le week-end prochain ! », indique la photographe.

Un jour, Diane a testé une soirée à thème à dix personnes. « On voulait fêter la Saint-Patrick. On a mis des chapeaux verts, l'ambiance était bonne », sourit-elle. Mais elle reconnaît les limites de l'application : « Dans la vraie vie, tout le monde peut parler en même temps. Sur Zoom, on n'entend plus rien. Il faut que tout le monde se taise avant de prendre la parole. Il peut donc parfois y avoir des blancs, des silences », ajoute Diane.

Chez soi, on peut aussi en avoir assez plus rapidement. « Les apéros Zoom durent moins longtemps que les vrais apéros », confirme Audrey. « Il n'y a pas les mêmes interactions que dans les bars, et pas question de changer de bar. Alors, c'est sûr, on peut s'ennuyer plus facilement. »

---

9 À deux a. Relisez (Doc. 2). Notez les souhaits :

1. d'Audrey pour son anniversaire.
2. d'un ami de Diane pour une soirée.

b. Quelle phrase d'Audrey exprime un souhait pour elle-même ?

c. Lisez la phrase puis cochez les bonnes réponses.

Je veux passer un bon moment et **je** souhaite que **tous mes amis** soient présents.

1. Quand on fait un souhait pour soi-même, les sujets sont ☐ identiques ☐ différents et le verbe est ☐ à l'infinitif ☐ au subjonctif.
2. Quand on fait un souhait pour d'autres, les sujets sont ☐ identiques ☐ différents et le verbe est ☐ à l'infinitif ☐ au subjonctif.

d. Repérez les autres souhaits dans l'article (Doc. 2). Justifiez les modes employés.

AGIR

10 Organisez un apéritif à distance.

a. **En petit groupe** Réfléchissez aux activités que vous souhaitez organiser pendant l'apéritif. **Échangez**.

b. **Décidez** des modalités de votre apéritif à distance (date, heure…).

c. **En groupe Expliquez** vos choix aux autres groupes. **Partagez** vos recommandations pour passer un bon moment.

Postez votre invitation sur le groupe de la classe.

› Langue & S'entraîner › p. 55-56

LEÇON 11 — Parler de ses expériences

COMPRENDRE

DOC. 1

Arnaque TenueChic

Message de Luc le 10 mai 2022, 10:01

J'ai commandé un manteau chez TenueChic le 2 mars. Il était en solde à 29,95 € et j'ai payé 6 € de frais postaux. Je l'ai reçu le 3 avril. Il était très mal coupé et le tissu était très différent du modèle. Je ne pouvais pas le porter.
Le 5 avril, j'ai donc écrit au service client de TenueChic. L'employé m'a proposé un remboursement de 15 % de l'article ou un remboursement complet si je le renvoyais. Mais, d'après lui, le temps d'expédition était très long. Il a insisté, il ne voulait pas que je le renvoie. Alors j'ai choisi le remboursement de 15 %, mais ils ne m'ont pas remboursé les frais de port !

Re: Arnaque TenueChic

Message de Paulo le 14 mai 2022, 17:06

C'est de la vente mensongère ! J'ai eu le même problème, les personnes du service client m'ont aussi proposé un remboursement de 15 % pour une chemise trop grande. Mais j'ai décidé de leur renvoyer le produit. Ils m'ont remboursé mais j'ai payé deux fois les frais postaux : la livraison chez moi et le renvoi chez eux !... Sans remboursement, bien sûr. N'achetez jamais sur ce site !

1 Observez le forum du site *Que choisir* (Doc. 1).

   a. Identifiez la rubrique de la page et le thème de la discussion.

   b. Selon vous, quel est l'objectif du forum *Que choisir* ?

2 Lisez le forum (Doc. 1).

   a. Vérifiez vos hypothèses (act. 1b).

   b. Répondez pour Luc et pour Paulo.
   1. Quel article a-t-il commandé ?
   2. Quel problème a-t-il rencontré ?
   3. Quelles sont les deux options proposées par le service client ? Quelle option a-t-il choisie ?

   c. À deux Expliquez le mot *arnaque*.

3 À deux Relisez (Doc. 1).

   a. *Vrai* ou *faux* ? Justifiez.
   1. Luc a reçu son manteau deux semaines après sa commande.
   2. Le service client a indiqué que le retour prenait beaucoup de temps.

   b. Lisez les phrases. Que remplacent les pronoms en gras ?
   Je **l'**ai reçu le 3 avril.
   J'ai décidé de **leur** renvoyer le produit.
   L'employé **m'**a proposé un remboursement.
   Ils **m'**ont remboursé.

   c. Lisez les phrases. Par quoi sont introduits les pronoms en gras ?
   D'après **lui**, le temps d'expédition était très long.
   J'ai payé deux fois les frais postaux : la livraison chez **moi** et le renvoi chez **eux**.

4 En petit groupe Avez-vous déjà eu des problèmes à l'occasion d'un achat en ligne ? Échangez.

DOC. 2 🎧 039

5 Écoutez la conférence en ligne de François Saltiel (Doc. 2).

   a. Quel est le thème de la conférence ?

   b. Notez les activités à distance mentionnées.

   c. Cochez l'argument qui explique cette nouvelle société selon François Saltiel.
   ☐ On veut se protéger.
   ☐ On cherche à gagner du temps.
   ☐ On est de plus en plus individualistes.

   d. D'après lui, qui sont les personnes les plus touchées ?

6 À deux Réécoutez (Doc. 2).

   a. Selon François Saltiel, quels sont les avantages et les inconvénients des activités à distance ? Quels exemples donne-t-il ?

   b. D'après lui, quels sentiments négatifs peut provoquer la société du « sans contact » ?

LEÇON 11 — DOC. 3

Stéphanie Dupays
Comme elle l'imagine

Laure avait des mots d'amour mais pas les preuves[1] : Vincent n'évoquait jamais de date pour une prochaine rencontre. Et ce décalage[2] entre les paroles et les actes la perturbait. Les messages maintenaient un lien entre eux, mais ils rendaient aussi la distance plus palpable[3] et transformaient Vincent en une divinité inaccessible.

Laure est tombée amoureuse de Vincent en discutant avec lui sur Facebook. Depuis des mois, ils échangent aussi des SMS à longueur de journée. Elle sait tout de lui, de ses goûts, de ses habitudes mais tout reste virtuel. Si Vincent tarde[4] à lui répondre, l'imagination de Laure prend le pouvoir et remplit le vide, elle s'inquiète, s'agace[5], glisse de l'incertitude à l'obsession. Quand une rencontre réelle se profile, Laure est fébrile[6] : est-ce le début d'une histoire d'amour ou bien une illusion qui se brise[7] ? Subtile analyste du sentiment amoureux, Stéphanie Dupays interroge notre époque et les nouvelles manières d'aimer et signe aussi un roman d'amour intemporel sur l'éveil du désir, l'attente, le doute.

16,00 €

E-book
> epub : 11,99 €

Acheter
> Place des libraires
> Librairie Mollat
> Librairie Dialogue
> Fnac

Feuilleter

1 une preuve : une démonstration ; 2 un décalage : un écart ; 3 palpable : réel, concret ; 4 tarder : prendre son temps, être en retard ; 5 s'agacer : s'énerver ; 6 fébrile : impatient, nerveux ; 7 se briser : se casser

7 Observez la présentation du roman *Comme elle l'imagine* de Stéphanie Dupays (**Doc. 3**). Annotez le document avec les termes suivants.
a. résumé du roman
b. prix du livre papier
c. extrait du roman
d. couverture
e. prix du livre numérique
f. lien vers les premières pages

8 Lisez (**Doc. 3**).
a. Quel est le thème principal du roman ?
b. Qui sont les deux personnages ?
c. Où se sont-ils rencontrés ? Quelle est leur relation ?

9 **À deux** Relisez (**Doc. 3**).
a. Relevez les termes en rapport avec l'amour.
b. **Choisissez** dans la liste les émotions ressenties par Laure. Justifiez.
l'incertitude • la satisfaction • le bonheur • l'impatience
c. En quoi la communication à distance modifie-t-elle les relations amoureuses ? **Échangez**.

AGIR

10 Peut-on tout faire en ligne ?

a. **En petit groupe** Parcourez l'unité 3 et créez un nuage de mots des activités en ligne de notre société. **Partagez** avec la classe et complétez votre liste si nécessaire.

b. Prenez position sur chacune des activités en ligne (pour ou contre). Listez des exemples (expériences personnelles, actualités…).

c. **En groupe** **Débattez** sur les avantages et les inconvénients des activités en ligne.

> **Langue & S'entraîner**   p. 57

CULTURE(S) VIDÉO

08 Présentation d'un Mooc

1 Regardez la vidéo jusqu'à 00'16'' <u>sans le son</u>. ▶ 08
a. Quel est le titre du Mooc* et son objectif ? Qui propose cette formation ?
b. **À deux** Que fait le présentateur au début de la vidéo ? Pourquoi, à votre avis ? **Commentez** ses gestes.

2 Regardez la vidéo en entier <u>avec le son</u>. ▶ 08
a. Vérifiez vos réponses (act. **1**). Quel est le but de cette introduction ?
b. **À deux** Mettez dans l'ordre les différentes parties de la présentation du Mooc. Justifiez.
récapitulatif des informations • information sur les outils mis à disposition • organisation et contenus de la formation • présentation générale

3 **En petit groupe** Pensez-vous que les Mooc sont efficaces pour apprendre ? **Échangez**.

* Mooc (Massive Online Open Course) : cours en ligne ouvert à tous

LEÇON 12 — Techniques pour...

... écrire un e-mail de réclamation

 **LIRE**

DOC. 1

1 →	À service-client@meublez-vous
2 →	Réclamation / Commande n° 87273818

3 → Bonjour,

4 → Je tiens à vous faire part de mon mécontentement et je vous adresse une réclamation suite à ma commande du 18 septembre 2022 d'une table de jardin d'un montant de 599 euros (commande n°87273818).

5 → En effet, j'ai bien réceptionné ma table le 25 septembre mais j'ai décidé de la renvoyer car elle était cassée. J'ai fait ma demande de retour sur mon espace client le même jour. Votre service a validé ma demande et m'a mis en contact avec un livreur, qui est venu la chercher le 27 septembre. Comme je n'avais pas de nouvelles, j'ai appelé le service retour le 17 novembre et on m'a confirmé la bonne réception du colis. Mais nous sommes aujourd'hui le 3 décembre et, à ce jour, je n'ai toujours pas obtenu mon remboursement.

6 → Cette situation est inadmissible. C'est pourquoi je vous prie de me rembourser dans les meilleurs délais le montant de la table et des frais de retour qui représentent 35 euros, soit un total de 634 euros.

7 → Cordialement,

8 → Sébastien Thomen

1 [Découverte] Observez l'e-mail (Doc. 1). Qui écrit ? À qui ? Pourquoi ?

2 À deux Lisez l'e-mail (Doc. 1).
a. Mettez dans l'ordre les étapes de l'achat de Sébastien Thomen. Donnez les dates correspondantes.
- demande de retour
- commande
- demande de nouvelles
- mail de réclamation
- renvoi du produit

b. Expliquez pourquoi il a renvoyé le produit et pourquoi il n'est pas satisfait du service.

3 [Analyse] À deux Relisez (Doc. 1). Associez les intitulés suivants aux parties 1 à 8 de l'e-mail.
a. Exposé des faits
b. Formule finale
c. Adresse mail du destinataire
d. Formulation de la demande
e. Objet de l'e-mail
f. Formule d'appel
g. Rappel de l'objet de l'e-mail
h. Signature

4 À deux Relisez (Doc. 1). Soulignez les phrases pour :
a. exprimer son insatisfaction.
b. exposer la situation actuelle.
c. formuler une demande précise.
d. récapituler une somme due.

LEÇON **12**

POUR écrire un e-mail de réclamation

- **Annoncer l'objet de l'e-mail (sous forme nominale)**
  Réclamation
  Commande n°…
- **Commencer par une formule d'appel**
  Bonjour,
  Madame, Monsieur,
- **Rappeler l'objet**
  Je vous adresse une réclamation.
  Je souhaite vous faire part d'une réclamation.
- **Exposer les faits**
  J'ai fait ma demande de retour.
  J'ai contacté le service client.
- **Rappeler le montant**
  Soit un total de 634 euros.

- **Exprimer son insatisfaction**
  Je tiens à vous faire part de mon mécontentement.
  Cette situation est inadmissible.
  Je ne suis pas satisfait de vos services.
- **Donner des explications**
  En effet, j'ai bien réceptionné ma table.
  […] car elle était cassée
  Comme je n'avais pas de nouvelles…
- **Formuler la demande**
  Je vous prie de/vous demande de me rembourser dans les meilleurs délais.
- **Terminer par une salutation**
  Cordialement
  Sincères salutations
  Salutations distinguées

ÉCRIRE

5 À deux Écrivez un e-mail de réclamation.

a. Vous avez commandé des produits alimentaires sur Internet. À la réception, le colis était ouvert et il manquait des articles. **Choisissez** le site marchand et les produits commandés.

b. Listez les motifs d'insatisfaction.

c. Rédigez l'e-mail de réclamation.

… la médiation : expliquer un terme

DOC. 2

Commandes ∗ Factures ∗ Mon compte

Suivez votre commande

Articles commandés

Nom du produit	Référence	
Bottes ARLETTE Taille 39	PERARLETTE-39	
Prix	Quantité	Sous-total
195 €	Commandé : 1 Expédié : 1	195 €
Nom du produit	Référence	
Top LIO Taille 42	E21LIO-ECRU-42	
Prix	Quantité	Sous-total
39 €	Commandé : 1 Expédié : 1	39 €
	Sous-total	234 €
	Remise 15 %	− 35,10 €
	Prix HT	198,90 €
	TVA (20 %)	39,78 €
	Shipping & Handling	7,00 €
	Prix TTC	**245,68 €**

6 Votre amie Véra a reçu une facture qu'elle ne comprend pas. Lisez la facture (Doc. 2).

a. Associez chaque formule à son explication.

1. Shipping & Handling
2. Remise
3. HT
4. TTC
5. TVA

a. Une réduction
b. Hors taxe = Sans les taxes
c. Transport et livraison
d. Toutes taxes comprises.
Le pourcentage des taxes est ajouté au prix initial.
e. Une taxe

b. À deux **Retrouvez** les techniques utilisées pour chaque explication (act. **a**).

synonyme • traduction • définition • explication de l'acronyme
Ex. : 4. TTC : Toutes Taxes comprises → explication de l'acronyme

7 Relisez la facture (Doc. 2).

a. Annotez-la avec les termes suivants.

frais de livraison • prix de chaque article • montant total • suivi du colis • réduction • récapitulatif de la commande

b. **Expliquez** à Véra le montant total.

8 En petit groupe **Cherchez** un site marchand de votre pays. **Sélectionnez** une page (page d'accueil, bon de commande…). **Expliquez** les différentes informations. Variez les techniques.

cinquante-trois **53**

Langue & S'entraîner

Leçon 9 — Grammaire

L'obligation

■ **Obligation générale**
Il est/C'est indispensable de / Il est/C'est nécessaire de / Il faut + infinitif
Il est/C'est indispensable de présenter un numéro de sécurité sociale. / Il faut prendre rendez-vous en ligne.

❗ Dans ces phrases, *il* et *ce/c'* sont des sujets impersonnels.

■ **Obligation personnelle**
– Il faut que / Il est/C'est nécessaire que + subjonctif
Il faut que tu sois motivée. Il faut que je fasse de l'exercice.

– Sujet + devoir + infinitif
Le médecin doit opter pour une prise en charge médicale à distance.

La formation du subjonctif (1)

■ Pour *je, tu, il/elle/on, ils/elles* : base de *ils/elles* au présent + terminaisons -e, -es, -e, -ent
ils **prenn**ent → que je **prenn**e

■ Pour *nous* et *vous* : base de *nous* au présent + terminaisons -ions, -iez
nous **voy**ons → que nous **voy**ions

Il faut que je voie   Il faut que nous voyions
Il faut que tu voies   Il faut que vous voyiez
Il faut qu'il/elle/on voie   Il faut qu'ils/elles voient

❗ Verbes irréguliers : **avoir, être, faire, aller, pouvoir, savoir, vouloir**

avoir	être	faire	aller
que j'aie	que je sois	que je fasse	que j'aille
que tu aies	que tu sois	que tu fasses	que tu ailles
qu'il/elle/on ait	qu'il/elle/on soit	qu'il/elle/on fasse	qu'il/elle/on aille
que nous ayons	que nous soyons	que nous fassions	que nous allions
que vous ayez	que vous soyez	que vous fassiez	que vous alliez
qu'ils/elles aient	qu'ils/elles soient	qu'ils/elles fassent	qu'ils/elles aillent

▶ CONJUGAISONS P. 180-185

1 À deux Conjuguez les verbes *envoyer*, *connaître* et *réussir* au subjonctif présent.

2 Soulignez les deux formes au subjonctif. Puis donnez l'infinitif.
Ex. : <u>aille</u> • allons • <u>alliez</u> → aller
a. soient • soyons • sommes → _____
b. ayez • avons • aie → _____
c. faisons • fassiez • fasse → _____
d. savez • sache • sachent → _____
e. puisses • peux • puissions → _____
f. veulent • veuillent • voulions → _____

3 Transformez comme dans l'exemple.
Pour avoir une téléconsultation en France…
Ex. : Le médecin doit connaître le patient. → Il faut que le médecin connaisse le patient.
a. Le médecin doit s'inscrire sur un site de téléconsultation.
b. Le patient et le médecin doivent avoir un ordinateur avec une webcam.
c. Le patient doit prendre rendez-vous.
d. Le patient doit recevoir un lien de connexion.
e. Tout le monde doit vérifier que la connexion est bien sécurisée.
f. Le médecin doit choisir la prise en charge à distance.

Langue & S'entraîner UNITÉ **3**

4 🎧 040 **Est-ce une obligation générale ou personnelle ? Écoutez et cochez.**

Ex. : Pour rester en forme, il faut aller régulièrement chez le médecin.

	Ex.	a.	b.	c.	d.	e.
Obligation générale	✓					
Obligation personnelle						

Vocabulaire

🎧 041 **La santé (1)** l'assurance maladie (f.) • une consultation médicale • un(e) médecin • un numéro de sécurité sociale • un(e) patient(e) • un remboursement • assuré(e) • être en (pleine) forme
Les lieux de santé : un cabinet (médical) • un établissement de santé • une maison de santé • une pharmacie

🎧 042 **Les activités en ligne (1)** un abonnement • une application • une connexion • un lien (Internet) • une séance d'essai • une téléconsultation • sécurisé(e) • à distance • en replay • sans engagement

🎧 043 **L'équipement (1)** un smartphone • une tablette • une webcam • être équipé(e)

+ Mots tronqués une appli = une application • un(e) prof = un(e) professeur(e) • accro = accroché(e) (= dépendant(e))

5 🎧 044 **Qui utilise une application de sport en ligne ? Écoutez et cochez.**

Ex. : Je fais de la gym avec une super appli !

Ex.	a.	b.	c.	d.	e.	f.	g.	h.
✓								

Leçon 10 — Grammaire

L'hypothèse (1)

■ Pour donner des conseils : **si** + **présent** + **présent** / **impératif**
Si vous **avez** un petit appartement, il vous **suffit** d'aménager un coin bureau.
Si vous ne **voulez** pas laisser le travail occuper toute votre vie, **fixez-vous** des horaires de travail sur la journée.

■ Pour faire une hypothèse sur le futur : **si** + **présent** + **futur**
Si vous **passez** plusieurs heures consécutives sur votre écran, vous **serez** moins efficace.

❗ On peut inverser les deux parties de la phrase (sans virgule entre les deux parties) :
Vous **serez** moins efficace *si* vous **passez** plusieurs heures sur votre écran.

6 Faites une hypothèse sur le futur, comme dans l'exemple.

Ex. : Vous **gagnerez** (gagner) beaucoup de temps si vous **télétravaillez** (télétravailler).
a. Si vous ne _____ (faire) pas de pause, vous _____ (se fatiguer) plus vite.
b. Si vous n' _____ (éteindre) jamais votre ordinateur, le travail _____ (prendre) trop de place dans votre vie perso !
c. Vous ne _____ (être) pas prêt mentalement à travailler si vous _____ (rester) en pyjama toute la journée.
d. Si vous ne _____ (contacter) pas régulièrement vos collègues, le lien social vous _____ (manquer).
e. Vous ne _____ (suivre) pas bien les visioconférences si vous ne _____ (posséder) pas un bon équipement informatique.
f. Si vous _____ (habiter) dans un petit appartement, il _____ (falloir) aménager un coin bureau.

Langue & S'entraîner

Le souhait

- Quand les deux verbes ont le même sujet : **sujet** + **vouloir** / **souhaiter** + **infinitif**
Nous voulions rester en contact. Je veux passer un bon moment.

- Quand les deux verbes ont des sujets différents : **1er sujet** + **vouloir que** / **souhaiter que** + **2e sujet** + **subjonctif**
Je souhaite que tous mes amis soient présents.
Un de mes amis voudrait qu'on fasse des jeux de société ou des jeux en ligne.

7 Complétez les phrases avec l'infinitif ou *que* + subjonctif, comme dans les exemples.
Ex. : On s'amuse ensemble. → On veut s'amuser ensemble.
Mes amis passent un bon moment. → Je veux que mes amis passent un bon moment.
a. Je suis avec mes amis. → Je voudrais _____ avec mes amis.
b. Nous jouons en ligne. → Vous souhaitez _____ en ligne.
c. Mes copains font un apéro Zoom. → Mes copains voudraient _____ un apéro Zoom.
d. Vous restez en contact. → Je désire _____ en contact.
e. On peut se contacter chaque semaine. → Je voudrais _____ se contacter chaque semaine.

Vocabulaire

🎧 045 **Les relations (2)** une interaction • (maintenir) le lien social • rester en contact
🎧 046 **Les activités en ligne (2)** un jeu de société • un jeu en ligne • le télétravail / télétravailler • une visioconférence
🎧 047 **L'équipement (2)** un clavier • un écran • un PC portable • un siège de bureau • une souris ergonomique

Mots tronqués un apéro = un apéritif • la vie perso = personnelle / la vie pro = professionnelle

Phonétique

Les liaisons 🎧 048 ▶ 09

Écoutez les extraits du Doc. 1 p. 48. Indiquez s'il y a une liaison (‿) ou pas de liaison (X) entre les mots surlignés.
On di**t a**dieu à la circulatio**n et au** temps de transport quotidien.
Si vou**s a**vez un peti**t a**ppartement…
Investissez dan**s u**n gran**d é**cran.

→ La liaison est **obligatoire** devant une voyelle ou un *h* muet :
– entre l'article et le nom, et entre l'adjectif et le nom : un‿espace, un‿horaire, un petit‿appartement
– entre un pronom et un verbe : vous‿avez ; je les‿aime
– après une préposition : dans‿un

→ La liaison est **interdite** :
– entre deux groupes rythmiques : on dit X adieu
– après « et » : et X au temps
– après un nom singulier : la circulation X et
– avant un *h* aspiré : un X harcèlement

8 a. Indiquez s'il y a une liaison obligatoire (‿) ou pas de liaison (X) entre les mots surlignés.
1. Je travaille e**n Hon**grie.
2. Si vou**s a**ménage**z un e**space bureau, vous serez plu**s e**fficace.
3. Pour plus de confor**t, on** doit utilise**r u**n clavie**r et u**ne souri**s e**rgonomiques.
4. Si o**n a** de**s en**fants, il faut le**s o**ccuper.

b. 🎧 049 Écoutez pour vérifier.

Leçon 11 — Grammaire

Les pronoms COD et COI

■ Les pronoms COD (compléments d'objet direct) remplacent un nom placé directement après le verbe.

	Singulier	Pluriel
1ʳᵉ personne	me / m'	nous
2ᵉ personne	te / t'	vous
3ᵉ personne	le / la / l'	les

J'ai commandé **un manteau** le 2 mars.
→ Je **l'**ai reçu le 3 avril.

■ Les pronoms COI (compléments d'objet indirect) remplacent un nom introduit par la préposition *à*.

	Singulier	Pluriel
1ʳᵉ personne	me / m'	nous
2ᵉ personne	te / t'	vous
3ᵉ personne	lui	leur

J'ai décidé de renvoyer le produit **aux personnes du service client**. → J'ai décidé de **leur** renvoyer le produit.

❗ penser à + pronom tonique : *Je pense à toi*.

❗ Avec **aller** + infinitif ; **pouvoir** + infinitif ; **venir de** + infinitif, le pronom se place avant l'infinitif : *Je ne pouvais pas le porter*.

9 Complétez le dialogue avec des pronoms personnels compléments.
– Tu connais ce site d'achat ?
– Oui, je **le** connais mais je ne _____ recommanderai à personne car j'ai déjà commandé un costume et je ne _____ ai jamais reçu !
– Ah bon ? Ils ne _____ ont rien envoyé ?
– Ils disent qu'ils _____ ont envoyé le colis mais que le transporteur _____ a perdu.
– Ils _____ ont remboursé ?
– Non. Je _____ ai demandé un remboursement mais je ne _____ ai pas encore eu et je ne sais pas quand je vais _____ recevoir. Je vais _____ téléphoner pour savoir !

Les pronoms toniques

On utilise les pronoms toniques pour remplacer un nom introduit par une préposition (*à, pour, chez, d'après…*).

	1ʳᵉ personne	2ᵉ personne	3ᵉ personne
Singulier	je → moi	tu → toi	il → lui / elle → elle
Pluriel	nous → nous	vous → vous	ils → eux / elles → elles

D'après l'employé, le temps d'expédition était très long. → D'après **lui**, le temps d'expédition était très long.

10 🎧 050 Écoutez. Puis remplacez le nom par un pronom tonique.
Ex. : Le colis arrivera chez le client. → Le colis arrivera chez **lui**.
a. On doit faire la réclamation auprès d'_____.
b. Le client a négocié avec _____.
c. Il y a eu une longue négociation entre _____.
d. D'après _____, il y aura un remboursement total.
e. Ce colis est pour _____ ?
f. Je fais souvent mes achats en ligne avec _____.

Vocabulaire

🎧 051 **La vente en ligne** une arnaque • un article • l'expédition (f.) • les frais (m.) de port/postaux • une livraison • un remboursement • un renvoi • un service client

🎧 052 **Les réseaux sociaux** un commentaire • un like / liker • un (message) vocal • une notification

🎧 053 **Les nouvelles technologies** un GPS • le streaming • regarder un film en *speed watching* (= en accéléré)

Retrouvez les activités avec sur inspire3.parcoursdigital.fr et plus de 150 activités inédites.

Faites le point

Expressions utiles

EXPRIMER UNE OBLIGATION

- Il est indispensable de présenter un numéro de sécurité sociale.
- Il faut que vous possédiez un ordinateur, une tablette ou un smartphone.
- Il doit opter pour une prise en charge médicale à distance.

PARLER D'UN SERVICE EN LIGNE

- Tu peux même avoir la séance en *replay* si tu n'es pas disponible.
- Il y a une séance d'essai gratuite.
- La visioconférence, ça permet de faire des blagues.
- Il peut donc parfois y avoir des blancs, des silences.

EXPRIMER UN JUGEMENT

- C'est pas mal !
- C'est pratique.
- C'est vraiment intéressant.
- C'est de la vente mensongère !

FAIRE DES RECOMMANDATIONS

- Si vous avez un petit appartement, il vous suffit d'aménager un coin bureau.
- Si vous travaillez sur votre PC portable, investissez dans un grand écran.
- Si vous vous aménagez un espace bureau, vous serez plus efficace.
- Je vous conseille d'avoir un bon siège de bureau.
- C'est important de faire des pauses.

EXPRIMER UN SOUHAIT

- Je veux passer un bon moment et je souhaite que tous mes amis soient présents.
- Un de mes amis voudrait qu'on fasse des jeux de société.

Évaluez-vous !

À LA FIN DE L'UNITÉ 3, VOUS SAVEZ…

☐ exprimer une obligation.

☐ exprimer un jugement.

☐ exprimer un souhait.

☐ faire des hypothèses.

☐ éviter les répétitions.

APPLIQUEZ !

❯ Indiquez à un(e) ami(e) les règles à respecter sur un forum Internet.

❯ Réagissez à l'information suivante.
« J'ai testé une application qui permet de faire ses courses en 10 minutes et d'être livré dans l'heure ! »

❯ Que voudriez-vous faire pour améliorer votre français ?

❯ Continuez librement les phrases suivantes.
Si ta connexion Internet ne fonctionne pas…
Si je dois travailler chez moi…
Si j'ai du temps ce week-end…

❯ Remplacez les groupes de mots soulignés par un pronom.
Mes amis sont très importants. Je passe du temps avec mes amis. Je vois souvent mes amis. Je téléphone toutes les semaines à mes amis.

Profitons-nous de notre temps libre ?

UNITÉ 4

VOUS ALLEZ APPRENDRE À :

› vous informer sur les loisirs
› découvrir un fait de société
› imaginer

VOUS ALLEZ UTILISER :

LEÇON 13
› l'hypothèse (2) : *si* + imparfait + conditionnel présent
› le conditionnel présent (rappel)

LEÇON 14
› l'interrogation
› le pronom personnel sujet *on*

LEÇON 15
› la négation : *personne*, *rien*, *ni… ni*

TECHNIQUES POUR…

› écrire une newsletter
› **la médiation** : expliquer une recette

LANGUE & S'ENTRAÎNER

CULTURE(S) VIDÉO ▶ 11
Les congés payés

LEÇON 13 — S'informer sur les loisirs

COMPRENDRE

DOC. 1 — 054

Les loisirs au sein du foyer

Dans votre foyer, les loisirs (c'est-à-dire les activités qu'on effectue durant son temps libre), ce sont surtout...

Plusieurs réponses possibles – Total supérieur à 100 %

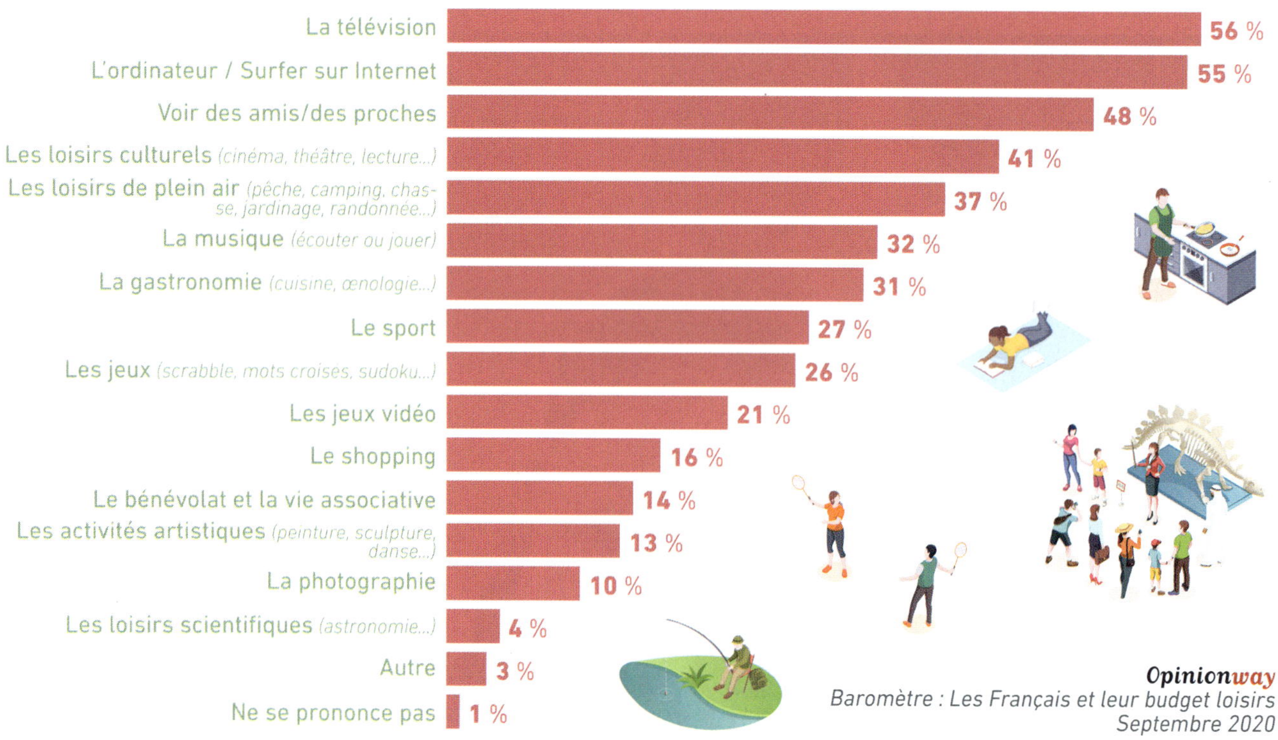

- La télévision — **56 %**
- L'ordinateur / Surfer sur Internet — **55 %**
- Voir des amis/des proches — **48 %**
- Les loisirs culturels (cinéma, théâtre, lecture...) — **41 %**
- Les loisirs de plein air (pêche, camping, chasse, jardinage, randonnée...) — **37 %**
- La musique (écouter ou jouer) — **32 %**
- La gastronomie (cuisine, œnologie...) — **31 %**
- Le sport — **27 %**
- Les jeux (scrabble, mots croisés, sudoku...) — **26 %**
- Les jeux vidéo — **21 %**
- Le shopping — **16 %**
- Le bénévolat et la vie associative — **14 %**
- Les activités artistiques (peinture, sculpture, danse...) — **13 %**
- La photographie — **10 %**
- Les loisirs scientifiques (astronomie...) — **4 %**
- Autre — **3 %**
- Ne se prononce pas — **1 %**

Opinionway
Baromètre : Les Français et leur budget loisirs
Septembre 2020

---

1 Lisez les résultats du sondage (Doc. 1).
  a. Quel est le thème du sondage ?
  b. Quand a-t-il été publié ?
  c. Comment s'appelle l'institut de sondage ?

2 À deux Relisez (Doc. 1).
  a. Expliquez les mots suivants. Faites des recherches, si nécessaire.
  la pêche • la chasse • la gastronomie • l'œnologie
  b. 💬 Répondez à la question du sondage. Comparez vos résultats.

3 En petit groupe Regardez la vidéo d'Enrique et répondez.

Et vous ? Comment vous changez-vous les idées ? ▶ 10

4 Écoutez l'éditorial d'Ali Pernoud (Doc. 1). De quoi parle-t-il ?

5 À deux Réécoutez l'éditorial (Doc. 1).
  a. Quelles informations du sondage Ali Pernoud reprend-il ?
  b. Comment explique-t-il l'expression « loisir passif » ? Répondez puis classez les loisirs du sondage.

Loisirs passifs	Loisirs actifs
Ex. : la télévision	Ex. : voir des amis/des proches

c. Relevez une prévision des chercheurs pour chaque thème abordé.
Durée du temps de travail • Organisation du travail • Jours de congé • Communication

d. 💬 Que pensez-vous de ces prévisions ? Lesquelles ajouteriez-vous ? **Échangez**.

e. Que signifie le mot *multiconnectés* ? Trouvez d'autres mots avec le préfixe *multi*.

DOC. 2

```
● ● ●    🔍 fr.linkedin.com
```

Vanessa DELGADO   in
👉 Cheffe de produit chez Loisirenville
⭐ Blogueuse et voyageuse

Pour vous proposer des activités intéressantes et originales, nous avons besoin de connaître votre perception du temps. Pourriez-vous prendre quelques minutes pour répondre à ce sondage ?

1 Si je pouvais réduire le temps d'une activité quotidienne, je réduirais…
 ○ le temps physiologique (sommeil, repas, toilette)
 ○ le temps de travail
 ○ le temps de transport
 ○ le temps domestique (ménage, courses, bricolage)

2 Si j'avais plus de temps…
 ○ je passerais plus de temps avec mes amis/ma famille
 ○ je ferais du sport
 ○ je sortirais plus souvent le soir
 ○ j'irais dans les musées

3 Si mon employeur organisait un week-end « team building »…
 ○ je serais tout à fait d'accord
 ○ j'accepterais sans enthousiasme
 ○ je refuserais

4 Si je pouvais organiser ma semaine différemment…
 ○ je travaillerais un jour sur deux
 ○ je commencerais à 10 h du matin
 ○ je n'organiserais jamais de réunion après 15 h

3 votes • il reste 1 semaine • annuler

6 Lisez le sondage de Vanessa Delgado sur LinkedIn (**Doc. 2**).

a. Quelle est sa profession ? Pour quelle entreprise travaille-t-elle ? À votre avis, que propose cette entreprise ?

b. Quel est le thème du sondage ?

c. Quel est le but du sondage ? Cochez.
☐ 1. Évaluer le succès d'un produit de loisir.
☐ 2. Créer des activités en accord avec les attentes du public.

7 À deux Relisez (**Doc. 2**).
a. Identifiez les questions du sondage en relation avec :
1. le travail ;
2. le temps personnel.

b. Associez.
1. le brossage de dents
2. le repassage
3. l'habillement
4. le coiffage   a. le temps physiologique
5. la lessive   b. le temps domestique
6. le rasage
7. les courses
8. le repos

c. Cochez. Les situations du sondage sont :
☐ 1. des hypothèses ou des faits imaginaires.
☐ 2. des faits réels.

d. Lisez la phrase.
Si j'avais plus de temps, je ferais du sport.
1. Identifiez la partie qui correspond à la condition et celle qui correspond à la conséquence.
2. Donnez le temps et le mode utilisés pour chaque partie.

8 💬 En petit groupe Répondez au sondage (**Doc. 2**). Puis **comparez** vos réponses et **réagissez** aux résultats. Êtes-vous surpris(e) ? Pourquoi ?

AGIR

9 💬✏️ Créez un sondage.

a. À deux Vous allez préparer un sondage sur le thème suivant : « Si vous aviez du temps et de l'argent, que feriez-vous ? » **Choisissez** quatre thèmes (voyages, vie sociale, achats, loisirs, technologie, équipement de la maison…).

b. Rédigez une question par thème et trois ou quatre réponses par question.

c. Écrivez une phrase pour introduire votre sondage et invitez vos camarades à y répondre.

📤 Postez votre sondage sur LinkedIn ou sur le groupe de la classe.

d. **Présentez** les résultats de votre sondage sous la forme d'un graphique.

▶ Langue & S'entraîner ▶ p. 68-69

LEÇON 14 — Découvrir un fait de société

COMPRENDRE

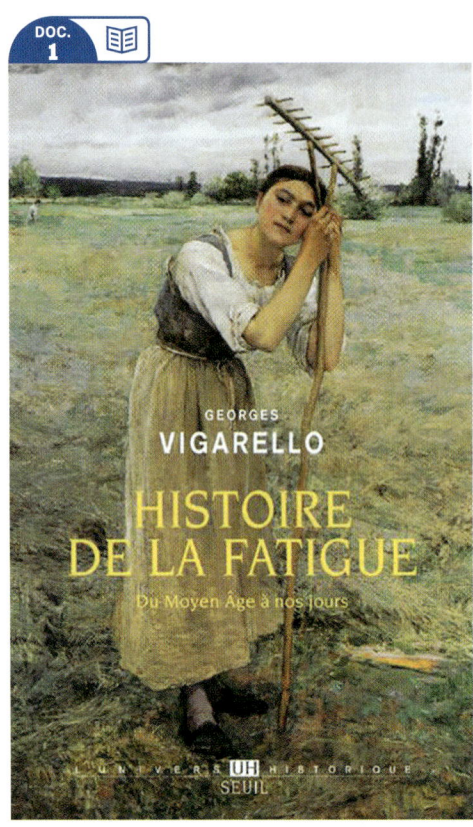

1 Observez la couverture du livre (Doc. 1).

a. Décrivez-la (titre, auteur, image…).

b. **À deux** À quels termes le mot *fatigue* vous fait-il penser ?

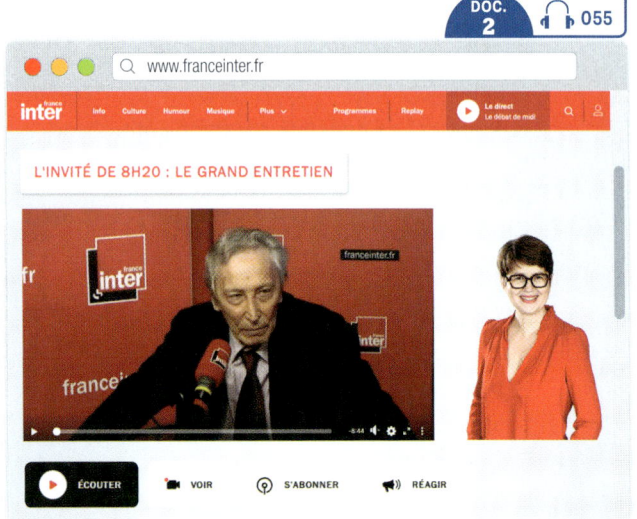

2 Écoutez l'interview sur France Inter (Doc. 2).

a. Répondez.
1. Qui est l'invité ? Que fait-il dans la vie ?
2. Quel est le sujet de l'interview ?

b. *Vrai* ou *faux* ? Justifiez.
1. Les gens parlent plus de la fatigue aujourd'hui qu'avant.
2. Nous nous intéressons plus aux autres aujourd'hui.
3. La notion de charge mentale apparaît au 19ᵉ siècle.
4. Recevoir beaucoup d'informations produit de la fatigue.
5. Les femmes souffrent plus de la charge mentale que les hommes.

c. De quels documents historiques Georges Vigarello parle-t-il ? De quand datent-ils ?

d. Quels conseils Georges Vigarello nous donne-t-il ?

3 **En petit groupe** Lisez la transcription du Doc. 2 (livret de transcriptions p. 9-10).

a. Relevez les questions de la journaliste.

b. Classez les questions.
Questions avec intonation : …
Questions avec *est-ce que* : …

c. Relevez les mots en relation avec la fatigue physique et psychologique.

d. 💬 Quand vous sentez-vous fatigué(e) ? Qu'est-ce qui provoque cette fatigue ? **Échangez**.

4 **À deux** Que remplace *on* dans la phrase suivante ? Cochez.

Est-ce qu'*on* est effectivement aujourd'hui plus fatigués qu'hier ?

☐ a. tout le monde, les gens
☐ b. les jeunes

5 Observez la page Internet (Doc. 3).

a. De quel site s'agit-il ? Pour quel type de séjour ?

b. Qui sont les intervenants ?

6 **À deux** Lisez (Doc. 3). Retrouvez dans le texte les informations pratiques (lieu, logement, repas…) et les activités proposées.

LEÇON **14**

DOC. 3

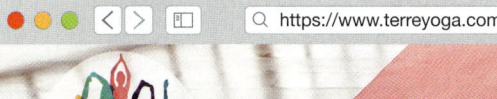

Terre Yoga

Phoebe Jones & Sanjay Rampal

Léo, notre chef vegan

Retraite à Majorque

du 18 au 23 septembre
7 jours / 6 nuits

Phoebe Jones & Sanjay Rampal

Chère communauté,

Nous avons l'immense plaisir de vous dévoiler notre prochaine retraite.
Dans un ancien monastère, avec un potager, une piscine et vue sur la mer.
Les chambres sont à partager.
On vous propose différentes pratiques : méditation, yoga, chant.
Pour s'échapper du quotidien, du stress, de la fatigue, du bruit…

Vous avez une question ?
Consultez les questions courantes
ou écrivez-nous directement à
terreyoga@gmail.com.
Nous vous répondrons personnellement.
À bientôt

Phoebe et Sanjay

Les questions courantes des yogis et des yoginis

Quels vêtements dois-je apporter ?

Le soir, on mange ensemble ?

Ai-je besoin d'un certificat médical ?

Est-ce qu'on vient nous attendre à l'aéroport ?

Y a-t-il un accès à Internet ?

On peut payer en plusieurs fois ?

Les cours sont-ils en français ?

On fait quoi le soir après le dîner ?

Qu'est-ce qu'il y a à manger ?

Je suis allergique aux noix. Est-ce que les ingrédients sont affichés ?

Comment nous déplacerons-nous ?

Comment peut-on se préparer ?

---

7 À deux Relisez (Doc. 3).

a. Sur quels thèmes portent les questions courantes ?

b. Classez les questions des yogis et des yoginis.

Registre familier	Ex. : Le soir, on mange ensemble ?
Registre courant	Ex. : Est-ce qu'on vient nous attendre à l'aéroport ?
Registre formel	Ex. : Quels vêtements dois-je apporter ?

c. À votre avis, pourquoi y a-t-il beaucoup de questions formelles ?

d. Observez les phrases. Entourez la bonne réponse.
1. **On** vous propose différentes pratiques.
On remplace : les gens • nous • Léo.
2. Est-ce qu'**on** vient nous attendre à l'aéroport ?
On remplace : les gens • nous • quelqu'un.

e. Quel est le lien entre cette retraite et l'interview de Georges Vigarello (Doc. 2) ?

AGIR

8 💬 Exprimez-vous sur le stress et la fatigue.

a. À deux Posez des questions à votre camarade sur son niveau de stress et de fatigue, et sur les activités stressantes ou fatigantes pour lui/elle.

b. **Classez** les activités citées par domaine : nouvelles technologies • travail • vie sociale et personnelle.

c. **Décidez** des activités que vous pourriez supprimer ou modifier. **Proposez** à votre camarade des solutions pour lutter contre la fatigue et le stress.

d. En groupe **Partagez** le résultat de vos échanges. Notez les points communs et les différences avec les autres groupes.

> **Langue & S'entraîner** p. 69-70

soixante-trois **63**

LEÇON 15 — Imaginer

COMPRENDRE

DOC. 1

Auguste Renoir, *La Liseuse*, vers 1900

DOC. 2

Et si on ne faisait rien ?

On se réveillerait dans sa chambre, un matin d'été.

On entendrait un râteau[1] dehors, sur le gravier[2].

Il y aurait des rayons de soleil par les persiennes[3]
5   et une petite poussière blonde.

L'oreiller serait tout chaud, mais de l'autre côté on trouverait un coin d'oreiller frais.

Ça serait comme si on devenait la fraîcheur de l'oreiller,
10   comme si on était un matin d'été.

On ne penserait pas du tout au reste de la journée.

On entendrait juste quelques voix tranquilles qui parleraient loin,
à l'autre bout de la maison.

Surtout ne rien faire, Philippe Delerm, coll. « Zanzibar jeunesse », Éd. Milan, 1994

1 un râteau : un outil de jardinage
2 du gravier : de petites pierres sur un chemin ou devant une maison
3 des persiennes : des volets extérieurs

Culture(s)

Philippe Delerm est un écrivain français né en 1950. Il a enseigné les lettres jusqu'en 2007. Aujourd'hui, il se consacre entièrement à la littérature. C'est grâce à *La Première Gorgée de bière et autres plaisirs minuscules*, publié en 1997, qu'il a connu le succès. Il décrit souvent, dans ses livres, les petits bonheurs de la vie.

→ Connaissez-vous un(e) autre écrivain(e) français(e) contemporain(e) ?

1 Regardez le tableau (Doc. 1).

a. Décrivez-le (personnage, position, décor…).

b. À votre avis, quel type de livre lit-elle ?

c. À deux Choisissez trois mots qui représentent ce tableau pour vous.

temps • été • douceur • après-midi • histoires • calme • paresse • confort • sécurité • rêve • silence • études • sommeil • vacances • ennui • farniente

d. 💬 Et vous, où aimez-vous lire ? Dans quelle position ? Échangez.

2 Lisez le texte de Philippe Delerm (Doc. 2).

a. Observez la forme du texte. Que remarquez-vous ?

b. Entourez la bonne réponse et justifiez.

L'auteur **raconte** • **imagine** une matinée de paresse.

LEÇON 15

3 À deux Relisez le texte (Doc. 2).

a. Comment l'auteur s'adresse-t-il au lecteur ?

b. Relevez une phrase pour chaque sens évoqué : l'ouïe, le toucher, la vue.

c. Lisez la phrase suivante à voix haute. Que remarquez-vous dans les sonorités ?

Il y aurait des rayons de soleil par les persiennes et une petite poussière blonde.

d. 💬 Quel document (Doc. 1 ou 2) correspond le mieux à votre manière de paresser ? **Échangez**.

4 🖊 À deux Imaginez une soirée de paresse. Rédigez un court texte à la manière de Philippe Delerm.

DOC. 3 📖

Près de 7 Français actifs sur 10, soit 4,5 millions de personnes, n'arrivent pas à déconnecter du travail pendant leurs congés. La faute principalement aux outils numériques qui nous suivent partout.

Les orteils dans le sable et la tête au boulot : pour 67 % des Français, décrocher du travail pendant les vacances est difficile, voire impossible. Les femmes sont plus affectées : 73 % d'entre elles travaillent pendant les vacances, contre 61 % des hommes.
Difficile en effet de se déconnecter de son travail quand on reste connecté à son smartphone : seuls 33 % des sondés affirment l'éteindre pendant leurs congés, et ils sont 63 % à répondre à leurs e-mails professionnels pendant cette période. [...]
20 % des Français restent accrochés à leur travail « parce que tout le monde le fait », et 22 % parce qu'ils s'ennuient pendant leurs congés.

5 Lisez l'article (Doc. 3). Trouvez un titre.

6 À deux Relisez l'article (Doc. 3).

a. Quelle proportion de salariés continuent à travailler pendant leurs congés ?

b. Pour quelles raisons le font-ils ?

c. 💬 Ce phénomène existe-t-il dans votre pays ? Qu'en pensez-vous ? Vous arrive-t-il de vous ennuyer pendant les vacances ? **Expliquez**.

DOC. 4 🎧 056

7 À deux Regardez à nouveau le tableau de Renoir (Doc. 1) et écoutez les deux textes (Doc. 4).

a. Identifiez l'extrait de roman policier. Justifiez.

b. À votre avis, quel texte lit le personnage du tableau ? **Échangez**.

c. Dites le contraire des phrases suivantes.

Ex. : Vous ne m'avez rien dit ! → Vous m'avez dit quelque chose.

1. Il n'y a personne d'autre que vous.
2. Vous ne me dites jamais la vérité.
3. Ne revenez pas, ni ici, ni à la campagne.

AGIR

8 💬 🖊 Profitons-nous de notre temps libre ?

a. **En petit groupe** Y a-t-il une seule manière de profiter de son temps libre ? Parcourez l'unité 4. Listez les activités de loisirs mentionnées. **Expliquez** les bénéfices de chaque activité.

b. Combien de temps avez-vous consacré aux loisirs (réseaux sociaux, sorties…) et au travail cette semaine ? De quel groupe faites-vous partie : les hyperactifs ou les amoureux de la paresse ? **Échangez**.

▶ Langue & S'entraîner ▶ p. 71

CULTURE(S) VIDÉO

▶ **11 Les congés payés**

1 Regardez la vidéo <u>sans le son</u>. ▶ 11

a. À votre avis, de quand datent ces images ?

b. Quels lieux voit-on ?

c. Décrivez l'attitude des personnes au début et à la fin de la vidéo. À votre avis, que s'est-il passé ?

2 À deux Regardez la vidéo <u>avec le son</u>. ▶ 11

a. Vérifiez vos réponses de l'activité 1.

b. En quelle année le changement a-t-il eu lieu ? Cet événement a provoqué quelles émotions ?

3 💬 **En petit groupe** Il y a combien de jours de congés payés par an dans votre pays ? Depuis quand ?

LEÇON 16

Techniques pour...

... écrire une newsletter*

*infolettre

LIRE

DOC. 1

De	DRH-Technobuzz
À	Toute l'équipe
Objet	Newsletter RH

Technobuzz >>> LA NEWSLETTER RH

1 → **Atelier de pâtisserie**
2 → 27 avril 2023

3 → La semaine prochaine, **préparez ensemble** des tartes aux fruits, dans une ambiance amicale et chaleureuse.

4 → Bonjour à toutes et à tous,

5 → Grâce à cet atelier, vous pourrez vous retrouver autour d'une activité ludique.
Ce sera l'occasion d'accueillir dans notre équipe Jeanne et Adel, nos nouveaux stagiaires.

6 → Nous commencerons à 14 h. Les préparations dureront à peu près une heure. Il faudra compter 45 minutes de cuisson.
Nous aurons le plaisir de goûter aux différentes créations et d'échanger autour d'un café. La séance se terminera vers 17 h.

7 → N'hésitez pas à vous inscrire !

8 → Nous espérons que vous viendrez nombreux. À mardi.
La direction des ressources humaines

QUELQUES PRÉCISIONS

9 → Rendez-vous à l'Atelier des sens
3 rue de Castelnau, 34000 Montpellier
Pour vous inscrire, suivez ce lien journeepatisserie
Cliquez ici pour la recette et la liste des ingrédients

ILS ONT DONNÉ LEUR AVIS

10 → **Atelier « verrines » de février**
Merci pour l'initiative. C'était très sympa 😊 Noémie
On a passé un super moment entre collègues ! Antoine
Merci pour cette activité. Je vais refaire des verrines pour ma famille ! Leïla

---

1 [Découverte] Observez la newsletter (Doc. 1).
   a. Quel est le thème de la newsletter ?
   b. Qui l'a écrite ? Pour qui ?

2 Lisez la newsletter (Doc. 1). Soulignez la bonne réponse.
Technobuzz organise cet atelier pour **renforcer les liens entre les employés · former le personnel à la pâtisserie · accueillir de nouveaux cuisiniers**.

3 À deux Relisez la newsletter (Doc. 1). *Vrai* ou *faux* ? Justifiez.
   a. L'activité est obligatoire pour tous les employés.
   b. L'atelier est amusant.
   c. Tous les participants se connaissent.
   d. Les participants connaissent la recette à l'avance.
   e. L'atelier dure une demi-journée.
   f. C'est le premier atelier organisé par Technobuzz.

4 [Analyse] À deux Relisez (Doc. 1).
   a. Associez les intitulés suivants aux parties 1 à 10 de la newsletter.
   A. Encouragements
   B. Salutations
   C. Thème de l'activité
   D. Prise de congé
   E. Témoignages
   F. Informations pratiques
   G. Résumé de l'activité
   H. Date
   I. Objectifs de l'activité
   J. Déroulement de l'activité

   b. Relevez les principaux énoncés correspondant à chaque partie.

LEÇON 16

POUR écrire une newsletter

- Dater
27 avril 2023
- Intituler l'activité
Atelier de pâtisserie
- Saluer
Bonjour à toutes et à tous.
- Proposer
Préparez ensemble des tartes aux fruits, dans une ambiance amicale et chaleureuse.
- Présenter les objectifs
*Grâce à cet atelier, vous pourrez vous retrouver autour d'une activité ludique.
Ce sera l'occasion d'accueillir dans notre équipe Jeanne et Adel, nos nouveaux stagiaires.*
- Annoncer le programme
*Nous commencerons à 14 h.
La séance se terminera vers 17 h.*
- Encourager
N'hésitez pas à vous inscrire !
- Prendre congé
Nous espérons que vous viendrez nombreux. À mardi.
- Donner les informations pratiques
*Rendez-vous à l'Atelier des sens.
Pour vous inscrire, suivez ce lien.
Cliquez ici pour la recette et la liste des ingrédients.*
- Ajouter des témoignages
*C'était très sympa 😁
On a passé un super moment entre collègues !*

ÉCRIRE

5 `En petit groupe` Écrivez une newsletter pour la classe.

a. Vous voulez organiser une activité à faire hors de la classe pour renforcer les liens du groupe classe. **Choisissez** une activité.

b. **Décidez** du lieu et listez le matériel nécessaire.

c. **Rédigez** la newsletter.

d. `En groupe` La classe vote pour l'activité la plus motivante.

... la médiation : expliquer une recette

  057

Pouding du chômeur

Ingrédients :
1 œuf
1 ½ tasse de farine
¼ de tasse de beurre
⅔ de tasse de sucre
1 cuillère à thé de poudre à pâte
½ tasse de lait
1 cuillère à thé d'extrait de vanille

Ingrédients pour la sauce à l'érable :
1 tasse de sirop d'érable
1 tasse de cassonade
1 tasse d'eau bouillante
¼ de tasse de beurre

6 Lisez la recette et regardez la photo (Doc. 2). Connaissez-vous des gâteaux similaires ?

7 Zack est québécois. Il partage la recette du pouding du chômeur avec Sami, son ami français. Écoutez leur conversation (Doc. 2).

a. **Répondez.**
1. Quelle est l'histoire de ce gâteau ?
2. À quel moment le mange-t-on ?
3. Quel est l'ingrédient typique du Canada ?

b. **Par quoi Sami est-il surpris ? Cochez.**
☐ le nom du gâteau   ☐ le temps de cuisson
☐ la quantité de miel   ☐ un ingrédient
☐ la quantité exprimée   ☐ la température du four
en tasses et en cuillères

c. **Notez les équivalents.**
Ex. : 325° Fahrenheit = 160° Celsius
1. une tasse et demie de farine
2. une cuillère à thé
3. la poudre à pâte

8 `En groupe` Comme Zack, **présentez** à la classe une recette de votre pays.

Langue & S'entraîner

Leçon 13 — Grammaire

L'hypothèse (2)

Pour exprimer une hypothèse sur le présent, difficilement réalisable ou contraire à la réalité, on utilise :
si + imparfait + conditionnel présent
Si je pouvais organiser ma semaine différemment, je travaillerais un jour sur deux.

Rappel : pour faire une hypothèse sur le futur, on utilise si + présent + futur.
Si je peux, je viendrai.

Le conditionnel présent (rappel)

Formation : base du futur + terminaisons de l'imparfait (-ais, -ais, -ait, -ions, -iez, -aient)
Je travaillerai → Je travaillerais

1 Entourez les verbes au conditionnel présent.

il (voyagerait) • tu regardais • elles joueraient • j'aurai • ils verront • vous feriez • ils iraient • tu étudiais • elle écouterait • nous pourrions • ils photographiaient • tu peindrais • je lirai • vous seriez • elle sortait • je créerais

2 À deux Complétez le dialogue avec les verbes à l'imparfait ou au conditionnel présent.

– Madame, si vous n'aviez (avoir) plus besoin de dormir et de manger, est-ce que ça _____ (changer) l'organisation de vos journées ?
– Bien sûr, ça _____ (modifier) beaucoup ma vie ! Le jour, je _____ (continuer) à travailler mais je _____ (consacrer) les soirées et la nuit à la famille, aux amis et aux loisirs : on se _____ (parler) plus et on _____ (sortir) plus. Nous _____ (faire) plus d'activités et nous _____ (aller) dans les magasins puisque tous les commerces et les lieux culturels _____ (être) ouverts tout le temps.
– Mais vous _____ (dépenser) plus et vous ne _____ (se reposer) jamais.
– C'est vrai ! Et en fin de compte, je me _____ (fatiguer) peut-être de cette vie si rien ne (s'arrêter). Et puis, si on n' _____ (avoir) plus besoin de manger et de boire, ça ne me _____ (plaire) pas car cela _____ (supprimer) tous les moments de plaisir qu'on passe autour d'un verre ou d'un repas. Non, finalement, si on me _____ (proposer) cette vie, je la _____ (refuser) !

Vocabulaire

🎧 **058 Les loisirs** ▶ **Plein air :** le camping • la chasse • le jardinage • la pêche • la randonnée ▶ **Art et culture :** le cinéma • la danse • la lecture • la musique • la peinture • la sculpture • le théâtre ▶ **Gastronomie :** la cuisine • l'œnologie (f.) ▶ **Jeux :** les mots croisés (m.) • le scrabble ▶ **Sciences :** l'astronomie (f.) ▶ **Vie associative :** le bénévolat

🎧 **059 L'équipement (3)** un casque de réalité virtuelle • sans fil

🎧 **060 Le temps** ▶ **Temps physiologique :** les repas (m.) • le sommeil • la toilette
▶ **Temps domestique :** le bricolage • les courses (f.) • le ménage

+ **Le préfixe multi-** multiconnecté

3 🎧 061 De qui s'agit-il ? Écoutez puis reliez à la personne correspondante.

a. Il/Elle aime les loisirs culturels. • • Zoé
b. Il/Elle pratique des activités de plein air. • • Chloé
c. Il/Elle a découvert l'œnologie. • • Léo
d. Il/Elle fait beaucoup de bénévolat. • • Amira
e. Il/Elle aime les jeux de société ou les jeux vidéo. • • Ethan
f. Ce sont les activités artistiques qu'il/elle préfère. • → • Nina

Langue & S'entraîner UNITÉ 4

4 Complétez avec un mot de la liste.

multiple • multicolores • multimédia • multitâche • multimillionnaire • multilingue • multinationale

Ex. : Vous préférez les tissus unis ou **multicolores** ?
a. Le chiffre 9 est un _____ de 3.
b. Il parle plusieurs langues ; il est _____ .
c. Cette personne peut faire plusieurs choses à la fois ; elle est _____ .
d. Internet est probablement l'outil _____ le plus utilisé.
e. Cette entreprise _____ exerce son activité dans dix pays.
f. Cet homme _____ ne sait plus quoi faire de son argent !

Leçon 14 — Grammaire

L'interrogation

■ **Les trois formes de la question**
– Question intonative* : *Le soir, on mange ensemble ?*
– Avec **est-ce que**** : *Est-ce que les ingrédients sont affichés ?*
– Avec inversion **sujet**-verbe*** : *Ai-je besoin d'un certificat médical ?*

* familier
** courant
*** formel

■ **Les mots interrogatifs** *quoi, qui, quand, où, combien (de), pourquoi*
On fait quoi le soir ? / Qu'est-ce qu'on fait le soir ? / Que fait-on le soir ?
On peut se préparer comment ? / Comment est-ce qu'on peut se préparer ? / Comment peut-on se préparer ?

❗ Avec un verbe pronominal : *Comment nous déplacerons-nous ?*

❗ Question avec inversion :
– On ajoute un **t** entre le verbe et le sujet quand le verbe finit par une voyelle : *Y a-t-il un accès à Internet ?*
– Quand le sujet est un nom, on ne peut pas toujours faire l'inversion. On place le sujet en début de phrase et on le répète sous forme de pronom après le verbe : *Les cours sont-ils en français ?*

■ **L'adjectif interrogatif** *quel(s) / quelle(s)*
Je dois apporter quels vêtements ? / Quels vêtements est-ce que je dois apporter ? / Quels vêtements dois-je apporter ?

5 062 **Des personnes préparent un stage de remise en forme. Écoutez leurs questions et indiquez le registre de langue utilisé.**

Ex. : Où le stage a-t-il lieu ?

	Ex.	a.	b.	c.	d.	e.	f.	g.	h.	i.
Registre familier										
Registre courant										
Registre formel	✔									

6 Transformez en une question avec inversion.

Ex. : Est-ce que la fatigue est le mal de notre siècle ? → La fatigue est-elle le mal de notre siècle ?
a. Pourquoi nous nous sentons de plus en plus épuisés ?
b. Est-ce qu'il y a une solution pour mieux gérer son temps ?
c. Pourquoi est-ce qu'on parle beaucoup de la fatigue actuellement ?
d. Vous faites quoi pour vous reposer ?
e. Comment est-ce que vous vous échappez du quotidien ?
f. Vous avez quelle réaction en cas de stress ?
g. Les gens peuvent faire quoi pour éviter le burn-out ?
h. Notre société va trop vite ?
i. Est-ce que le sentiment d'épuisement est lié au travail ?
j. Qu'est-ce que les spécialistes proposent pour retrouver la sérénité ?
k. L'augmentation de la charge mentale est due au numérique ?

Langue & S'entraîner

Le pronom personnel sujet *on*

- **On** = les gens, tout le monde
*Est-ce qu'**on** est effectivement aujourd'hui plus fatigué qu'hier ?*

- **On** = nous (sujets identifiés)
On vous propose différentes pratiques. → On = Nous = Phoebe et Sanjay

- **On** = quelqu'un
*Est-ce qu'**on** vient nous attendre à l'aéroport ?*

❗ **On** se conjugue à la 3e personne du singulier.

7 Quel est le sens de *on* dans les phrases suivantes : *nous*, *quelqu'un* ou *tout le monde* ?
Ex. : Dans notre conférence, je propose qu'on évoque l'histoire de la fatigue. → on = nous
a. C'est un sujet dont **on** parle beaucoup actuellement dans le monde.
b. J'ai besoin qu'**on** vérifie le micro.
c. **On** va commencer par une définition du mot *fatigue*.
d. Pourquoi ressent-**on** tous le même malaise ?
e. Dans la société du 18e siècle, était-**on** plus attentifs aux autres ?
f. Est-ce qu'**on** peut m'apporter un verre d'eau ?
g. Dans le futur, aura-t-**on** les mêmes préoccupations ?

Phonétique

Les voyelles [ø], [œ] et [ə] 🎧 063 ▶ 12

Réécoutez le Doc. 2 p. 62.
a. Classez les mots suivants selon la prononciation de la voyelle soulignée : [ø] comme dans *deux* ou [œ] comme dans *sœur*.
le b<u>ur</u>n-out • d'aill<u>eu</u>rs • on p<u>eu</u>t • <u>eu</u>x • mes y<u>eu</u>x • les j<u>eu</u>nes
b. Complétez le classement avec ces mots : un <u>œ</u>il • un v<u>œu</u> • une start-<u>u</u>p • il c<u>ue</u>ille • un p<u>u</u>b irlandais • une n<u>u</u>rse.

→ Le son [ø] s'écrit **eu** (c<u>eu</u>x) ou **œu** (des <u>œu</u>fs). En général, il est situé en fin de syllabe (sauf [ø] + [z] : chant<u>eu</u>se).

→ Le son [œ] s'écrit **eu** (s<u>eu</u>l), **œu** (un <u>œu</u>f), **œ** (un <u>œ</u>il), **ue** (c<u>ue</u>ille), **u** dans les mots anglais (un b<u>u</u>g). En général, il est suivi par une consonne prononcée.

→ Le son [ə] s'écrit **e** en fin de syllabe (est-ce qu<u>e</u>, simpl<u>e</u>ment). Il peut se prononcer comme [ø] ou [œ]. Parfois, il n'est pas prononcé : *en c<u>e</u> moment* ou *en c̸e moment*.

8 🎧 064 Écoutez. Complétez avec *e*, *eu*, *œu*, *é*, *è* ou *u* selon le son que vous entendez.
a. Jules ! J<u>e</u> ne v...x pas d...x oranges mais n...f cl...mentines !
b. S...le Nicole d...j...ne dans un bol bl... ; H...l...ne pr...f...re le rose.
c. L...s v...x du pr...sident sont r...transmis à la t...l... c... soir à dix-n...f h...res.
d. D...x d...s dos à dos sur une table d... j... dans un p...b : un s...l tombe au sol.

Vocabulaire

🎧 **065 Les sciences humaines** une classe sociale • l'histoire (f.) / un(e) historien(ne) agrégé(e) • un individu • la philosophie • les sciences sociales (f.) • un siècle / le 18e siècle

🎧 **066 La santé (2)** un burn out • la charge mentale • la fatigue (psychologique, physique) • l'inquiétude (f.) • un malaise • le sommeil • le stress • épuisé(e) • fatigué(e) • éprouver • se sentir

🎧 **067 L'analyse** constater • dresser un constat • être attentif/attentive à • mesurer • s'intéresser à • davantage

🎧 **068 Les activités** le chant • la méditation • une retraite • le yoga / un yogi, une yogini

Leçon 15 — Grammaire

La négation

- Pour une personne → **ne ... personne / personne ... ne**
Il *n'y* a **personne** d'autre que vous. / **Personne** d'autre **n'**est ici.

- Pour une chose → **ne ... rien / rien ... ne**
Vous **ne** m'avez **rien** dit ! / **Rien ne** va.

- Pour deux choses ou deux personnes → **ne ... ni ... ni / ni ... ni ... ne**
Ne revenez pas, **ni** ici **ni** à la campagne. / **Ni** la ville **ni** la campagne **ne** me plaisent.

⚠ **ne ... jamais** ≠ toujours : Vous **ne** me dites **jamais** la vérité. ≠ Vous dites toujours la vérité.

⚠ **Jamais** peut aussi s'utiliser seul : – Tu lis à la plage ? – *Jamais* !

9 Un inspecteur de police pose des questions à un témoin. Répondez avec *rien*, *personne* ou *jamais*.
Ex. : Quelqu'un vous a parlé ? → Personne ne m'a parlé.
a. Vous attendiez quelqu'un ?
b. Avez-vous dit quelque chose à quelqu'un ?
c. Vous faites souvent ce trajet ?
d. Quelqu'un d'autre était avec vous ?
e. Quelque chose vous a étonné ?
f. Vous avez remarqué quelque chose de particulier ?
g. Rentrez-vous toujours à la même heure ?
h. Est-ce qu'il y avait quelqu'un dans la maison ?

10 Transformez les phrases avec *ne ... ni... ni* ou *ni ... ni... ne* pour dire le contraire.
Ex. : J'aime les vacances et les week-ends. → Je n'aime ni les vacances ni les week-ends.
a. Elles partent à la montagne et à la mer.
b. Mes parents et mes grands-parents avaient des congés payés.
c. Les vacanciers ont voyagé en train et en avion.
d. Avec mes amis, nous allons au cinéma et au théâtre.
e. Le yoga et la méditation me passionnent.
f. Le calme et le silence me font rêver.
g. Dans le bruit, on peut lire et se reposer.
h. En vacances, je reste accroché à mon téléphone et à ma tablette.

Vocabulaire

🎧 069 **Le jardin** le gravier • la poussière • un râteau
🎧 070 **Les sensations** un rayon de soleil • chaud(e) • frais/fraîche / la fraîcheur
🎧 071 **Le travail (4)** les congés (m.) • la paresse • les vacances (f.) • accroché(e) • déconnecter • décrocher • s'ennuyer

➕ **Le préfixe dé- (ou dés-)** déconnecté

11 Soulignez le mot qui convient.
a. Mon téléphone est chargé. Je peux le **brancher** • **débrancher**.
b. J'ai bien préparé mon voyage car je suis très **organisé** • **désorganisé**.
c. Il aime le calme ; il trouve le bruit **agréable** • **désagréable**.
d. Je viens d'arriver à l'hôtel, je peux **faire** • **défaire** ma valise.

Faites le point

Expressions utiles

PARLER DES LOISIRS

Informer sur les pratiques
- Ce sont les loisirs dits « passifs » qui sont les plus populaires.
- La télévision reste en tête, suivie de l'ordinateur.

Dire les loisirs qu'on pratique
- En été, j'aime me promener, faire des photos pour les partager.
- L'hiver, je vais plus au cinéma ou chez des amis.
- La plupart du temps, j'écoute de la musique à la maison, ou je vais sur Internet.

DÉCRIRE UNE ÉVOLUTION
- Dans les prochaines années, on peut penser que l'ordinateur remplacera la télévision, qui disparaîtra complètement.
- Il y aura une baisse de la durée du travail de 10 %.

IMAGINER
- Si je pouvais organiser ma semaine différemment, je travaillerais un jour sur deux.
- On se réveillerait dans sa chambre, un matin d'été.
- Il y aurait des rayons de soleil par les persiennes.

DEMANDER DES RENSEIGNEMENTS
- Quels vêtements dois-je apporter ?
- Est-ce qu'on vient nous attendre à l'aéroport ?
- Le soir, on mange ensemble ?

EXPLIQUER UNE PRATIQUE SOCIALE
- La société d'aujourd'hui, c'est une société où les individus parlent d'eux-mêmes.
- Les blogs, c'est un exemple magnifique où les gens se mettent finalement à transmettre par écrit ce qu'ils éprouvent.

FAIRE UNE PROPOSITION
- Et si on ne faisait rien ?

CONFIRMER / EXPRIMER SON ACCORD
- Bien sûr.
- Indiscutablement.
- C'est indiscutable.
- Bien entendu.

Évaluez-vous !

À LA FIN DE L'UNITÉ 4, VOUS SAVEZ…

☐ parler des loisirs.

☐ faire des hypothèses.

☐ demander des renseignements.

☐ dire le contraire.

APPLIQUEZ !

❱ Quels sont vos loisirs préférés ?

❱ Complétez les phrases librement.
On polluerait moins si…
Si je m'installais à la campagne…

❱ Trouvez les questions.
– … ?
– Les cours de yoga ont lieu le matin de 8 h à 10 h.
– … ?
– Non, il est interdit de fumer à l'intérieur ainsi qu'à l'extérieur.
– … ?
– Une laverie est à votre disposition.

❱ Dites le contraire.
En classe, je n'écoute jamais, je n'échange avec personne et je n'apprends rien.

Préparation au DELF B1

COMPRÉHENSION DES ÉCRITS

Lire pour s'orienter

Vous vivez et travaillez en France. Vos horaires de travail ne vous permettent pas de vous inscrire aux activités proposées dans votre quartier. Vous consultez un site Internet d'annonces pour trouver une activité à faire en ligne. Le cours devra avoir les caractéristiques suivantes :
– leçons de 25 minutes maximum
– fiches de cours à télécharger
– possibilité de discussion / de contact avec l'animateur ou l'animatrice
– coût : 30,00 € maximum

Vous avez sélectionné quatre annonces. Comparez-les. Pour chaque annonce, cochez **OUI** si cela correspond au critère ou **NON** si cela ne correspond pas.

DOC. 1

Apprendre la photographie en ligne
avec Virginie Laplanche

Vous avez envie de réaliser de belles photos mais vous avez besoin d'être guidé par un(e) professionnel(le) ? Ce cours de photographie en ligne est pour vous ! Vous apprendrez les bases nécessaires pour faire de superbes photos grâce aux précieux conseils de Virginie. Le cours est composé de vingt leçons de 25 minutes et accessible à tous, débutants ou non. Un forum de discussion vous permettra d'échanger avec les autres participants. À la fin du cours, vous pourrez obtenir un certificat de réussite.

Prix : 29,00 € en accès 100 % illimité.

	OUI	NON
1. Durée de chaque leçon	☐	☐
2. Matériel téléchargeable	☐	☐
3. Contact avec l'animateur	☐	☐
4. Prix du cours	☐	☐

DOC. 2

Apprendre l'art du vin
avec Bernard Parisot

Vous voulez apprendre à choisir et conserver votre vin ? Vous souhaitez vous initier au service et à la dégustation du vin ? Que vous soyez débutant ou amateur de vin depuis longtemps, ce cours d'œnologie en ligne vous apprendra à choisir le vin, le conserver, le servir et le déguster. Vous apprendrez l'histoire et les caractéristiques de chaque vin. Des fiches téléchargeables complèteront les 20 leçons d'une durée de 30 à 45 minutes. Un espace de discussion vous permettra de poser vos questions à Bernard Parisot. Vous obtiendrez votre certificat de réussite à la fin du cours.

Prix : 49,00 € en accès illimité.

	OUI	NON
1. Durée de chaque leçon	☐	☐
2. Matériel téléchargeable	☐	☐
3. Contact avec l'animateur	☐	☐
4. Prix du cours	☐	☐

Préparation au DELF B1

DOC. 3

Améliorer sa voix pour chanter
avec Lucille Cournot

Vous aimez chanter ou aimeriez savoir mieux chanter ? Vous souhaitez intégrer une chorale ou un groupe, vous produire sur scène ? Ou simplement communiquer des émotions et chanter votre chanson préférée avec plus de facilité et de liberté ? Ce cours de chant en ligne va vous permettre de travailler votre voix grâce à des exercices d'entraînement vocal. En suivant les 15 leçons de 20 minutes animées par Lucille, vous découvrirez tout le plaisir du chant. Un livret de chant est disponible en téléchargement.

Prix : 39,00 € en accès illimité.

	OUI	NON
1. Durée de chaque leçon	☐	☐
2. Matériel téléchargeable	☐	☐
3. Contact avec l'animateur	☐	☐
4. Prix du cours	☐	☐

DOC. 4

Dessiner ses carnets de voyage
avec Michel Delages

Vous souhaitez raconter vos souvenirs de voyage de façon originale ? Vous ne savez pas dessiner mais vous voulez réaliser vos propres carnets de voyage ? Ne cherchez plus, voici le cours qu'il vous faut ! Vous apprendrez des techniques pour peindre à l'aquarelle ou dessiner avec des pastels ; vous pourrez alors libérer votre imagination et donner du réalisme à vos dessins.

Treize fiches de cours compléteront les dix leçons de 30 minutes de Michel Delages, qui répondra aussi à toutes vos questions dans un espace de discussion en ligne. Votre certificat de réussite sera disponible à la fin du cours.

Prix : 19,90 € en accès illimité.

	OUI	NON
1. Durée de chaque leçon	☐	☐
2. Matériel téléchargeable	☐	☐
3. Contact avec l'animateur	☐	☐
4. Prix du cours	☐	☐

PRODUCTION ORALE

Entretien dirigé

Vous vous présentez. Répondez aux questions.

– Pouvez-vous vous présenter ? Pouvez-vous parler de vous et de votre famille ?
– Quel type de spectacle préférez-vous ? À quel événement culturel (ou sportif) avez-vous participé ou assisté récemment ?
– Quel loisir ou quelle activité aimeriez-vous pratiquer pendant les prochains mois ? Pourquoi ?
– Si vous deviez conseiller un loisir ou une activité à un(e) ami(e), que lui proposeriez-vous de faire ?
– Faites-vous des achats en ligne ? Quels produits achetez-vous ? Pourquoi ?
– Que pensez-vous des sondages ? Sont-ils utiles selon vous ? Avez-vous déjà répondu à des sondages ? À quel sujet ?

Comment améliorer son cadre de vie ?

UNITÉ 5

VOUS ALLEZ APPRENDRE À :
- proposer un projet
- faire visiter un lieu
- parler de votre lieu de vie

VOUS ALLEZ UTILISER :

LEÇON 17
- le gérondif

LEÇON 18
- le plus-que-parfait
- les marqueurs temporels

LEÇON 19
- l'accord du participe passé avec *avoir*

TECHNIQUES POUR...
- faire un exposé oral
- la médiation : faire une carte mentale

LANGUE & S'ENTRAÎNER

CULTURE(S) VIDÉO
Ville ou campagne ?
▶ 14

LEÇON 17 — Proposer un projet

COMPRENDRE

1 Observez et lisez le tweet du journal *Le Parisien* (Doc. 1).

a. Décrivez l'image.

b. Répondez.
1. Qui est Anne Hidalgo ? Faites des recherches.
2. Que va-t-il se passer à Paris en 2024 ?

DOC. 2 🎧 072

2 Écoutez la présentation à la presse du projet de réaménagement des Champs-Élysées (Doc. 2).

a. Qui parle ?

b. Quels sont les objectifs du projet ?

3 À deux Réécoutez (Doc. 2).

a. Complétez le tableau.

Situation avant les travaux	Projet
Place de la Concorde	
Ex. : C'est un immense rond-point, plein de voitures.	...
Avenue des Champs-Élysées	
...	...

b. Faites un schéma pour illustrer le projet.

4 💬 En petit groupe Que pensez-vous de ce projet ? Quelle place occupe la végétation dans votre ville (arbres, parcs…) ? Existe-t-il des projets similaires à celui de Paris ? Échangez.

Culture(s)

Dans les rues de Paris, les immeubles sont numérotés en fonction de la Seine. Les premiers numéros commencent à l'endroit de la rue qui est le plus proche de la Seine. Le côté droit de la rue est toujours pair (il s'agit de la droite du passant s'éloignant du fleuve) et le côté gauche toujours impair.

5 Observez la page du site de la mairie de Paris (Doc. 3).

a. Repérez le logo de la ville. À votre avis, que représente-t-il ?

b. Décrivez la photo.

6 Lisez l'introduction du texte (Doc. 3). Quel est le sujet ?

7 À deux Lisez le texte (Doc. 3).

a. Qui délivre le permis de végétaliser et pour combien de temps ?

b. Quelles sont les étapes pour l'obtenir ?

LEÇON 17

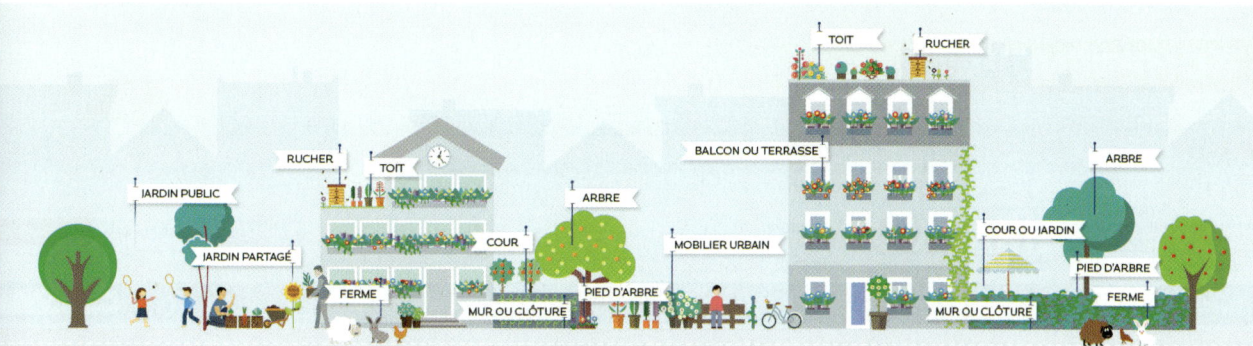

Comment participer à la végétalisation de la ville ?

Mise à jour le 03/02/2022

Développer la biodiversité, rafraîchir l'atmosphère et créer une ville agréable à vivre ?
C'est possible en mettant des fleurs sur son balcon, en végétalisant sa rue ou sa cour d'immeuble,
ou en créant un jardin partagé ou pédagogique. Jardinez en habitant en ville !

Le permis de végétaliser pour jardiner dans l'espace public

Envie de participer à la végétalisation de Paris ? Le permis de végétaliser est un dispositif qui permet à chacun de jardiner dans l'espace public. Délivré au porteur du projet pour une durée de trois ans et renouvelable tacitement, il l'autorise à réaliser et à entretenir un ou des types de végétalisation, dans le respect de la Charte de végétalisation de l'espace public parisien.

Le permis est accordé par la ville de Paris après avis favorable du maire de l'arrondissement, à l'issue d'une étude de faisabilité technique réalisée par la Direction des espaces verts et de l'environnement.

Les personnes qui souhaitent obtenir un permis doivent déposer ici leur demande accompagnée d'un projet.

Un mini-jardin autour d'un pied d'arbre

8 À deux Relisez l'introduction (Doc. 3).

a. Comment peut-on végétaliser la ville ? Soulignez les exemples dans l'introduction.

b. Observez le gérondif dans la phrase puis complétez la règle de formation.
C'est possible **en mettant** des fleurs sur son balcon.
… + base du verbe à la 1re pers. du pluriel du présent + …

c. Trouvez dans l'introduction un gérondif qui exprime la simultanéité.

9 À deux Observez le dessin de la ville (Doc. 3). Choisissez trois projets de végétalisation que vous aimeriez faire. Précisez le lieu et dites s'il s'agit d'un espace public ou privé.

AGIR

10 Proposez un projet de végétalisation pour un quartier.

a. À deux Choisissez une ville et un quartier que vous connaissez. Décrivez le quartier.

b. Décidez des actions à mener pour la végétalisation de ce quartier. Classez, dans un tableau, les caractéristiques actuelles et les aménagements possibles.

c. Ajoutez des illustrations.

d. En groupe Présentez votre projet à la classe.

Partagez votre projet sur le groupe de la classe.

› Langue & S'entraîner › p. 84

LEÇON 18 — Faire visiter un lieu

COMPRENDRE

DOC. 1

https://whc.unesco.org/fr

Organisation des Nations Unies pour l'éducation, la science et la culture — UNESCO — Convention du patrimoine mondial

UNESCO ▾ | English Français | Aidez maintenant !

Actualités ▾ | La Liste ▾ | Le patrimoine mondial ▾ | Activités ▾ | Publications ▾ | Partenariats ▾ | Outils pratiques ▾ | Rechercher

UNESCO > Culture > Centre du patrimoine mondial > La Liste > La Liste du patrimoine mondial

La ville du Havre

Pendant la Seconde Guerre mondiale, plusieurs bombardements ont visé Le Havre et ont détruit la ville en grande partie. Le ministère de la Reconstruction et de l'Urbanisme a confié à Auguste Perret, architecte et urbaniste, le chantier de reconstruction. Avant ce projet, l'architecte avait déjà imposé son style en construisant notamment le théâtre des Champs-Élysées à Paris, en 1913.

Entre 1945 et 1964, il a recréé l'espace à partir de l'ancien plan de la ville. Il souhaitait développer la circulation, la lumière et le confort, et valoriser les activités maritimes et publiques.

Il a redessiné la nouvelle ville du Havre à partir de deux axes de circulation. Il a d'abord prolongé l'axe est-ouest : cette longue voie a permis de relier le front de mer au square Saint-Roch, qui a remplacé un ancien parc public et un cimetière, puis à la place de l'Hôtel-de-Ville.

Il a aussi agrandi l'axe nord-sud en prolongeant le boulevard François 1er jusqu'au front de mer sud, en mémoire du roi qui avait bâti le premier port auparavant, en 1517.

Il a également édifié d'imposants monuments tels que l'église Saint-Joseph, dont la flèche culmine à 107 mètres et domine la ville comme un phare ou un gratte-ciel new-yorkais.

Il a construit plus de 10 000 logements dans le centre-ville. Il a ainsi été le premier à proposer des aménagements modernes aux habitants qui n'avaient pas d'eau courante avant la guerre. Il a fait construire des résidences avec une double orientation pour obtenir un ensoleillement maximal pour tous les logements. Il a également équipé les logements d'une cuisine et d'une salle de bains. Il est possible aujourd'hui encore de visiter l'appartement témoin près de la place de l'Hôtel-de-ville, tel que Auguste Perret l'a conçu il y a plus de soixante-dix ans.

---

1 Observez la page du site de l'Unesco et lisez la légende des photos (Doc. 1).
   a. De quelle ville s'agit-il ?
   b. Pourquoi est-ce que l'Unesco consacre un article à cette ville ? Faites des hypothèses.

2 Lisez le texte (Doc. 1).
   a. Vérifiez vos hypothèses (act. 1b).
   b. Répondez.
   1. Quelle est la situation géographique de la ville ? Situez-la sur la carte de France à la fin du livre.
   2. Pourquoi a-t-on reconstruit la ville ?
   3. Qui a reconstruit la ville ? Quand ?

3 À deux Relisez (Doc. 1).
   a. Classez les éléments suivants.
   un parc public • un axe de circulation • des aménagements modernes • une voie • un plan • une église • un cimetière • un appartement témoin • un gratte-ciel • l'hôtel de ville • un front de mer • une résidence • un phare

Aménagements urbains	Bâtiments et espaces publics	Logements
…	…	…

   b. La reconstruction a permis quelles évolutions dans les domaines suivants ?
   la circulation • la lumière • le confort des logements • les activités maritimes • les activités publiques
   Ex. : la circulation → Il a redessiné la ville à partir de deux axes.

LEÇON 18

4 **À deux** Relisez (Doc. 1).

a. *Vrai* ou *faux* ? Justifiez.
Auguste Perret n'était pas connu avant ce projet de reconstruction.

b. Observez le verbe en gras. Comment construit-on le plus-que-parfait ?
Avant ce projet, l'architecte **avait** déjà **imposé** son style.

c. Relevez un autre verbe au plus-que-parfait dans le Doc. 1.

5 **En petit groupe** Existe-t-il également des villes reconstruites dans votre pays ? Expliquez.

6 **À deux** Regardez la vidéo de Ricky et répondez.

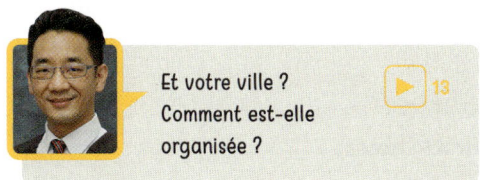

Et votre ville ? Comment est-elle organisée ?

7 Observez la photo (Doc. 2).

a. Décrivez-la.

b. Faites des hypothèses sur la fonction des bâtiments.

8 Observez le ticket et écoutez la visite guidée (Doc. 2).

a. Vérifiez vos hypothèses (act. 7b).

b. Quel est le nom du bâtiment ? Qui l'a construit ?

c. Quel est l'objectif du lieu ?

9 **À deux** Réécoutez la visite guidée (Doc. 2).

a. Légendez la photo avec les indications suivantes.
une rampe • un bassin • la médiathèque • des courbes • le café

b. Fléchez (→) le parcours de la visite.

10 **À deux** Réécoutez (Doc. 2).

a. Classez les expressions utilisées par le guide.
il faut savoir que • suivez-moi • comme vous pouvez le remarquer • vous voyez également • comme je vous l'ai dit • approchez-vous • regardez • revenons à • vous pouvez observer • je vous expliquerai • je vous invite à me suivre

- Pour montrer un élément : …
- Pour donner des explications : …
- Pour déplacer le groupe : …

DOC. 2

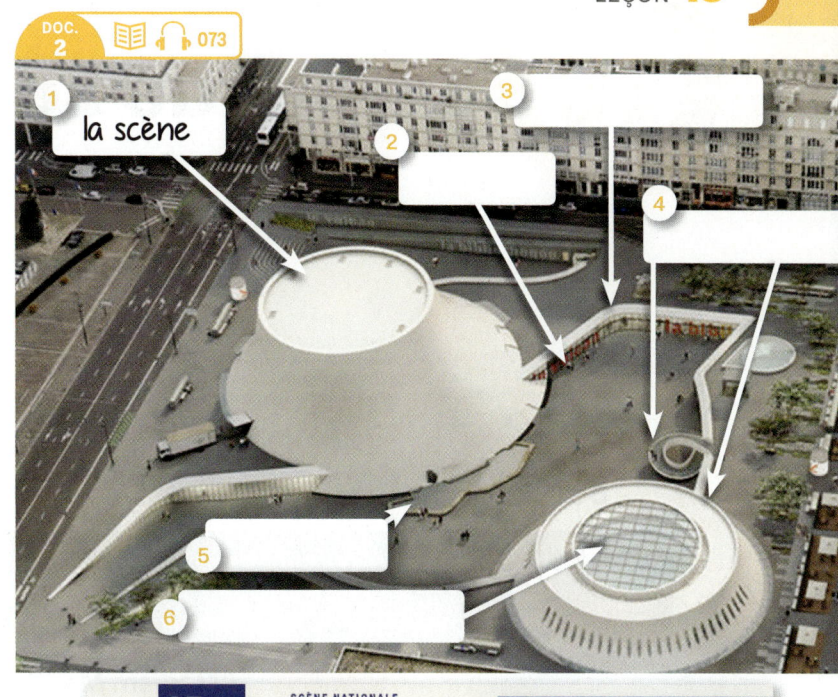

1 la scène

b. *Vrai* ou *faux* ? Justifiez avec des phrases du Doc. 2 (livret de transcriptions p. 11).

1. Le Volcan a ouvert ses portes il y a moins de trente ans.
2. L'Unesco l'a inscrit au patrimoine mondial au début des années 2000.
3. La rénovation du Volcan a duré trois ans.

c. Complétez avec *présent* ou *passé composé*.
On emploie *il y a* avec un verbe au … .
On emploie *depuis* avec un verbe au … .

AGIR

11 Organisez la visite guidée d'un bâtiment de la ville où vous étudiez.

a. **À deux** Choisissez un bâtiment que vous souhaitez présenter.

b. Faites des recherches sur l'histoire du bâtiment. Prenez des notes.

c. Trouvez un plan du bâtiment. Décidez du parcours de votre visite.

d. Faites la visite et prenez des photos.

e. Faites visiter à la classe (sur place ou virtuellement à partir de vos photos).

> Langue & S'entraîner p. 85-86

LEÇON 19 — Parler de son lieu de vie

COMPRENDRE

DOC. 1

https://www.babelio.com/livres/Madjidi-Marx-et-la-poupee/902751

Babelio — Chercher un livre, auteur, thème — Découvrir — Accueil — Mes livres — Connexion (mot de passe oublié ?)

Marx et la poupée

INFOS · CRITIQUES (140) · CRITIQUES PRESSE (5) · CITATIONS (99) · FORUM

Suivi d'un entretien inédit — audiolib, écoutez, c'est un livre !

Maryam Madjidi
Marx et la poupée
Lu par l'autrice

GONCOURT DU PREMIER ROMAN 2017
PRIX DU ROMAN 2017 OUEST-FRANCE ÉTONNANTS VOYAGEURS

Maryam Madjidi
EAN : 9782371000438
201 pages
Éditeur : **Nouvel Attila** (12/01/2017)
Note moyenne : 3.95/5 (sur 424 notes)

Sandra_87   9 mai 2022   ★★★☆☆

Maryam Madjidi raconte une histoire très personnelle. De toutes les histoires sur l'exil que j'ai lues, c'est celle qui m'a le plus touchée. Son expérience de l'exil est très bien rapportée et les personnages qu'elle décrit sont attachants… Donc j'**ai** bien **aimé** ce roman mais le style « journal intime » m'**a** parfois **ennuyée**.

---

1 Observez la page du site Babelio (Doc. 1).

a. D'après vous, quelle est la fonction de ce site ?

b. Relevez le titre du livre, l'auteur(e) et la date de parution.

2 À deux Lisez la critique de Sandra (Doc. 1).

a. Entourez la bonne réponse.
La critique de Sandra concerne un essai sur l'immigration · un roman autobiographique · la biographie de Karl Marx.

b. Pourquoi a-t-elle mis trois étoiles ? Justifiez.

c. Observez les verbes au passé composé. Que remarquez-vous ? Expliquez.
J'**ai** bien **aimé** ce roman.
Le style « journal intime » m'**a** parfois **ennuyée**.

DOC. 2 🎧 074

3 Écoutez l'extrait du livre audio *Marx et la poupée* (Doc. 2).

a. Cherchez des informations biographiques sur l'auteure.

b. Que fait l'auteure dans cet extrait ? Soulignez la bonne réponse.
Elle raconte son arrivée à Paris · son départ de Paris · l'arrivée à Paris de ses grands-parents.

4 À deux Réécoutez l'extrait (Doc. 2).

a. Notez les informations sur l'immeuble.
Ex. : Dans la rue Marx Dormoy, à Paris…

b. Dessinez le studio. Échangez.

c. Répondez.
1. À quel temps sont les verbes ?
2. Quel effet cela produit-il sur le lecteur ? Expliquez.

80 quatre-vingt

LEÇON 19

5 À deux Réécoutez (Doc. 2). Complétez la légende de l'immeuble avec les sentiments successifs de la narratrice. Justifiez avec des phrases du texte.

le plaisir • le soulagement • la déception • la surprise

6ᵉ étage : … ; …
5ᵉ étage : …
2ᵉ étage : le plaisir

6 En petit groupe Écoutez-vous des livres audio ? Qu'en pensez-vous ? Échangez.

Culture(s)

Les immeubles haussmanniens représentent environ 60 % des immeubles de Paris. Leur façade est en pierre de taille. Ils ont 6 étages.
Au rez-de-chaussée, il peut y avoir un commerce. Le 2ᵉ étage (l'étage « noble ») et le 5ᵉ étage possèdent des balcons. Les domestiques vivaient au dernier étage dans des « chambres de bonne », aujourd'hui transformées en studio.
On trouve des constructions d'inspiration haussmannienne dans d'autres villes de France (Rouen, Marseille, Lyon, Toulouse…) et du monde (Lausanne, Alger, Le Caire, Bucarest…).

DOC. 3 🎧 075

7 Écoutez la conversation téléphonique (Doc. 3). Pourquoi la femme téléphone-t-elle ?

8 À deux Réécoutez (Doc. 3).
a. Prenez des notes sur la conversation.
b. Comparez vos notes avec celles de votre voisin(e).

c. Observez le plan puis identifiez les trois appartements (A, B et C).
1. L'appartement que la femme a remarqué : ……
2. L'appartement où la femme habite : ……
3. L'appartement disponible : ……

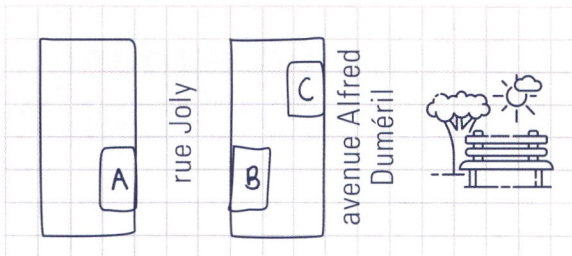

d. 💬 Et vous, que voyez-vous de votre fenêtre ? Dites ce qui vous plaît et ce qui ne vous plaît pas.

AGIR

9 💬 ✏️ Comment améliorer son cadre de vie ?
a. En petit groupe Parcourez l'unité 5. Relevez des exemples d'amélioration des cadres et lieux de vie : ville, quartier, appartement…
b. Classez les améliorations de la plus efficace à la moins efficace. Échangez.
c. En groupe Partagez votre classement. Expliquez.

▶ Langue & S'entraîner ▶ p. 86-87

CULTURE(S) VIDÉO

▶ 🎬 **14 Ville ou campagne ?**

1 Regardez la vidéo <u>sans le son</u>. ▶ 14
a. À votre avis, de quel type d'émission s'agit-il ?
b. Quel est le sujet ?
c. Notez les points communs et les différences entre les deux jeunes.
Léo, 15 ans • Valentin, 16 ans

2 Regardez la vidéo <u>avec le son</u>. ▶ 14
a. Vérifiez vos hypothèses (act. **1**).
b. Complétez.

	À la ville	À la campagne
Avantages	…	…
Inconvénients	…	…

c. 💬 À deux Y a-t-il les mêmes différences entre la ville et la campagne dans votre pays ? Échangez.

LEÇON 20

Techniques pour...

... faire un exposé oral

Tokyo

Un bento

1 [Découverte] Écoutez l'exposé de Yuki (Doc. 1).

   a. Quel est le sujet de son exposé ?

   b. Cochez les thématiques abordées.
   ☐ les transports
   ☐ les activités par quartier
   ☐ le rythme de vie
   ☐ l'organisation de la ville
   ☐ la météo
   ☐ le nombre d'habitants
   ☐ la géographie de la ville

2 Réécoutez l'exposé de Yuki (Doc. 1).

   a. Soulignez la bonne réponse.
   Dans son introduction, Yuki annonce **deux · trois · cinq** parties.

   b. Vrai ou faux ? Justifiez.
   1. Tokyo se situe au bord de la mer.
   2. Il y a 37 millions d'habitants à Tokyo même.
   3. Il y a 23 arrondissements à Tokyo.
   4. Yuki habite dans le centre de Tokyo.

3 [Analyse] À deux Réécoutez (Doc. 1).

   a. Comment Yuki fait-elle participer la classe ? Notez deux exemples.

   b. Mettez les parties de l'exposé dans l'ordre.
   • organisation de la ville
   • rythme de vie
   • transports
   • population
   • situation géographique

   c. Associez.
   1. Organiser l'introduction
   2. Introduire chaque partie
   3. Donner des exemples

   a. Par exemple, · Personnellement,
   b. Je vais d'abord vous présenter · Ensuite, j'expliquerai · Puis je parlerai de · J'aborderai aussi · Et enfin, je vous expliquerai
   c. Tout d'abord, · Parlons maintenant de · Passons à · En ce qui concerne · Et pour finir sur

LEÇON **20**

POUR faire un exposé oral

- **Saluer**
  Bonjour • Bonjour à tous
- **Introduire le sujet**
  Aujourd'hui, je vais vous parler de Tokyo.
- **Annoncer le plan = les différentes parties de l'exposé**
  – *Je vais d'abord* vous présenter la situation géographique de Tokyo, *ensuite j'expliquerai* l'évolution de l'organisation de la ville, *puis je parlerai* de la population. *J'aborderai aussi* les moyens de transport *et enfin, je vous expliquerai* le rythme de vie des habitants.
  – *Dans la première partie…, dans la deuxième partie…, dans la dernière partie…*
- **Faire des transitions pour passer d'un sujet à l'autre**
  Tout d'abord, Tokyo est une ville au bord de l'océan Pacifique.
  Parlons maintenant de l'évolution de l'organisation de la ville.
  Passons à la population.
  En ce qui concerne les transports, ils sont très développés.
- **Donner des exemples**
  Par exemple, il y a 3,5 millions de passagers par jour à Shinjuku.
  Personnellement, je quitte la maison à 7 h du matin.
- **Faire participer l'auditoire**
  Quelqu'un est-il déjà allé à Tokyo ?
  Vous connaissez les trains Shinkansen ?
- **Illustrer ses propos avec des visuels (cartes, photos, plans…)**
- **Conclure**
  J'espère que mon exposé vous a plu.
  Vous avez des questions ?

ÉCRIRE et PARLER

4 À deux Faites un exposé sur une ville.

a. **Choisissez** la ville.

b. **Échangez** vos idées et vos connaissances sur la ville.

c. **Déterminez** le plan et le contenu de votre exposé.

d. **Présentez** votre exposé à la classe.

… la médiation : faire une carte mentale

DOC. 2

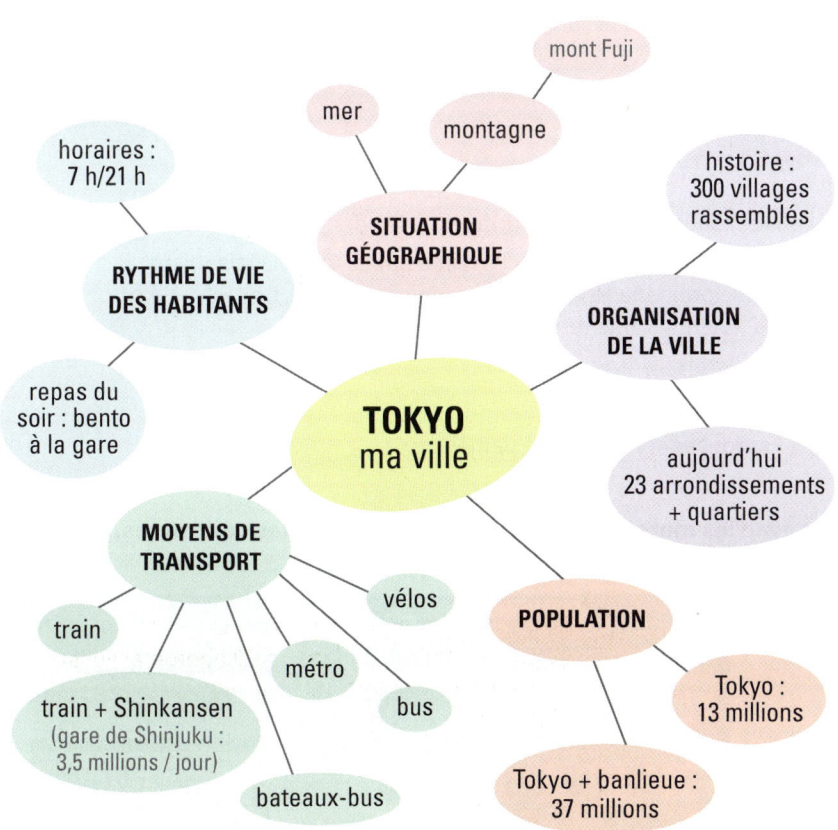

5 Yuki a fait une carte mentale pour organiser ses idées. Observez et lisez (Doc. 2).

a. Quel est le thème de sa carte mentale ?

b. À quoi correspondent les couleurs des cercles et la taille des mots ?

c. Comment sont organisées les informations ?

6 À deux Relisez (Doc. 2).

a. Que pensez-vous de cette carte mentale ? Dans quelle(s) situation(s) peut-on utiliser une carte mentale ? Échangez.

b. En petit groupe Faites une carte mentale de votre exposé (act. 4).

quatre-vingt-trois **83**

Langue & S'entraîner

Leçon 17 — Grammaire

Le gérondif pour exprimer la manière et la simultanéité

Formation : **en** + base du verbe à la 1re personne du pluriel du présent + **-ant**
nous mettons → en mettant

Le gérondif s'emploie pour indiquer que deux actions sont faites par le même sujet.
Il peut exprimer :
– la manière de faire quelque chose
*C'est possible [de le faire] **en mettant** des fleurs sur son balcon ou **en créant** un jardin partagé ou pédagogique.*
– la simultanéité de deux actions
*Jardinez **en habitant** en ville !*

1 Complétez avec un gérondif.
Comment faire pour rendre la ville plus agréable ?
a. Vous embellirez les rues **en jardinant** (jardiner) collectivement, _____ (installer) des jardinières et _____ (fleurir) le pied des arbres.
b. Vous obtiendrez un permis de végétaliser _____ (s'adresser) à la mairie, _____ (faire) une demande, _____ (remplir) un dossier et _____ (proposer) un projet réaliste et détaillé.
c. Une fois le permis délivré, vous réaliserez votre projet _____ (prendre) à votre charge l'aménagement et l'entretien de vos plantations, _____ (éviter) d'utiliser du plastique et en _____ (garantir) l'accessibilité du lieu aux habitants.
d. La ville pourra vous aider _____ (fournir) de la terre et des graines, _____ (donner) des conseils et _____ (échanger) avec vous.

2 Réécrivez les phrases en remplaçant les éléments soulignés par un gérondif.
Dans la ville idéale…
Ex. : On se sent en sécurité <u>quand on marche</u> la nuit. → On se sent en sécurité <u>en marchant</u> la nuit.
a. Les piétons ne risquent pas de se faire renverser <u>pendant qu'ils traversent</u> la rue.
b. Je peux me détendre dans un parc <u>et lire</u> tranquillement.
c. Les enfants respirent de l'air pur <u>pendant qu'ils jouent</u> dehors.
d. <u>Quand ils ont construit</u> les immeubles, les architectes ont pensé aux personnes handicapées.

Vocabulaire

🎧 **077 La localisation (1)** à côté (de) • au milieu (de) • autour (de) • le long de • sous • vers • border • longer

🎧 **078 La ville (2)** une aire de jeux • une avenue • un axe (de circulation) • l'espace public (m.) • la faisabilité (technique) • la piétonisation • une piste cyclable • une promenade • un réaménagement • un trottoir • la végétalisation / végétaliser • durable • innovant(e) • bâtir • rafraîchir (l'atmosphère)

🎧 **079 Les espaces verts** la biodiversité • un pied d'arbre • entretenir

🎧 **080 Le logement (1)** un balcon • une cour d'immeuble

🎧 **081 La loi** une charte • un permis • délivré(e) • autoriser • déposer une demande

3 À deux Regardez le dessin et complétez avec les mots proposés. Attention aux articles contractés.
bordent • sous • autour de • au milieu de • longent • à côté de • le long de
Ex. : L'entrée du jardin est à côté du métro.
a. La statue est _____ le jardin.
b. Les arbres _____ l'avenue.
c. Les bâtiments sont construits _____ le jardin.
d. La piste cyclable est _____ trottoir.
e. Une voie de circulation passe _____ le pont.
f. Les voitures _____ le fleuve.

Leçon 18 — Grammaire

Le plus-que-parfait

On utilise le plus-que-parfait pour parler d'une action passée antérieure à une autre action passée.

Formation : avoir ou être à l'imparfait + participe passé du verbe
Avant ce projet, l'architecte **avait** déjà **imposé** son style.
Il s'**était** déjà **imposé**.
François 1er **avait bâti** le premier port auparavant, en 1517.

N.B. : Pour indiquer l'antériorité : **auparavant** / **déjà** (≠ pas encore) / **avant** + nom

4 082 **Écoutez. Cochez quand vous entendez le plus-que-parfait.**

Ex. : Il avait construit.

Ex.	a.	b.	c.	d.	e.	f.	g.	h.	i.	j.
✓										

5 Associez le début et la fin de la phrase.

a. Il est revenu dans le quartier
b. On a reconstruit l'immeuble
c. On a rénové des appartements
d. Il n'a pas reconnu le parc
e. Il a visité l'appartement témoin
f. Il s'est trompé de rue

1. où il avait joué enfant.
2. qu'un incendie avait détruit.
3. où il avait vécu pendant son enfance.
4. parce qu'il avait mal regardé le plan.
5. où on n'avait pas prévu de salle de bains.
6. qu'on lui avait conseillé d'aller voir.

6 Conjuguez les verbes au plus-que-parfait.

a. Avant de construire le Volcan, Oscar Niemeyer était déjà très célèbre car il **avait créé** (créer) la ville de Brasilia et _____ (concevoir) d'autres bâtiments dans le monde entier. Par exemple, il _____ (participer) à la conception du siège des Nations Unies à New York.
b. L'architecte français Jean Nouvel est devenu internationalement connu en 1999. Auparavant, il _____ (réaliser) de nombreux projets en France et à Paris. Le président François Mitterrand lui _____ (confier) la construction de l'Institut du monde arabe en 1987 ; après cette réalisation, le public l'_____ (découvrir) et _____ (reconnaître) son talent.

Les marqueurs temporels pour situer dans le temps

■ **Pour indiquer le moment**
– **en** + année / **dans les années** + décennie
On a créé la première maison de la culture **en** 1961. / On les a construits **dans les années** 80.
– **à partir de** + nom ou année
C'est **à partir de** ce moment qu'on a commencé à parler de « culture pour tous ».
– **il y a** + temps passé (nombre de jours, d'années…)
Auguste Perret l'**a conçu il y a** plus de 70 ans.

⚠ **Il y a** s'utilise avec un verbe au <u>passé composé</u>.

■ **Pour indiquer la durée**
– **entre** + début + **et** + fin
Entre 1945 **et** 1964, il a recréé l'espace à partir de l'ancien plan de la ville.
– **pendant** + durée ou nom
On l'a rénové **pendant** quatre ans. / **Pendant** les travaux de rénovation, toutes les équipes ont déménagé.
– **depuis** + début
C'est une scène nationale **depuis** 1991.

⚠ **Depuis** s'utilise avec un verbe au <u>présent</u> (l'action n'est pas terminée au moment où on parle).

Rappel : **en** + durée nécessaire pour accomplir quelque chose.
J'ai visité toute la ville **en trois jours**.

Langue & S'entraîner

7 **Soulignez le marqueur temporel correct.**

Ex. : On a reconstruit ce bâtiment **il y a** · depuis vingt ans.
a. La rénovation a eu lieu **pendant** · **en** les vacances.
b. La ville a créé un espace culturel **en** · **entre** 2021.
c. **À partir de** · **Pendant** deux mois, la rue a été interdite à la circulation.
d. Ce style architectural a dominé **il y a** · **dans les années** 60.
e. Ce théâtre existe **il y a** · **depuis** cinq ans.
f. On a aménagé le nouveau parc **en** · **pendant** quelques mois seulement.
g. C'est **à partir de** · **il y a** 1990 que la rénovation du quartier a commencé.
h. L'architecte a complètement redessiné le quartier **il y a** · **dans les années** deux ans.
i. C'est **depuis** · **entre** 2018 et 2020 que ce style architectural s'est développé.

Vocabulaire

🎧 083 **La ville (3)** un cimetière • le front de mer • un hôtel de ville • une médiathèque • un parc • un phare • une place • l'urbanisme (m.) • un(e) urbaniste • une voie • construire / reconstruire • édifier des monuments

L'architecture : une courbe • un moulage • la rénovation / rénover • le style

🎧 084 **Le logement (2)** un aménagement • un appartement témoin • l'eau courante • un ensoleillement • une orientation • une résidence • une salle de bains

8 **Associez les synonymes.**

a. construire
b. un axe de circulation
c. prolonger
d. une tour très haute
e. la mairie
f. un plan
g. un logement

1. un gratte-ciel
2. l'hôtel de ville
3. agrandir
4. bâtir
5. un dessin
6. une résidence
7. une voie

Leçon 19 — Grammaire

L'accord du participe passé avec *avoir*

Avec le verbe **avoir** :

■ le participe passé ne s'accorde jamais avec le sujet.
*Sandra **a** bien **aimé** ce roman.*

■ le participe passé s'accorde avec le **COD** quand le COD est placé avant le verbe.
*De **toutes les histoires sur l'exil que** j'ai **lues**, c'est celle qui **m'a** le plus **touchée**.*

*Le style « journal intime » **m'a** parfois **ennuyée**.*

9 **Entourez la forme correcte du participe passé.**
a. Elle n'a jamais **habité** · **habitée** plus de cinq ans au même endroit. C'est la vie qu'elle a **choisi** · **choisie**.
b. Nous avons **vécu** · **vécus** dix ans dans ce quartier. Nous ne l'avons jamais **aimés** · **aimé**.
c. C'est une maison que ma sœur a **adoré** · **adorée**. Elle y a **passé** · **passée** des moments merveilleux.
d. Mes parents ont souvent **déménagés** · **déménagé**. Mes sœurs et moi, nous les avons **suivis** · **suivies** dans de nombreux pays.
e. Elles ont **quitté** · **quittée** leur île natale à l'âge de 10 ans et ne l'ont jamais **revu** · **revue**.
f. La ville qu'il a **décrit** · **décrite** dans son roman n'existe plus ; elle a totalement **changé** · **changée**.

Langue & S'entraîner UNITÉ 5

Vocabulaire

🎧 085 **La ville (4)** une bouche de métro • un immeuble • un toit

🎧 086 **Le logement (3)** un ascenseur • un balcon • une cuisine ouverte • un étage • une fenêtre • une marche • un mètre carré (m²) • un mur • la peinture • une pièce • une sonnette • un studio • un tapis

L'équipement : une chaise • un lavabo • un placard • une plante • une table

L'exposition : orienté(e) plein sud

La matière : la moisissure • argenté(e) • brillant(e) • doré(e) • verni(e) • se fissurer

+ **Mots tronqués** une manip = une manipulation • une télé = une télévision

10 Anna décrit son logement. Complétez.

étage • balcon • studio • chaises • cuisine ouverte • immeuble • lavabo • plantes • ascenseur • toits • tapis • exposé • fenêtre • vernie • pièce • marches • placard

J'habite dans un studio de 20 m² au neuvième _____ d'un _____ moderne avec un _____ très rapide. Pas de _____ à monter ! Ma seule _____ donne sur les _____ d'un bâtiment ancien. C'est magnifique ! Il y a une _____ avec une table et deux _____. Dans la salle de bains, il n'y a pas de baignoire, seulement une douche et un _____. Pour ranger mes vêtements, j'ai un petit _____ avec une très belle porte _____. J'ai décoré la _____ principale avec un beau _____ multicolore et quelques _____. Ah j'oubliais, j'ai un petit _____ très bien _____ où je peux me reposer.

Phonétique

Les voyelles [y] et [u] et les semi-consonnes [ɥ] et [w] 🎧 087 ▶ 15

Réécoutez le Doc. 3 p. 81.
a. Repérez le maximum de mots contenant les sons [y], [u], [ɥ] et [w].
b. **En petit groupe** Relevez les graphies de ces quatre sons (livret de transcriptions p. 12).

→ Le son [y] est aigu, tendu. Il s'écrit **u** : le s**u**d.

→ Le son [u] est grave, tendu. Il s'écrit **ou** : T**ou**l**ou**se (**oo** dans les mots anglais : f**oo**t).

→ Le son [ɥ] est aigu. Il forme une syllabe avec la voyelle qui suit : **ui** (h**ui**t), **ué** (sit**ué**), **ua** (n**ua**ge), **uin** (j**uin**).

→ Le son [w] est grave. Il forme une syllabe avec la voyelle qui suit : **oui** (**oui**), **oué** (bo**ué**e), **oua** (o**ua**te), **ouai** (o**uai**s). Il s'écrit aussi **oi** (m**oi**) et **oin** (l**oin**).

❗ Ne confondez pas [y] (d**u**) avec [ə] (d**e**) ou [ø] (d**eu**x). Ne confondez pas [u] (d**ou**x) avec [o] (d**o**s).

11 a. Lisez les phrases. Enregistrez-vous.
1. Je suis Jules, lui, c'est Louis. Et vous ?
2. Voici Lulu qui habite à Toulouse depuis trois mois.
3. Et puis Doudou qui étudie le droit à Tulle.
4. Voilà des villes dures à dire : Bourgoin, Poitiers, Troyes, Le Puy, Rouen, Royan, Tours, Fréjus !

b. 🎧 088 Écoutez-vous et comparez avec l'enregistrement du livre.

 Retrouvez les activités avec sur inspire3.parcoursdigital.fr et plus de 150 activités inédites.

Faites le point

Expressions utiles

PARLER DES TRANSFORMATIONS DE LA VILLE

- La municipalité a décidé de réaménager complètement la célèbre artère parisienne.
- Le projet prévoit donc de planter plus de 360 arbres.
- Les trottoirs seront beaucoup plus larges.
- Il a agrandi le boulevard François 1er.

FAIRE VISITER UN LIEU

- Nous arrivons devant Le Volcan, le grand centre culturel du Havre.
- Comme vous pouvez le voir, c'est une architecture très moderne.
- Vous pouvez observer qu'il y a en réalité deux bâtiments.
- Je vous propose de faire le tour des bâtiments.
- Suivez-moi. / Je vous invite à me suivre.

SITUER DES ÉVÉNEMENTS DANS LE PASSÉ

- C'est une scène nationale depuis 1991.
- Nous arrivons devant Le Volcan, inauguré en 1982, il y a plus de quarante ans aujourd'hui.
- On l'a rénové pendant quatre ans, entre 2011 et 2015.
- Pendant la Seconde Guerre mondiale, plusieurs bombardements ont visé Le Havre.

DONNER DES PRÉCISIONS SUR UNE ACTION

- C'est possible en mettant des fleurs sur son balcon.
- Jardinez en habitant en ville !

FAIRE UN COMMENTAIRE SUR UN ROMAN

- Son expérience de l'exil est très bien rapportée.
- Les personnages qu'elle décrit sont attachants.
- J'ai bien aimé ce roman.

DÉCRIRE UN LOGEMENT

- La porte ne donne que sur une seule pièce, un studio de 15 m².
- C'est un appartement avec un balcon.
- On cherche un deux ou trois pièces.
- Un 57 m² qui donne sur l'avenue Alfred Duméril et sur le parc.

Évaluez-vous !

À LA FIN DE L'UNITÉ 5, VOUS SAVEZ...	APPLIQUEZ !
☐ donner des précisions sur une action	Répondez en utilisant le gérondif. Comment rendre les villes plus agréables ? Comment trouver un logement à louer ou à acheter ?
☐ situer dans l'espace	Qu'y a-t-il dans la rue près de chez vous ? Décrivez.
☐ raconter au passé	Conjuguez les verbes au passé composé ou au plus-que-parfait. Quand ils (s'installer) dans cette maison, ils (ne pas encore terminer) les travaux.
☐ parler de la ville	Parlez de trois transformations de votre ville ces dernières années.

L'art peut-il changer notre quotidien ?

UNITÉ 6

VOUS ALLEZ APPRENDRE À :
› parler d'une œuvre d'art
› nuancer un avis
› échanger sur le rôle de l'art

VOUS ALLEZ UTILISER :

LEÇON 21
› la forme passive
› la place des adjectifs

LEÇON 22
› les pronoms *y* et *en*
› la concession

LEÇON 23
› les connecteurs pour organiser son discours

TECHNIQUES POUR…
› faire le cartel d'une œuvre d'art
› **la médiation** : expliquer les pictos d'un musée

LANGUE & S'ENTRAÎNER

CULTURE(S) VIDÉO
Avignon

LEÇON 21 — Parler d'une œuvre d'art

COMPRENDRE

DOC. 1

> « Qu'est-ce que c'est que la rencontre avec l'œuvre d'art ? C'est ouvrir, s'ouvrir, ouvrir une fenêtre, ouvrir son esprit... et c'est se retrouver soi-même. »
>
> Laurence des Cars, directrice du musée du Louvre (Paris)

DOC. 2

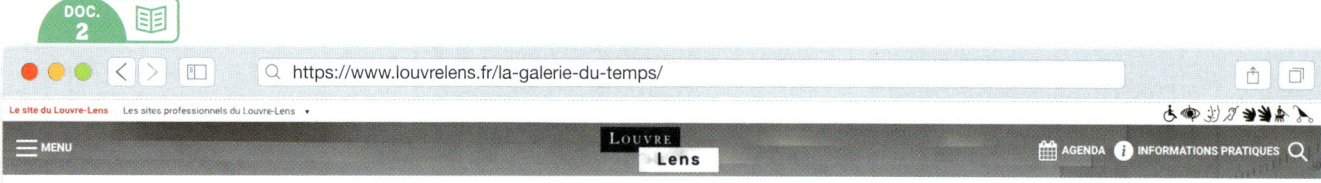

La Galerie du temps
5 000 ans d'histoire d'un seul regard

La Galerie du temps est un espace de 3 000 m², ouvert en 2012 au Louvre-Lens

C'est une galerie spectaculaire de 120 mètres de long. Ses murs sont recouverts d'une peau d'aluminium. Leur reflet met en perspective les œuvres et les visiteurs, sans limites spatiales. Le sol est revêtu de béton gris clair et le mobilier scénographique est monochrome pour mettre en valeur les œuvres. Cette disposition permet de les contempler sous différents angles et à différentes distances.

Dans une scénographie élégante et novatrice, la galerie expose plus de 200 chefs d'œuvre du Louvre (Paris), selon une présentation chronologique qui va du 4e millénaire avant notre ère jusqu'au 21e siècle. Un parcours inédit à travers l'histoire de l'art et de l'humanité, qui croise les époques, les techniques et les civilisations !

Des œuvres des cultures occidentales et non occidentales y sont exposées. Elles dialoguent entre elles dans un espace complètement ouvert, sans frontières ni hiérarchie. Parmi les œuvres, on trouve 18 créations d'Afrique, d'Océanie et des Amériques qui ont été prêtées par le musée du Quai Branly-Jacques Chirac (Paris).

1 **À deux** Lisez la citation (Doc. 1). Partagez-vous l'avis de Laurence des Cars ? **Expliquez.**

2 Lisez la liste suivante.

    a. Cochez ce qui, pour vous, est de l'art.
- ☐ la photographie
- ☐ la sculpture
- ☐ des installations vidéo
- ☐ les jeux vidéo
- ☐ le street art
- ☐ la bande dessinée
- ☐ la publicité
- ☐ la poterie
- ☐ la joaillerie
- ☐ la couture

    b. Complétez la liste.

3 **En petit groupe** Regardez la vidéo de Carmen et répondez.

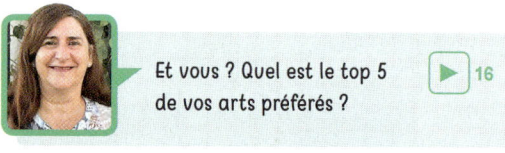

Et vous ? Quel est le top 5 de vos arts préférés ? ▶ 16

4 Observez la page de la Galerie du temps (Doc. 2).

    a. Repérez le nom du musée et la ville. Situez la ville sur la carte de France à la fin du livre.

    b. Décrivez la photo.

LEÇON 21

5 À deux **Lisez** (Doc. 2).

a. Complétez la fiche de la Galerie du temps.

- Date d'ouverture : ...
- Superficie : ...
- Nombre d'œuvres présentées : ...
- Origine des œuvres : ...

b. Quelle est l'originalité de la Galerie du temps en ce qui concerne :

1. la présentation des œuvres ?
2. la disposition des œuvres ?

c. Expliquez l'extrait suivant.

« Les œuvres dialoguent entre elles dans un espace complètement ouvert, sans frontières ni hiérarchie. »

6 À deux **Relisez** (Doc. 2).

a. Trouvez dans le texte une autre manière de dire la même chose.

1. On y expose des œuvres des cultures occidentales et non occidentales.
2. Le musée du Quai Branly-Jacques Chirac a prêté 18 créations d'Afrique, d'Océanie et des Amériques.

b. Comparez les deux manières de dire (act. a). Qui fait l'action dans chaque phrase ?

c. Cochez. Le passif se forme avec :

☐ 1. le verbe *avoir* conjugué + le participe passé du verbe.
☐ 2. le verbe *être* conjugué + le participe passé du verbe.

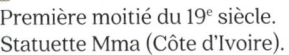

Première moitié du 19ᵉ siècle. Statuette Mma (Côte d'Ivoire).

1824. *Portrait de Juliette Blait de Villeneuve*, Jacques-Louis David (France).

7 À deux **Regardez les deux œuvres de la Galerie du temps** (Doc. 3).

a. Décrivez chaque œuvre. Qu'ont-elles en commun ?

b. Laquelle préférez-vous ? Expliquez.

c. 💬 **Que pensez-vous de l'idée de présenter des œuvres de cultures différentes dans une même salle ? Échangez.**

8 Gaspard et Jade sont devant les deux œuvres. Écoutez leur conversation (Doc. 3).

a. De quoi parlent-ils ?

b. Qui est le plus enthousiaste ?

9 À deux **Réécoutez** (Doc. 3).

a. Qui préfère quoi ? Reliez et justifiez.

Gaspard • • la statuette Mma
Jade • • le portrait de Juliette Blait de Villeneuve

b. Observez les adjectifs dans les phrases suivantes. Que remarquez-vous ?

1. C'est un magnifique buste.
2. C'est une composition harmonieuse.

c. Repérez d'autres adjectifs dans la conversation et classez-les.

1. Après le nom : ...
2. Avant le nom : ...

d. Que veut dire la phrase suivante ? Choisissez.

C'est un curieux personnage.
1. C'est un personnage qui pose beaucoup de questions.
2. C'est un personnage étrange.

e. Comparez votre description des œuvres (act. 7a) avec celles de Jade et de Gaspard.

AGIR

10 💬 ✏️ **Faites découvrir une œuvre que vous aimez.**

a. À deux **Choisissez** une œuvre d'art que vous aimez, exposée dans la ville où vous étudiez.

b. Expliquez pourquoi vous l'aimez.

c. Présentez l'œuvre (genre, date, lieu d'exposition...) et décrivez-la.

d. Un(e) ami(e) vient dans votre ville. Écrivez un e-mail pour lui suggérer d'aller voir l'œuvre.

📢 Partagez votre e-mail sur le groupe de la classe.

LEÇON 22 — Nuancer un avis

COMPRENDRE

FlashInvaders — GRATUIT

NOTES ET AVIS : 4,9 sur 5

Génial ★★★★★
Je m'en sers souvent quand je voyage. Je chasse les Space Invaders ! C'est toujours une joie d'en découvrir au détour d'une rue. L'application est très bien faite : on l'ouvre, on y ajoute sa photo et on gagne des points. J'en suis fan !

1 Observez la photographie (Doc. 1).
  a. Décrivez-la.
  b. À deux Que pensez-vous de cette œuvre ? Échangez.

2 Écoutez la présentation du travail de l'artiste Invader (Doc. 1). Cochez les informations données et justifiez.
  ☐ le nombre de villes concernées
  ☐ les inspirations de l'artiste
  ☐ l'intention de l'artiste
  ☐ une critique de son travail

3 À deux Réécoutez (Doc. 1).
  a. Dans quel lieu insolite Invader a-t-il collé une de ses mosaïques ?
  b. Qu'a-t-il créé pour la capture de ses mosaïques ?

4 Lisez le commentaire sur l'application (Doc. 2). Soulignez les bonnes réponses.
  a. L'utilisateur fait un commentaire **positif** · négatif.
  b. Il donne **des conseils** · le mode d'emploi de l'application.
  c. Il utilise l'application **dans sa ville** · dans le monde entier.

5 À deux Lisez les phrases suivantes (Doc. 1 et Doc. 2).
  1. [Il] se rend dans les plus grandes villes du monde pour **y** coller ses mosaïques.
  2. Ça fait longtemps qu'il **y** pensait.
  3. Il **en** colle vingt à cinquante par ville.
  4. Je m'**en** sers souvent quand je voyage.

  a. Que remplacent les pronoms *y* et *en* dans chaque phrase ?
  Ex. : 4. Je m'en sers souvent. → Je me sers souvent de cette application.

  b. Trouvez d'autres exemples avec les pronoms *y* et *en* dans les Doc. 1 et 2.

6 En petit groupe a. Avez-vous déjà repéré des Space Invaders dans votre ville ou lors de vos voyages ?
  b. Pensez-vous que les œuvres de street art embellissent ou dénaturent la ville ? Échangez.

LEÇON 22

DOC. 3

popcornfr.com/arts/artsdelarue

📌 Doit-on développer les arts de la rue ?

 **Iseut_33** — Les arts de la rue, comme le cirque, le théâtre, le hip-hop ou les marionnettes, permettent à tout le monde d'avoir accès à la culture car tout le monde passe dans la rue : donc toutes les catégories de la population s'y retrouvent. En plus, les spectacles sont souvent gratuits et il est possible d'y participer. Contrairement aux théâtres et aux musées, c'est un espace ouvert. C'est indispensable d'encourager les arts de la rue !
♡ 6 ♡

 **Marco** — Je ne suis pas du tout d'accord avec vous, Iseut_33. Certains artistes s'installent dans la rue malgré les interdictions. Et les spectacles sont imposés à tous, même à ceux que ça n'intéresse pas ! De plus, ils sont souvent de très mauvaise qualité : on se contente de faire du bruit, d'amuser le public, alors que les spectacles organisés dans les théâtres et les salles réservées ont une vraie mission culturelle. En ce qui concerne le street art, on voit de plus en plus de pochoirs et de graffitis qui dénaturent les bâtiments. Bien que l'art soit essentiel pour tous, je pense qu'il doit être réservé à certains espaces et qu'il n'a pas sa place dans la rue.
♡ 2 ♡

 **Maïmouna** — Je vous trouve un peu radical, Marco ! Même si les lieux culturels sont indispensables, il faut reconnaître qu'ils sont difficiles d'accès et souvent réservés à une élite. Dans la rue, les artistes s'expriment plus librement, plus spontanément, ils exposent leurs idées et leur vision du monde à l'ensemble de la population. Toutefois, vous avez raison, c'est important de mettre en place des règles pour respecter les bâtiments, la circulation des piétons et la tranquillité des habitants. Les festivals sont souvent une excellente solution pour faire face à ces problèmes !
♡ 10 ♡

7 Lisez la discussion sur le forum (Doc. 3).

a. Reformulez le thème de la discussion.

b. Complétez à partir du Doc. 3 le nuage de mots des arts de la rue.

Mosaïques
Arts de la rue
Théâtre

8 **À deux** Relisez la discussion (Doc. 3).

a. Donnez la position de chaque internaute (pour, mitigé ou contre).

b. Associez chaque argument à un(e) internaute.
1. Il faut réglementer les manifestations artistiques dans la rue.
2. Les centres culturels sont difficiles d'accès.
3. Les spectacles de rue n'appartiennent pas au domaine de l'art.
4. La rue permet aux artistes de s'exprimer vraiment.
5. La population subit l'art urbain.
6. L'art doit être accessible à tous.

c. Repérez les mots qui introduisent la contradiction dans les phrases suivantes.
1. Même si les lieux culturels sont indispensables, il faut reconnaître qu'ils sont difficiles d'accès.
2. Bien que l'art soit essentiel pour tous, je pense qu'il doit être réservé à certains espaces.

d. Et vous, que pensez-vous des arts de la rue ? Échangez.

Culture(s)

En France, **l'accès aux musées et monuments nationaux** est gratuit le premier dimanche du mois. La gratuité concerne également les collections permanentes des musées municipaux de Paris, Dijon, Calais, Caen, Bordeaux…
→ Et dans votre pays, est-ce que les musées sont payants ?

AGIR

9 Donnez votre avis.

a. **En petit groupe** Choisissez une problématique autour de l'art (Les musées doivent-ils être ouverts 24 heures sur 24 ? Le street art a-t-il sa place dans un musée ?…).

b. Listez des arguments pour répondre à la problématique. Rédigez vos avis.

Postez vos avis sur un document collaboratif. Réagissez aux avis des autres groupes en les nuançant.

> **Langue & S'entraîner** p. 99-100

LEÇON 23 — Échanger sur le rôle de l'art

COMPRENDRE

1 Lisez la prescription muséale (Doc. 1).
  a. Qui en est à l'origine ? Que propose-t-elle et dans quel but ?
  b. 💬 **En petit groupe** Qu'en pensez-vous ? Échangez.

2 Lisez l'article du *Guide Santé* (Doc. 2). Quel est le sujet ?

3 Relisez l'article (Doc. 2). *Vrai* ou *faux* ? Justifiez.
  a. Il existe deux formes de musicothérapie.
  b. Seuls les enfants sont sensibles à la musicothérapie.
  c. La musicothérapie peut remplacer la médecine traditionnelle.
  d. Les séances répondent aux besoins spécifiques du patient.
  e. En France, les musicothérapeutes ont un statut de médecin.

4 **À deux** Relisez (Doc. 2).
  a. **Repérez les connecteurs.**
  Ex. : d'une part, [des connaissances] et, d'autre part, [une pratique]
  b. **Classez-les selon leur fonction.**
  1. Expliquer un fait
  2. Ajouter une idée
  3. Faire figurer deux idées dans une même phrase
  4. Exprimer deux idées contradictoires
  5. Exprimer une conséquence
  6. Exprimer une cause
  Ex. : d'une part… d'autre part… → 3. Faire figurer deux idées dans une même phrase

DOC. 1

PRESCRIPTION MUSÉALE

MUSÉE DES BEAUX-ARTS MONTRÉAL — MÉDECINS FRANCOPHONES DU CANADA

NOM DU PATIENT :

℞ Profitez d'une visite gratuite au Musée pour vous faire du bien !

NOM DU MÉDECIN :
NUMÉRO DE MEMBRE :
SIGNATURE :

L'art fait du bien, c'est prouvé ! L'expérience artistique et le contact avec des œuvres d'art ont des effets positifs sur la santé et le mieux-être.

1380, rue Sherbrooke Ouest, Montréal. mbam.qc.ca
Admet jusqu'à deux adultes et deux enfants (17 ans et moins). Valable pour une visite jusqu'au 31 décembre 2019. Les fac-similés ne sont pas acceptés.

DOC. 2

https://www.le-guide-sante.org/actualites/forme-et-bien-etre/bienfaits-musicotherapie-sante

Le Guide Santé

Bienfaits de la musicothérapie sur la santé

Depuis longtemps, la musique est reconnue pour sa capacité à calmer les tensions. Aujourd'hui, les scientifiques ont prouvé son action sur le cerveau et elle est de plus en plus utilisée en thérapie. Il existe deux types de musicothérapie : la musicothérapie active, où le patient est impliqué dans la création de musique et la musicothérapie passive, où le patient écoute de la musique.

La musicothérapie est efficace contre de nombreux problèmes psychologiques et médicaux. En effet, les professionnels de la santé ont constaté que « *dans les salles d'urgences pédiatriques, les activités artistiques (musique, artisanat, interventions de clowns, etc.) permettent de diminuer le niveau d'anxiété, de lutter contre les douleurs chroniques et de faire baisser la tension artérielle, non seulement chez les enfants, mais aussi chez leurs parents* ». Par ailleurs, la musique est un outil qui possède cette capacité rare d'être utilisable à la fois en relaxation et en stimulation. Ainsi, la musique a tout son intérêt dans le soin et, plus largement, le bien-être. Toutefois, les spécialistes précisent qu'elle n'est pas recommandée comme remède contre les maladies graves, mais comme médecine complémentaire.

Chaque séance de musicothérapie est différente car le thérapeute répond de manière unique aux besoins, aux capacités et à la créativité du patient. De plus, les exercices semblent moins cliniques que les traitements traditionnels et les patients reçoivent des commentaires immédiats de leur thérapeute.

Le musicothérapeute est un professionnel de santé qui a, d'une part, des connaissances confirmées dans le domaine médical et, d'autre part, une pratique musicale régulière et des capacités d'improvisation instrumentale et/ou vocale. Par ailleurs, il doit s'informer régulièrement sur les recherches et découvertes qui concernent l'art-thérapie. En France, le métier de musicothérapeute n'est pas encore reconnu ; néanmoins, plusieurs centres spécifiques délivrent un diplôme.

LEÇON 23

5 En petit groupe 091 **Écoutez les trois morceaux de musique. Que ressentez-vous ? Lequel préférez-vous ?** Échangez.

DOC. 3

Le brouhaha a cessé et Théo, leur Théo, est apparu [...] derrière le public. Il a commencé à jouer comme s'il était seul au monde tout en progressant lentement en direction de la petite scène au milieu des spectateurs qui
5 tous avaient tourné la tête. Il a joué avec une douceur et une assurance qui appelait le recueillement. Théo, leur Théo, méconnaissable, transfiguré, tirait de son instrument des accords inouïs[1] qui bouleversèrent aussitôt son père. [...] Tout le monde écarquillait les yeux[2]
10 ou au contraire les fermait pour laisser couler la musique. Son père ignorait quel était le compositeur de la musique mais Théo se l'était entièrement appropriée, [...] comme s'il divulguait[3] pour la première fois une langue secrète.

Même les mouches avaient renoncé à vrombir[4], les
15 oiseaux à piailler[5] dans les arbres, les voitures à dépenser leur rumeur[6] sourde à travers les murs.

Le morceau durait. Le père avait perdu toute conscience du temps. Son épouse lui a pris la main et l'a serrée de toutes ses forces. Elle était au-delà de la
20 fierté, au-delà de la reconnaissance. Puis Théo, leur Théo, a déroulé le dernier accord et levé son archet pendant que crépitaient[7] les applaudissements. Lorsque l'homme a regardé autour de lui, il a réalisé que [...] toute la salle était debout, les yeux humides, frappant des mains à tout
25 rompre. [...] Les applaudissements ont duré de longues minutes.

Châtelet-Lilas, Sébastien Ortiz, © Éditions Gallimard, 2021

1 inouï : incroyable ; 2 écarquiller les yeux : ouvrir grand les yeux ;
3 divulguer : dévoiler ; 4 vrombir : son d'un moteur ; 5 piailler : cris des oiseaux ;
6 une rumeur : un bruit de fond ; 7 crépiter : produire des bruits répétés

6 Lisez l'extrait du roman *Châtelet-Lilas* (Doc. 3).

a. Quels sont les personnages ?

b. Où se trouvent-ils ?

c. Que font-ils ?

7 À deux **Relisez l'extrait (Doc. 3).**

a. Relevez les mots et expressions en relation avec l'ouïe.

b. Classez-les.

Réactions du public	Bruits extérieurs	Musique
Ex. : le brouhaha	...	...

c. À votre avis, quel type de morceau joue Théo ? Quel est son instrument ? Échangez.

8 À deux **Relisez (Doc. 3). Associez les émotions et états suivants aux personnages : le père, la mère, Théo ou le public.** Justifiez.

la fierté • le bouleversement • la concentration •
l'exaltation • l'absence

9 En groupe **a. Faites écouter un morceau de musique ou une chanson que vous aimez particulièrement.** Partagez **vos impressions.**

b. **Créez la playlist de la classe.**

AGIR

10 **L'art peut-il changer notre quotidien ?**

a. En petit groupe **Parcourez l'unité 6. Listez les arguments pour répondre à la question.**

b. **Associez un exemple (tiré des documents ou de votre propre expérience) à chaque argument.**

c. En groupe **Organisez vos idées.** Présentez**-les à la classe.**

d. **Quelles sont les idées les plus partagées par la classe ?** Échangez.

> Langue & S'entraîner p. 101

CULTURE(S) VIDÉO

17 Avignon

1 Regardez la vidéo jusqu'à 00'18''. À votre avis, de quoi va parler l'émission ? 17

2 À deux **Regardez la première partie de la vidéo (jusqu'à 01'05''). ▶ 17**

a. Vérifiez vos hypothèses (act. 1).

b. Notez les informations principales sur l'événement. Comparez vos notes.

3 Regardez la deuxième partie de la vidéo. ▶ 17

a. Lisez et soulignez le mot correct.
Éric-Emmanuel Schmitt est **metteur en scène et poète** • **auteur et acteur**. C'est l'un des auteurs francophones les plus **joués** • **lus** au monde. Il a eu envie de se rapprocher **des critiques** • **du public**.
Il compare le public à **une patte de chat** • **un pas de chat**. Il compare l'ambiance au festival d'Avignon à **une cérémonie religieuse** • **un jeu d'enfants**.

b. Quelles sont, selon lui, les caractéristiques du métier d'auteur et celles du métier d'acteur ?

LEÇON 24 — Techniques pour...

...faire le cartel d'une œuvre d'art

LIRE

DOC. 1

DOC. 2

Nicolas de Staël
(1914, Empire russe – 1955, France) ← 1 ....

**Les Musiciens,
Souvenir de Sidney Bechet**
[1952 – 1953] ← 2 ....

Huile sur toile, ← 3 ....
161,9 x 114,2 cm ← 4 ....

Au début des années 1950, Nicolas de Staël découvre la musique moderne et le jazz. Il délaisse les paysages et les natures mortes, et se met à créer des images de concerts, d'instruments de musique. Sidney Bechet est le musicien de jazz qu'il écoute le plus. ← 5 ....

Ce tableau est particulièrement intéressant car c'est un bon exemple du style de Nicolas de Staël : l'hésitation entre l'art figuratif et l'art abstrait. On y distingue des musiciens, des instruments de musique, mais sans détails, presque sans contours. ← 6 ....

Le thème de cette œuvre célèbre est la musique. Le contraste des couleurs vives et l'alternance des zones de couleurs représentent l'ambiance du concert de jazz. Les couleurs se répètent de manière régulière à plusieurs endroits du tableau, comme pour évoquer l'improvisation de Bechet. ← 7 ....

1 [Découverte] Observez le tableau (Doc. 1).

   a. Décrivez-le.
   b. Quel est le style de ce tableau ?
   c. 💬 L'aimez-vous ? Expliquez.

2 Lisez le cartel du tableau (Doc. 2). Soulignez la bonne réponse.

Le cartel **donne des informations sur l'œuvre et l'artiste** • **décrit le parcours de l'artiste** • **raconte l'histoire de la création de l'œuvre**.

3 À deux Relisez le cartel (Doc. 2). *Vrai* ou *faux* ? Justifiez.

   a. Nicolas de Staël a changé de style de peinture quand il a découvert le jazz.
   b. Les formes sont très précises et il y a beaucoup de détails.
   c. Le spectateur peut sentir le rythme de la musique grâce aux couleurs.
   d. Ce tableau est très différent des autres tableaux de Nicolas de Staël.
   e. Sidney Bechet est un peintre.

4 [Analyse] À deux Relisez (Doc. 2). Associez les intitulés suivants aux parties 1 à 7 du cartel. Justifiez.

   a. Contexte de création
   b. Analyse de l'œuvre
   c. Titre de l'œuvre et date de création
   d. Dimensions de l'œuvre
   e. Intérêt de l'œuvre
   f. Technique artistique
   g. Nom de l'artiste et informations biographiques

LEÇON **24**

POUR faire le cartel d'une œuvre d'art

- Présenter l'artiste (nom, dates et lieux de naissance et de décès)
  Nicolas de Staël
  (1914, Empire russe – 1955, France)
- Donner le titre de l'œuvre et sa date de création
  Les Musiciens, Souvenir de Sidney Bechet [1952 – 1953]
- Informer sur la technique artistique et le support de l'œuvre
  Huile sur toile
- Préciser les dimensions de l'œuvre
  161,9 x 114,2 cm
- Décrire le contexte de création de l'œuvre
  Au début des années 1950, Nicolas de Staël découvre…
  Il délaisse les paysages et les natures mortes, et se met à créer des images de…
- Expliquer l'intérêt de l'œuvre
  Ce tableau est un bon exemple du style de Nicolas de Staël.
- Proposer une analyse de l'œuvre
  Le thème de cette œuvre célèbre est la musique.

ÉCRIRE

5 **À deux** Faites le cartel d'une œuvre d'art.

a. **Choisissez** une œuvre de votre pays que vous aimeriez faire connaître (photo, peinture, sculpture…).

b. **Faites des recherches** sur l'œuvre et créez son cartel.

… la médiation : expliquer les pictos d'un musée

DOC. 3 🎧 092

6 **À deux** Darshan et sa famille sont au bureau d'informations d'un musée belge. Écoutez les explications de l'agent d'accueil (**Doc. 3**).

a. Qu'apprenons-nous sur :
1. la famille de Darshan ?
2. le musée ?

b. Identifiez les pictos en relation avec les indications de l'agent d'accueil (**Doc. 3**).

c. D'après vous, est-ce que tous les pictos du **Doc. 3** pourraient figurer dans un musée français ? **Échangez**.

7 💬 **En groupe** **Présentez** à la classe un ou deux pictos typiques de votre pays ou d'un pays que vous connaissez (ex. : sur les plans des bâtiments publics, sur les panneaux routiers, dans les magasins). **Faites deviner** leur signification.

quatre-vingt-dix-sept **97**

Langue & S'entraîner

Leçon 21 — Grammaire

La forme passive

■ **Le sujet du verbe « actif »** (celui qui fait l'action) devient **le complément d'agent**, généralement introduit par **par**. **Le COD** devient **le sujet** du verbe passif.

Forme active
Le musée du Quai Branly-Jacques Chirac a prêté 18 créations d'Afrique, d'Océanie et des Amériques.

18 créations d'Afrique, d'Océanie et des Amériques ont été prêtées par le musée du Quai Branly-Jacques Chirac.
Forme passive

■ **Formation** : **être** conjugué au temps voulu + **participe passé du verbe de l'action**
On y expose des œuvres des cultures occidentales et non occidentales.
→ *Des œuvres des cultures occidentales et non occidentales y sont exposées.*

❗ Le complément d'agent est parfois introduit par **de** : *Le sol est revêtu de béton gris clair.*

1 🎧 093 **Écoutez. Indiquez si les verbes sont à la forme active ou passive.**
Ex. : La sculpture est faite en bois.

	Ex.	a.	b.	c.	d.	e.	f.	g.
Forme active								
Forme passive	✓							

2 Transformez les phrases actives en phrases passives. Indiquez le complément d'agent si besoin.
Ex. : On va créer une nouvelle galerie. → Une nouvelle galerie va être créée.
a. Le président a inauguré la nouvelle salle d'exposition.
b. Le musée organise une grande rétrospective.
c. La directrice du musée va choisir les tableaux.
d. On a consacré un nouvel espace à la sculpture.
e. Les organisateurs mettent en valeur les œuvres.
f. On accueillera les visiteurs tous les jours.
g. Les visiteurs découvriront de nouveaux artistes.

La place des adjectifs

■ En général, l'adjectif est placé **après le nom** : *Elle a un visage paisible.*

■ Les adjectifs d'appréciation peuvent se placer **avant** ou **après le nom**. Placés avant, ils renforcent l'appréciation.
Elle a une expression extraordinaire / une extraordinaire expression.
C'est un magnifique buste / un buste magnifique.

■ Certains adjectifs se placent généralement **avant le nom** : beau, bon, mauvais, jeune, vieux, meilleur, nouveau, petit, grand, ancien, long, large...
Elle a un long cou. C'est une très belle statue.

❗ L'adjectif peut changer de sens selon qu'il est placé **avant** ou **après le nom**.
C'est une grande dame. = Une femme importante pour la société
C'est une femme grande. = Une femme de grande taille

3 Mettez les mots dans l'ordre. (Deux réponses sont parfois possibles.)
Ex. : originale • photo • c'est • une → C'est une photo originale.
a. coloré • il y a • fond • un
b. des • on • très • personnes • voit • souriantes
c. un • l'homme • fascinant • a • regard
d. rayé • porte • il • un • costume
e. son visage • étrange • cache • chapeau • un
f. noirs • la femme • les • a • cheveux
g. porte • elle • superbe • une • robe
h. sac • tient • elle • petit • un
i. perspective • la photo • belle • une • offre
j. paisible • on • une • sent • atmosphère

Langue & S'entraîner UNITÉ 6

4 Cochez le sens correct de l'adjectif.

Ex. : L'exposition a eu lieu la semaine **dernière**.
☐ L'exposition dure encore une semaine.
☑ L'exposition est terminée.

a. Voici le **dernier** tableau que j'ai acheté.
☐ Je n'ai pas acheté d'autre tableau après.
☐ Je ne veux plus acheter de tableau.

b. C'est une statue très **ancienne**.
☐ Cette statue est cassée.
☐ Cette statue a été faite il y a très longtemps.

c. C'est un **ancien** musée.
☐ Ce musée existe depuis longtemps.
☐ Ce n'est plus un musée.

d. Le propriétaire de la galerie expose ses **propres** objets.
☐ Les objets exposés appartiennent au propriétaire.
☐ Les objets exposés ne sont pas sales.

e. Cette galerie est un espace très **propre**.
☐ La galerie n'est pas sale.
☐ La galerie est privée.

Vocabulaire

🎧 094 **La muséologie** un chef d'œuvre • une disposition • une galerie • le mobilier • une œuvre (d'art) • un parcours • une présentation • la scénographie / scénographique • exposer • mettre en perspective/en valeur

🎧 095 **L'architecture** l'aluminium (m.) • un angle • le béton • un espace • un mur • le sol • recouvrir • revêtir

🎧 096 **Les arts plastiques** un buste • une composition • un contraste • une ligne verticale • un personnage • un portrait • une représentation • une sculpture • une statue • une statuette • un style • un tableau • une toile • académique • classique • poser / une pose • en terre cuite

🎧 097 **La caractérisation (1)** artificiel(le) • effrayant(e) • envoûté(e) • extraordinaire • fascinant(e) • génial(e) • harmonieux(euse) • intéressant(e) • magnifique • novateur(trice) • paisible • sans (grand) intérêt

🎧 098 **La musique (1)** une harpe • un tambour • un(e) tambourinaire

5 Associez.

a. un buste
b. un portrait
c. du mobilier
d. une statue
e. un tableau

 ❶  ❷  ❸  ❹  ❺

Leçon 22 — Grammaire

Les pronoms *y* et *en*

■ **Le pronom y**
– Pour remplacer un complément de lieu introduit par une préposition de lieu (**à, au, en, dans**...)
Pour coller ses mosaïques dans les plus grandes villes du monde.
→ *Pour y coller ses mosaïques.*

– Pour remplacer un complément de verbe introduit par **à**
Peu de personnes peuvent avoir accès à ces endroits insolites.
→ *Peu de personnes peuvent y avoir accès.*
Ça fait longtemps qu'il pensait à coller un Space Invader dans la Station spatiale internationale.
→ *Ça fait longtemps qu'il y pensait.*

■ **Le pronom en**
– Pour remplacer un complément de lieu introduit par **de**
Il revient de la Station spatiale internationale.
→ *Il en revient.*

– pour remplacer un complément d'adjectif ou de verbe introduit par **de**
Je suis fan de cette application. → *J'en suis fan.*
Je me sers souvent de cette application.
→ *Je m'en sers souvent.*

– Pour remplacer une quantité
L'objectif est de prendre des Space Invaders en photo.
→ *L'objectif est d'en prendre en photo.*
Il y a près de 4 000 mosaïques aujourd'hui.
→ *Il y en a près de 4 000 aujourd'hui.*

Langue & S'entraîner

6 Complétez les réponses avec *y* ou *en*. Soulignez les mots que remplace le pronom.

Ex. : Il colle des dessins sur le mur ? → Oui, il **en** colle souvent.
a. Il n'a jamais exposé dans ce musée ? → Non, il n'_____ a jamais exposé.
b. Tu sors de l'exposition ? → Oui, j'_____ sors à l'instant.
c. L'art a sa place dans la rue ? → Oui, il _____ a sa place.
d. Tu as pris des photos des Space Invaders ? → Oui, j'_____ ai pris.
e. L'art urbain est interdit à cet endroit ? → Non, il n'_____ est pas interdit.
f. Il y a beaucoup d'artistes de rue ? → Oui, il y _____ a beaucoup.
g. Vous revenez de la galerie ? → Oui, nous _____ revenons.

7 Répondez aux questions en utilisant *y* ou *en*.

Ex. : Vous vous servez souvent de l'appli Space Invaders ? (oui) → Oui, nous nous **en** servons souvent.
a. Tu t'intéresses au street art ? (oui)
b. Tu as l'intention d'exposer tes œuvres dans l'espace public ? (non)
c. Êtes-vous favorable à l'organisation de ce festival ? (non)
d. Elle a déjà assisté au spectacle ? (oui)
e. Vous vous souvenez de la première exposition ? (non)
f. Vous avez participé au film ? (non)
g. Les artistes de rue ont besoin de soutien ? (oui)
h. Il est fier de ses créations ? (oui)

La concession

Pour relier deux idées contradictoires, on peut utiliser :

- **Même si** + indicatif
Même si les lieux culturels **sont** indispensables, il faut reconnaître qu'ils sont difficiles d'accès.

- **Bien que** + subjonctif
Bien que l'art **soit** essentiel pour tous, je pense qu'il doit être réservé à certains espaces.

- **Toutefois / Cependant** + phrase
Dans la rue, les artistes s'expriment plus librement, *toutefois / cependant* c'est important de mettre en place des règles.

- **Malgré** + nom / pronom
Certains artistes s'installent dans la rue *malgré* **les interdictions**.

Rappel : on peut aussi utiliser **pourtant**.
Les lieux culturels sont indispensables, *pourtant* ils sont difficiles d'accès.

8 Soulignez le mot correct.

Ex. : Cet artiste n'est pas connu <u>malgré</u> • toutefois son talent.
a. **Même si** • **Malgré** je n'aime pas les graffitis, je pense que ce type d'expression doit exister.
b. Le street art est interdit dans cette ville, **bien que** • **pourtant** les murs sont pleins de pochoirs.
c. **Bien que** • **Même si** les spectacles de rue ne soient pas toujours parfaits, j'adore ça !
d. Le street art démocratise la culture, c'est vrai. **Cependant** • **Malgré** on ne peut pas laisser faire n'importe quoi !
e. Beaucoup d'artistes de rue ne sont pas reconnus **toutefois** • **malgré** la grande qualité de leurs œuvres.
f. On doit pouvoir s'exprimer **même si** • **bien qu'** on n'est pas un artiste connu !
g. Je suis favorable aux spectacles de rue, **toutefois** • **malgré** il faut les réglementer pour respecter la tranquillité des habitants.

Vocabulaire

🎧 099 **Les arts de la rue** le cirque • un collage • un graffiti • le hip-hop • une marionnette • une mosaïque • un pochoir • un spectacle • le street art

🎧 100 **La caractérisation (2)** accessible ≠ inaccessible • insolite

Leçon 23 — Grammaire

Les connecteurs pour organiser son discours

- Ajouter une idée : **de plus / par ailleurs**
De plus, les exercices semblent moins cliniques. Par ailleurs, il doit s'informer régulièrement sur les recherches.

- Faire figurer deux idées dans une même phrase : **non seulement … mais aussi… / à la fois… et… / d'une part… (et) d'autre part…**
Non seulement chez les enfants, mais aussi chez leurs parents. / La musique est utilisable à la fois en relaxation et en stimulation. / Le musicothérapeute a, d'une part, des connaissances confirmées dans le domaine médical et, d'autre part, une pratique musicale régulière.

- Justifier une idée : **en effet**
En effet, [ils] ont constaté que « les activités artistiques permettent de diminuer le niveau d'anxiété ».

- Exprimer une cause : **car**
Chaque séance de musicothérapie est différente car le thérapeute répond de manière unique aux besoins.

- Exprimer une conséquence : **ainsi**
Ainsi, la musique a tout son intérêt dans le soin et, plus largement, le bien-être.

- Exprimer une concession : **néanmoins**
Néanmoins, plusieurs centres spécifiques délivrent un diplôme.

9 À deux. Complétez avec les mots proposés. Attention, il y a un intrus dans chaque liste !

a. car • néanmoins • non seulement • par ailleurs • mais aussi
Faire pratiquer la peinture aux jeunes enfants est excellent pour leur développement car cette activité les aide _____ à développer leurs sens, _____ à s'exprimer. _____, cela peut permettre de découvrir de jeunes talents.

b. de plus • ainsi • car • en effet
La danse est un remède naturel et efficace pour se détendre. _____, quand on assiste à un cours de danse, on se concentre sur le mouvement du corps, et _____ on oublie tous ses problèmes ! _____, le fait de bouger éveille les sens et apporte de l'énergie.

c. et • d'autre part • en effet • d'une part • néanmoins • à la fois
Toutes les activités artistiques permettent _____, d'améliorer l'activité cérébrale et, _____, d'apporter du plaisir. Elles ont donc une fonction _____ utile _____ ludique. Il faut _____ éviter la recherche de la perfection, source de stress.

Vocabulaire

🎧 101 **La santé (3)** l'anxiété (f.) • l'art-thérapie (f.) • une douleur chronique • la musicothérapie • la tension artérielle

🎧 102 **La musique (2)** un accord (inouï) • un archet • un compositeur / une compositrice • un morceau

Phonétique

L'enchaînement vocalique 🎧 103 ▶ 18

Écoutez les mots ou groupes de mots et comptez le nombre de syllabes.

Ex. : Théo → Thé-o → 2 syllabes
a. le brouhaha • b. néanmoins • c. la tension artérielle • d. les applaudissements ont duré

→ Dans le groupe rythmique et entre deux groupes rythmiques, on ne coupe pas la voix entre deux voyelles prononcées : c'est l'enchaînement vocalique. On respecte bien le nombre de syllabes, qui sont toutes régulières, sauf la dernière qui est plus longue. **Ex. :** le_brou_ha_ha • Théo_a commencé_à jouer.

❗ On ne prononce pas la consonne muette, ni le *h*. **Ex. :** la tension artérielle • le brouhaha.

10 a. Lisez à voix haute les lignes 1 à 6 du **Doc. 3** p. 95. Faites les enchaînements et les liaisons.

b. 🎧 104 Enregistrez-vous. Puis écoutez-vous et comparez avec l'enregistrement du livre.

Retrouvez les activités avec sur inspire3.parcoursdigital.fr et plus de 150 activités inédites.

Faites le point

Expressions utiles

DÉCRIRE UNE ŒUVRE D'ART

- La statue est en terre cuite.
- Elle a un visage paisible, ses yeux sont fermés.
- C'est une représentation très classique.
- C'est une composition harmonieuse.
- C'est une toile académique.
- Les deux œuvres datent de la même période.
- Le style est complètement différent.

EXPRIMER UNE UTILITÉ

- Les activités artistiques permettent de diminuer le niveau d'anxiété.
- La musique est reconnue pour sa capacité à calmer les tensions.
- Les scientifiques ont prouvé son action sur le cerveau.
- La musicothérapie est efficace contre de nombreux problèmes psychologiques et médicaux.

DONNER UNE APPRÉCIATION

- C'est un magnifique buste.
- C'est un curieux personnage.
- C'est ça qui est original.
- C'est une toile académique sans grand intérêt pour moi.
- L'application est très bien faite.
- J'en suis fan !

EXPRIMER UNE CONTRADICTION

- Bien que l'art soit essentiel pour tous, je pense qu'il doit être réservé à certains espaces.
- Même si les lieux culturels sont indispensables, il faut reconnaître qu'ils sont difficiles d'accès.
- Toutefois, les spécialistes précisent que [la musique] n'est pas recommandée comme remède contre les maladies graves.

Évaluez-vous !

À LA FIN DE L'UNITÉ 6, VOUS SAVEZ...

APPLIQUEZ !

☐ donner une appréciation sur une œuvre

› Parlez d'un film que vous avez aimé. Choisissez parmi les adjectifs proposés.
magnifique • fascinant(e) • horrible • grand(e) • curieux(euse) • beau/belle • long(ue) • nouveau/nouvelle • intéressant(e)

☐ utiliser la forme passive

› Décrivez votre salle de classe.
Les murs sont peints...

☐ éviter les répétitions

› Répondez aux questions suivantes en utilisant y ou en.
À quelle fréquence allez-vous au cinéma ?
Écoutez-vous souvent de la musique ?
Avez-vous déjà assisté à des spectacles de rue ?

☐ exprimer une contradiction

› Terminez les phrases suivantes en exprimant une contradiction.
Les graffitis sont interdits dans la rue...
Certaines personnes n'aiment pas la musique...

Préparation au DELF B1

COMPRÉHENSION DES ÉCRITS

Lire pour s'informer et discuter

Vous lisez cet article.

Le virtuel va avoir une place de plus en plus grande dans l'art

Vendredi 28 février, l'Atelier des Lumières, à Paris, a présenté ses deux nouvelles expositions en totale immersion numérique, et cela six jours avant les deux autres expositions inédites qui vont illuminer les murs des Carrières de Lumières aux Baux-de-Provence (Bouches-du-Rhône).

De belles reproductions d'œuvres d'art illustrent la mention « vernissage » sur les invitations, comme pour l'avant-première d'une exposition classique. Toutefois, ici les tableaux ne sont pas « accrochés » au mur comme dans un musée mais sont projetés dans des espaces sur d'immenses surfaces constituées par les murs, le sol et le plafond, dans une organisation visuelle où le visiteur peut s'immerger.

Expérience unique, ce concept intègre images numériques et musiques pour que les chefs-d'œuvre de grands artistes prennent vie sous les yeux des visiteurs. Grâce à des dizaines de vidéoprojecteurs éclairant ces spectacles sons et lumières, les peintures de Picasso, Klimt, Chagall ou Bosch deviennent des fresques animées de taille gigantesque, bien loin des dimensions imaginées à l'époque par leurs créateurs. Et ça marche ! 239 000 visiteurs se sont rendus aux Carrières de Lumières l'année de leur ouverture, en 2012. Aujourd'hui, environ 770 000 personnes viennent chaque année expérimenter ce mode d'immersion dans l'art en découvrant la technologie Culturespaces Digital®.

La société Culturespaces gère au total quatorze centres d'art et monuments historiques en France et à l'étranger. Elle est devenue en dix ans l'une des grandes spécialistes de ce que l'on appelle les « expositions numériques immersives ».

Outil de démocratisation ou divertissement ?

Néanmoins, au début des années 2010, un violent débat esthétique a accompagné l'apparition dans le paysage culturel de ces événements. Et on s'interroge encore. Doit-on considérer les expositions virtuelles comme un formidable outil de démocratisation de l'art ? Ou, au contraire, sont-elles un simple divertissement qui utilise des chefs-d'œuvre dans un but uniquement commercial ? Selon Guillaume Fraissard, chef du service Culture du journal *Le Monde*, le débat n'a pas de raison d'être. Réel et virtuel représentent les deux côtés d'une même ambition : rendre l'art accessible au plus grand nombre de personnes.

D'après *Le Monde* et Carrières de Lumières

Préparation au DELF B1

Pour répondre aux questions, cochez la bonne réponse.

1. D'après l'article, les expositions dans les musées vont bientôt être remplacées par des expositions virtuelles.
    - ☐ a. Vrai.
    - ☐ b. Faux.

2. Dans les expositions virtuelles, les œuvres sont…
    - ☐ a. fixées aux murs.
    - ☐ b. projetées sur différentes surfaces.
    - ☐ c. visibles grâce à des casques de réalité virtuelle.

3. Dans les expositions virtuelles, les visiteurs découvrent les œuvres…
    - ☐ a. en écoutant de la musique.
    - ☐ b. en respectant le silence.
    - ☐ c. en écoutant des commentaires.

4. Dans les expositions en immersion, les œuvres des artistes sont présentées…
    - ☐ a. en format réduit.
    - ☐ b. en grande dimension.
    - ☐ c. dans leurs dimensions d'origine.

5. Le succès de ces expositions auprès du public reste encore limité.
    - ☐ a. Vrai.
    - ☐ b. Faux.

6. Selon Guillaume Fraissard, la polémique sur les expositions virtuelles est injustifiée.
    - ☐ a. Vrai.
    - ☐ b. Faux.

7. Selon Guillaume Fraissard, le principal objectif de ce type d'exposition est de…
    - ☐ a. donner à tous un accès à l'art.
    - ☐ b. réaliser des profits financiers.
    - ☐ c. faire découvrir la technologie numérique.

PRODUCTION ORALE

Exercice en interaction

Choisissez un des deux sujets suivants. Simulez le dialogue à deux.

Sujet 1
Vous travaillez dans un petit musée en France. Vous pensez qu'il faudrait mettre à la disposition des visiteurs des fiches explicatives en plusieurs langues. Vous proposez à votre responsable de vous en occuper mais il/elle hésite. Vous lui présentez vos idées et cherchez à le/la convaincre.

Sujet 2
Vous vivez en France et un(e) de vos ami(e)s vient vous rendre visite. Vous lui faites visiter votre ville. Il/Elle pense qu'on vit mieux à la campagne. Vous n'êtes pas d'accord et vous lui expliquez qu'on peut bien vivre en ville à certaines conditions. Vous lui expliquez votre point de vue.

Sommes-nous tous journalistes ?

UNITÉ 7

VOUS ALLEZ APPRENDRE À :
- parler des métiers de l'information
- transmettre des informations
- vous interroger sur l'information

VOUS ALLEZ UTILISER :

LEÇON 25
- le but
- le subjonctif (2)
- le participe présent

LEÇON 26
- le discours indirect au présent et au passé

LEÇON 27
- le conditionnel présent (3)

TECHNIQUES POUR...
- écrire un fait divers
- **la médiation** : prendre des notes

LANGUE & S'ENTRAÎNER

CULTURE(S) VIDÉO
Nous sommes tous médias ▶ 20

LEÇON 25 — Parler des métiers de l'information

COMPRENDRE

DOC. 1 🎧 105-106

1 Écoutez la présentation du débat (Doc. 1 🎧 105).
   a. Quel est le thème du débat ?
   b. Complétez la fiche des intervenants (profession, média).

   Sylvie Kauffmann : ....
   Céline Pigalle : ....
   David Dufresne : ....
   Delphine Roucaute : ....

2 À deux Écoutez le débat (Doc. 1 🎧 106).
   a. Combien de personnes du public posent des questions ?
   b. Sur quels thèmes portent les questions ? Cochez.
   ☐ les images filmées
   ☐ l'objectivité
   ☐ les *fake news*
   ☐ les études de journalisme
   ☐ la différence entre journalisme et réseaux sociaux
   c. Reliez chaque métier du journalisme à l'explication donnée lors du débat.
   1. Un(e) reporter
   2. Un(e) journaliste d'investigation
   3. Un(e) secrétaire de rédaction
   a. Il/Elle vérifie et corrige les articles des autres journalistes.
   b. Il/Elle se déplace pour chercher des informations.
   c. Il/Elle fait des recherches approfondies sur un sujet.
   d. Quels autres métiers du journalisme sont évoqués ? Proposez une explication pour chacun.

3 À deux Réécoutez le débat (Doc. 1 🎧 106).
   a. Répondez.
   1. Qu'est-ce qu'un éditorial ? En quoi est-il différent des autres articles ?
   2. Quelles sont les différences entre une vidéo amateur et une vidéo de journaliste ?
   3. Pourquoi Delphine Roucaute pense-t-elle que son métier est plus difficile aujourd'hui ?

   b. Associez chaque action à son objectif.
   1. Il y a les reporters qui vont sur le terrain…
   2. Les secrétaires de rédaction relisent et parfois réécrivent les articles…
   3. Le travail du journaliste consiste à recueillir des informations, puis à écrire des articles ou publier des reportages…
   a. afin que le public ait accès à l'actualité et la comprenne.
   b. pour qu'il n'y ait pas d'erreurs.
   c. afin de vérifier l'authenticité des informations.

   c. Observez les phrases (act. **b**). Quels mots expriment le but ? À quel mode est le verbe qui suit ?

> **Culture(s)**
> **Le premier journal français**, l'hebdomadaire *La Gazette*, date de 1631. À cette époque, tous les journaux étaient contrôlés par le roi. Au 18ᵉ siècle, la presse s'est développée et est devenue populaire. Le premier quotidien, *Le Journal de Paris*, est sorti en 1777. La loi sur la liberté de la presse a été votée en 1881.
> → Et dans votre pays, de quand date le journal le plus ancien ?

4 Observez l'infographie (Doc. 2). Que compare-t-elle ?

5 À deux **a.** Lisez l'infographie (Doc. 2) et répondez.
   1. Quand les influenceurs sont-ils apparus ?
   2. Les journalistes et les influenceurs traitent-ils le même type de contenu ? Justifiez.
   3. Qui donne une information fiable : l'influenceur ou le journaliste ?
   4. 💬 Préféreriez-vous être influenceur(euse) ou journaliste ? **Échangez**.

   b. Lisez la conclusion (Doc. 2). Quelle nouvelle information donne-t-elle ?

DOC. 2

 **INFLUENCEUR**

Apparu en 1997 quand le terme « weblog » a été inventé par Jorn Barger.

Fait appel aux émotions.

 **JOURNALISTE**

Officiellement apparu en 1631 avec la publication des premiers journaux.

Fait appel aux faits.

INFLUENCEUR	JOURNALISTE
Il travaille où il se trouve, sans horaires ni contraintes.	Il travaille en équipe, il est soumis à des horaires et à une hiérarchie.
Il peut avoir n'importe quel(le) profil ou profession.	Il dispose normalement d'un diplôme de journalisme.
Il écrit pour avoir des *followers* et ses revenus varient selon son influence.	Il écrit pour gagner sa vie, le journalisme est sa source de revenus principale.
Ses messages sont subjectifs, il donne son opinion.	Ses écrits sont objectifs, il ne donne pas d'opinions personnelles.
Il crée différents types de contenus (écrits, photos, vidéos) permettant de communiquer sur certains produits ou événements.	Il travaille avec un seul type de contenu traitant de l'actualité.
Il dispose d'une grande liberté d'expression.	Il doit respecter des règles déontologiques strictes.
Il peut éditer directement ou modifier son contenu. Il n'a pas besoin d'approfondir.	Ses contenus sont validés par sa hiérarchie et il doit vérifier toutes ses sources.
Son langage est direct et simple, il utilise la première personne, des phrases incomplètes…	Il utilise un langage soutenu et professionnel.

Pour résumer, l'influenceur « ressent et vit » et le journaliste « analyse et met en perspective ». Cependant, les équipes de rédaction suivent parfois des influenceurs ayant une expertise dans certains domaines.

6 **À deux** **a.** Retrouvez dans le **Doc. 2** l'équivalent des phrases suivantes.

1. Il crée différents types de contenus […] qui permettent de communiquer sur certains produits ou événements.
2. Il travaille avec un seul type de contenu qui traite de l'actualité.

b. Observez les deux participes présents suivants. Comment sont-ils formés ? Dans quelle autre forme verbale retrouve-t-on le participe présent ?
permettant • traitant

7 **En petit groupe** Regardez la vidéo de Pavel et répondez.

 Et vous ? Comment vous informez-vous ? 19

AGIR

8 Présentez un nouveau métier.

a. **À deux** **Choisissez** un nouveau métier ou un métier qui a évolué avec les nouvelles technologies (secrétaire médical(e), enseignant(e)…).

b. Présentez ce métier (formation nécessaire, tâches, matériel utilisé…) et son évolution.

c. Créez une fiche pour récapituler les différentes informations.

d. **Présentez** le métier à la classe.

Partagez votre fiche métier sur le groupe de la classe.

> **Langue & S'entraîner** > p. 114-115

LEÇON 26 — Transmettre des informations

COMPRENDRE

1 Observez le dessin de presse (Doc. 1).

  a. Décrivez-le.

  b. **À deux** D'après vous, quel est le sens de ce dessin ? **Expliquez**.

2 **En petit groupe** Pensez-vous que la multiplication des sources d'information permet de mieux comprendre le monde qui nous entoure ? **Échangez**.

Le Télégramme
Accueil · Actualités · Bretagne · Chez Vous · Économie · Sports · Loisirs · S'abonner

Infobésité : quand trop d'information tue l'information

À l'occasion de la sortie de son documentaire « Le monde, les médias et moi », nous avons rencontré Anne-Sophie Novel, journaliste, auteure et conférencière. Elle nous a expliqué le phénomène d'infobésité.

[question illisible] ?

Ce documentaire est né d'un questionnement sur les effets de l'accès à beaucoup d'informations. Je me suis demandé si cela avait des conséquences sur notre conception du monde. Je suis allée enquêter au Danemark, aux États-Unis, en passant par la France et le Royaume-Uni. Mon idée était d'alerter sur les risques de l'infobésité aussi bien dans le cadre privé que professionnel.

[question illisible] ?

Le phénomène a commencé dans les années 80-90, avec l'apparition des premières chaînes d'information en continu : CNN aux États-Unis, en 1980, et LCI en France, en 1994. Puis, au début des années 2000, l'avènement du Web a conduit à une augmentation considérable de la quantité d'informations diffusées mais aussi à un traitement bien plus rapide par rapport aux médias traditionnels. Plus récemment, le développement des applications d'informations *live* telles que Periscope, associé à la multiplication des commentaires (des blogueurs, des youtubeurs et des twittos), a renforcé le goût des internautes pour les informations.

[question illisible] ?

Les notifications qui apparaissent sur nos téléphones plusieurs fois par jour conduisent à des troubles de la concentration. Les gens en souffrent de plus en plus. Et, avec la multiplication des nouveaux médias, les risques seront de plus en plus élevés.
Par ailleurs, une « consommation » trop importante d'informations, et notamment celles qui sont issues de la presse à sensation, entraîne une forme d'addiction. Cela peut avoir des répercussions physiques, émotionnelles et intellectuelles (stress, fatigue, cyberdépendance, perte de mémoire, altération du jugement, dégradation du sommeil).
Dans le cadre professionnel, l'infobésité est accrue par la saturation de mails et la multiplication des outils de connexion (boîte mail, SMS, messagerie instantanée, intranet…). Le risque, c'est l'épuisement professionnel, ce qu'on appelle le « burn-out ».

[question illisible] ?

Pour éviter de tomber dans ce piège de l'infobésité, acceptez dans un premier temps de renoncer à tout savoir. Hiérarchisez l'information et ne cédez pas aux tentations des scoops ! Il faut veiller à désactiver les notifications et à sélectionner les sources de vos informations. Enfin, faites valoir votre droit à la déconnexion auprès de votre employeur !

LEÇON **26**

3 Lisez le titre de l'interview d'Anne-Sophie Novel (Doc. 2). Comment est formé le mot-valise *infobésité* ? Proposez une définition.

4 Lisez l'interview d'Anne-Sophie Novel (Doc. 2).
  a. Vérifiez vos hypothèses (act. 3).
  b. Dans quel cadre Anne-Sophie Novel est-elle interviewée ?
  c. Mettez dans l'ordre les questions du journaliste.
  • L'infobésité, qu'est-ce que c'est ?
  • Qu'est-ce qu'on peut faire pour lutter contre l'infobésité ?
  • Quel message souhaitez-vous faire passer dans votre documentaire ?
  • Quels sont les effets néfastes de cette surcharge informationnelle ?

5 À deux Relisez l'interview (Doc. 2).
  a. Citez les origines de l'infobésité.
  b. Classez les risques de l'infobésité.
  Risques physiques : **Ex. :** la dégradation du sommeil
  Risques émotionnels : …
  Risques intellectuels : …
  c. Listez les conseils d'Anne-Sophie Novel pour lutter contre l'infobésité.
  d. Anne-Sophie Novel est-elle optimiste concernant l'évolution de ce phénomène ? Justifiez.

6 En petit groupe À quelle fréquence vous informez-vous ? Pensez-vous que nous sommes trop informés ? Échangez.

DOC. 3 🎧 107

7 Écoutez la conversation entre Thomas et Adher (Doc. 3). Entourez la bonne réponse.
  a. Thomas **a lu l'interview** • **a vu le documentaire** d'Anne-Sophie Novel.
  b. Adher s'informe surtout **par la presse papier** • **par Internet**.
  c. Thomas **met en garde** • **félicite** Adher.

8 Réécoutez la conversation (Doc. 3).
  a. Comment Adher réagit-il aux informations données par Thomas ?
  b. Citez un exemple montrant qu'Adher est victime d'infobésité.
  c. Que propose Thomas à Adher à la fin de leur conversation ?

9 À deux Relisez l'interview (Doc. 2) et réécoutez la conversation (Doc. 3).
  a. Repérez les informations de l'interview reprises par Thomas dans la conversation.
  b. Listez les verbes utilisés par Thomas pour rapporter les paroles d'Anne-Sophie Novel. En connaissez-vous d'autres ? Échangez.

10 À deux Lisez les phrases suivantes au discours indirect (Doc. 3).
  a. Retrouvez dans l'interview (Doc. 2) l'information correspondante au discours direct.
  1. Elle a dit que les gens souffraient de plus en plus de troubles de la concentration.
  2. Elle a expliqué que ça avait commencé avec les chaînes d'info en continu.
  3. Elle a ajouté que, dans le futur, les risques seraient de plus en plus élevés.
  4. Elle a conseillé aussi de hiérarchiser l'information.
  b. Identifiez les temps et les modes des verbes au discours direct et au discours indirect.
  Ex. : 1. discours direct : souffrent → présent ; discours indirect : souffraient → imparfait

AGIR

11 En petit groupe Rapportez une interview à l'oral.
  a. **Choisissez** une courte interview écrite (d'un(e) chanteur(euse), d'un(e) acteur(trice), d'un(e) journaliste…) en français.
  b. Repérez les informations principales et **sélectionnez** quelques phrases importantes.
  c. Résumez l'interview à l'oral en rapportant les phrases importantes. Enregistrez-vous.

  📢 Partagez votre enregistrement sur le groupe de la classe.

> Langue & S'entraîner > p. 115-116

cent neuf 109

LEÇON 27 S'interroger sur l'information

COMPRENDRE

DOC. 1 🎧 108

1 Écoutez le podcast (Doc. 1). De quoi parle la journaliste ?

2 À deux Réécoutez le podcast (Doc. 1).

a. Listez les tâches des logiciels d'intelligence artificielle mentionnées.

b. *Vrai* ou *faux* ? Justifiez.
1. Des médias locaux sont intéressés par ce logiciel.
2. Le gouvernement va financer cette technologie.
3. Les radios vont peut-être utiliser des avatars.

c. Les informations de l'activité **b** sont-elles confirmées ? Expliquez. À quel temps et mode sont-elles données ?

3 💬 En petit groupe Que pensez-vous de l'intelligence artificielle au service de l'information ? D'après vous, quels peuvent être les inconvénients ? Échangez.

DOC. 2

La Salle de rédaction du Journal des Débats, Jean Béraud, 1889.

DOC. 3

Georges Duroy, dit Bel-Ami, est un beau jeune homme ambitieux, parvenu au sommet de la pyramide sociale grâce à ses maîtresses, au journalisme et à la politique. Dans ce roman, Maupassant dénonce les relations secrètes entre la politique et la presse. Dans l'extrait suivant, Bel-Ami vient d'être nommé chef de la rubrique « Les échos » du journal *La Vie française*.

C'est par eux[1] qu'on lance les nouvelles, qu'on fait courir les bruits, qu'on agit sur le public […]. Entre deux soirées mondaines, il faut savoir glisser, sans avoir l'air de rien, la chose importante, plutôt insinuée[2]
5   que dite. Il faut, par des sous-entendus, laisser deviner ce qu'on veut, démentir de telle sorte que la rumeur s'affirme, ou affirmer de telle manière que personne ne croie au fait annoncé. Il faut que, dans les échos, chacun trouve, chaque jour, une ligne au moins
10 qui l'intéresse, afin que tout le monde les lise. Il faut penser à tout et à tous, à tous les mondes, à toutes les professions, à Paris et à la Province, à l'Armée et aux Peintres, au Clergé et à l'Université, aux Magistrats et aux Courtisanes. L'homme qui les dirige et qui
15 commande au bataillon des reporters doit être toujours en éveil, et toujours en garde, méfiant, prévoyant, rusé, alerte et souple, armé de toutes les astuces et doué d'un flair infaillible pour découvrir la nouvelle fausse du premier coup d'œil, pour juger ce qui est bon à
20 dire et bon à celer[3], pour deviner ce qui portera sur le public ; et il doit savoir le présenter de telle façon que l'effet en soit multiplié.

Bel-Ami, Guy de Maupassant, 1885.

1 *Eux* c'est-à-dire « Les échos » ; 2 insinué : sous-entendu ; 3 celer : garder secret

LEÇON **27**

4 Observez le tableau (**Doc. 2**). Relevez les éléments caractéristiques de la rédaction d'un journal au 19ᵉ siècle.

5 Lisez la présentation de l'extrait de *Bel-Ami* (**Doc. 3**).

  a. Cochez les deux principaux thèmes du roman.
  ☐ l'amour   ☐ la corruption
  ☐ le travail ☐ l'ambition

  b. Listez les mots qui justifient votre choix (act. a).

  c. Qu'apprend-on sur le personnage principal ?

6 À deux Lisez l'extrait (**Doc. 3**).

  a. Que fait le narrateur ? Choisissez.
  1. Il explique la nature de la rubrique « Les échos ».
  2. Il présente l'organisation d'un journal et les différents types de journalistes.

  b. Quels verbes sont répétés plusieurs fois ? Qu'expriment-ils ?

7 À deux Relisez l'extrait (**Doc. 3**).

  a. Répondez.
  1. Quelles qualités faut-il avoir pour diriger les échos ?
  2. À qui s'adresse cette rubrique ?
  3. Quel est le rôle des échos ?

  b. Reliez les mots équivalents.
  1. le clergé   • a. les séductrices
  2. les magistrats • b. les juges
  3. les courtisanes • c. les hommes d'Église

  c. Lisez les passages suivants à voix haute. Que remarquez-vous dans les sonorités ? Quel est l'effet produit ?
  1. « toutes les professions, à Paris et à la Province »
  2. « pour deviner ce qui portera sur le public »

  d. Retrouvez dans le texte les mots et expressions en lien avec la rumeur.
  Ex. : glisser la chose importante

Culture(s)

Guy de Maupassant (1850-1893) compte parmi les écrivains français majeurs du 19ᵉ siècle. Passant du réalisme au fantastique, il est l'auteur de contes, de nouvelles et de romans. Il décrit aussi bien la vie paysanne que la vie de la petite bourgeoisie des villes, et dénonce la corruption qui triomphe dans les classes élevées.
→ Connaissez-vous d'autres romanciers français du 19ᵉ siècle ?

8 En petit groupe Imaginez la salle de rédaction d'un grand quotidien de nos jours. Échangez.

AGIR

9 Sommes-nous tous journalistes ?

  a. En petit groupe Parcourez l'unité 7. Quel(s) document(s) avez-vous trouvé le(s) plus intéressant(s) ? Pourquoi ? Échangez.

  b. Que pensez-vous de l'évolution des médias et des sources d'information ?

  c. D'après vous, sommes-nous tous journalistes ? Échangez.

> Langue & S'entraîner   p. 116-117

CULTURE(S) VIDÉO

20 Nous sommes tous médias

1 Regardez la première partie de la vidéo (jusqu'à 00'46'') sans le son. ▶ 20

  a. Que se passe-t-il ? Où se situe la scène ?
  b. Comment réagissent les trois personnes ?
  c. Quels sont les deux types de médias présentés ?
  d. Faites des hypothèses sur le public visé et sur l'objectif de la vidéo.

2 Regardez la vidéo complète avec le son. ▶ 20

  a. Reliez chaque média au but de son auteure.
  la photo •   • partager un scoop
  le post   •   • gagner des abonnés

  b. Entourez la bonne réponse.
  L'incendie est **un accident** • **d'origine criminelle**.
  Fama **a publié un article dans le journal** • **a accusé quelqu'un à tort**.

  c. Quel est le but de l'homme qui intervient à la fin de la vidéo ? Vérifiez vos hypothèses (act. 1d).

  d. Soulignez le sens de l'expression *mettre le feu aux réseaux sociaux*.
  provoquer de nombreuses réactions • dénoncer une situation • raconter un accident

  e. Quelles sont les caractéristiques d'une fausse information ?

3 En petit groupe Pensez-vous que ce type de vidéo est efficace pour sensibiliser aux risques liés aux médias sociaux ? Échangez.

cent onze 111

LEÇON 28

Techniques pour...

... écrire un fait divers

LIRE

DOC. 1

france bleu — Hauts-de-Bienne [Changer]
Infos · Sports · Culture · Vie quotidienne

FAIT DIVERS

Découverte de deux trésors à Morez

15 avril 2021

La municipalité de Morez dans le Jura a trouvé deux trésors dans une maison qu'elle avait achetée dans le centre-ville : après la découverte de lingots et de pièces d'or en mars 2020, une deuxième trouvaille similaire vient d'être annoncée par le maire.

Située en plein centre-ville, la « maison Jobez », bien connue des Moréziens, appartenait à des commerçants. Suite à la mort des derniers descendants, la ville avait acquis la maison en janvier 2020.

C'est en débarrassant les lieux, au printemps dernier, que les élus et le personnel municipal ont fait une fabuleuse découverte : en vidant une armoire, ils ont trouvé, dans de vieilles boîtes, 5 lingots d'or et plus de 1 000 pièces de vingt francs en or, d'une valeur estimée à plus de 500 000 euros.

Mais l'histoire ne s'arrête pas là : ce mercredi 14 avril, pendant le conseil municipal, le maire a annoncé la découverte d'un deuxième trésor au même endroit ! Lors des travaux d'isolation de la cave, un coffre-fort a été retrouvé et, à l'intérieur, une pochette contenant des pièces en or : 480 pièces de vingt francs, 50 pièces de dix francs et une pièce de cent francs, d'une valeur totale de 100 000 à 150 000 euros.

Les deux trésors ont été placés en lieu sûr, en attendant que la ville de Morez récupère le montant de leur vente.

1 [**Découverte**] Lisez le titre et le chapeau du fait divers (Doc. 1).
a. Quel est le sujet ?
b. Identifiez la ville et situez-la sur la carte de France à la fin du livre.

2 Lisez le fait divers (Doc. 1). Complétez les informations.

– Où : …
– Quand : …
– Qui : …
– Quoi (quel événement) : …
– Dans quelles circonstances : …
– Suites de l'événement : …

3 Relisez le fait divers (Doc. 1).
a. Pourquoi la mairie possède-t-elle cette maison ?
b. Quel est le montant des deux trésors ?

4 [**Analyse**] **À deux** Relisez (Doc. 1).
a. *Vrai* ou *faux* ? Justifiez.
1. Le titre est écrit sous forme de phrase.
2. Le chapeau résume les informations principales du fait divers.
3. Les noms des personnes sont mentionnés.
4. Les étapes de l'événement sont données dans l'ordre chronologique.
b. **À deux** Associez chaque information à la forme utilisée. (Plusieurs réponses possibles.)
1. Les deux trésors ont été placés en lieu sûr.
2. C'est en débarrassant les lieux que les élus ont fait une fabuleuse découverte.
a. le gérondif
b. la voix passive
c. la mise en relief

LEÇON 28

POUR écrire un fait divers

- **Rédiger le titre sous forme nominale**
  Découverte de deux trésors à Morez
  Accident… ; Vol… ; Cambriolage…

- **Résumer l'information principale dans le chapeau**
  La municipalité de Morez dans le Jura a trouvé deux trésors […], une deuxième trouvaille similaire vient d'être annoncée par le maire.

- **Répondre aux questions : Où ? Quand ? Qui ? Quoi ? Comment ? Dans quelles circonstances ?**

- **Rédiger le fait divers de manière chronologique et donner des indications de temps précises**
  en janvier 2020 ; au printemps dernier ; ce mercredi 14 avril

- **Expliquer les causes de l'événement**
  Suite à la mort des derniers descendants, la ville avait acquis la maison en janvier 2020.

- **Indiquer les suites de l'événement**
  Les deux trésors ont été placés en lieu sûr.

- **Mettre en valeur certaines informations**
  C'est en débarrassant les lieux, au printemps dernier, que les élus et le personnel municipal ont fait une fabuleuse découverte.

ÉCRIRE

5 À deux Écrivez un fait divers.

a. Observez la photo ci-dessus. Imaginez : qui sont les personnages ? Que s'est-il passé ? Que va-t-il se passer ensuite ?

b. Rédigez votre fait divers à partir de la photo.

…la médiation : prendre des notes

DOC. 2 🎧 109

6 Écoutez la conversation entre Julie, correspondante d'une chaîne d'information, et Sacha, rédacteur (**Doc. 2**). Choisissez le titre du flash info.
a. Examen raté suite à un contrôle de police
b. Un candidat au bac conduit à l'examen par des gendarmes
c. La SNCF met en place un train spécial pour les candidats au bac

DOC. 3

```
FLASH 10 h

- H 17 ans, bac français

- train Paris → Reims ms desc^te Reims ⇒ Nancy

- prévient rapidem^t contrôleur → SNCF : taxi Nancy

- Taxi : vitesse ++, arrestat° gendarmes

- Gendarmes → centre d'examen → OK
```

7 À deux Lisez les notes de Sacha (**Doc. 3**) et réécoutez la conversation (**Doc. 2**).

a. Que remarquez-vous concernant :
– les informations notées ?
– le choix des mots ?

b. Trouvez dans les notes de Sacha (**Doc. 3**) un exemple pour chaque technique.
1. symbole
2. abréviation
3. résumé de l'information
4. mise en valeur de certains mots

8 🎧 110 Anna appelle une école pour obtenir des informations sur une formation en journalisme. Écoutez la conversation.

a. Prenez des notes.

b. À deux Comparez vos notes. Échangez.

cent treize 113

Langue & S'entraîner

Leçon 25 — Grammaire

Le but

- **pour que** / **afin que** + subjonctif

*Le travail du journaliste consiste à [...] écrire des articles ou publier des reportages **afin que** le public **ait** accès à l'actualité et la **comprenne**.*

- **pour** / **afin de** + infinitif (quand le sujet des deux verbes est le même)

*Il y a les reporters qui vont sur le terrain **afin de vérifier** l'authenticité des informations.*

- **chercher à** + infinitif

*Ils **cherchent à révéler** des informations inconnues du grand public.*

La formation du subjonctif (rappel)

- Pour *je, tu, il/elle/on, ils/elles* : **base de *ils* au présent** + **-e, -es, -e, -ent**
ils compren**nent** → afin que le public la compren**ne**

- Pour *nous* et *vous* : **base de *nous* au présent** + **-ions, -iez**
nous compren**ons** → afin que nous compren**ions** l'actualité

⚠ Verbes irréguliers : **aller, avoir, être, faire, pouvoir, savoir, vouloir**

▶ CONJUGAISONS P. 180-185

1 Entourez les verbes au subjonctif présent.

lis • (écrive) • connaissons • comprend • prennes • sache • voulez • soient • faisons • aille • suivions • ai • choisit • rédige • créez • aies • expliquiez • peuvent • dise • voie • fassent • publient • commençons • puisse • doit • répondes

2 Faites une seule phrase. Utilisez un des mots proposés.

Ex. : Les reporters vont sur le terrain. Ils vérifient les informations. (afin de • afin que)
→ Les reporters vont sur le terrain afin de vérifier les informations.

a. Le rédacteur en chef relit les articles des journalistes. La ligne éditoriale est respectée. (pour • pour que)
b. Les photos sont nécessaires. Elles font comprendre le contexte des faits. (afin de • afin que)
c. Le journaliste doit vérifier ses sources. Il ne trompe pas ses lecteurs. (pour • pour que)
d. Les informations doivent être détaillées. Le public peut se faire une opinion sur l'actualité. (afin de • afin que)
e. Les entreprises commerciales font appel aux influenceurs. Elles améliorent leur image. (afin de • afin que)
f. Les *followers* d'un influenceur doivent être nombreux. Il a une réelle influence. (pour • pour que)

Le participe présent pour caractériser

Il permet de remplacer une proposition relative avec **qui**.
*Il crée différents types de contenus (écrits, photos, vidéos) **permettant** (= **qui permettent**) de communiquer sur certains produits ou événements.*

Formation : base du verbe à la 1re personne du pluriel du présent de l'indicatif + **-ant**
nous finiss**ons** → finiss**ant**
Le participe présent est invariable.

⚠ Formes irrégulières : avoir : **ayant** ; être : **étant** ; savoir : **sachant**
*Les équipes de rédaction suivent parfois des influenceurs **ayant** une expertise dans certains domaines.*

3 Complétez l'annonce avec les verbes au participe présent.

> **Notre journal recherche :**
> – un(e) journaliste d'investigation possédant (posséder) de bonnes connaissances dans le domaine financier et _____ (savoir) parler allemand.
> – un(e) reporter _____ (être) disponible immédiatement et _____ (accepter) de partir sur le terrain pendant 6 mois par an.
> – un dessinateur ou une dessinatrice _____ (avoir) une expérience dans le dessin de presse et _____ (pouvoir) publier un dessin par jour lié à l'actualité.
> – un(e) responsable de la rubrique « e-culture » _____ (connaître) parfaitement les réseaux sociaux et _____ (faire) partie de la communauté des influenceurs.

Langue & S'entraîner UNITÉ 7

Vocabulaire

🎧 111 **Les médias (1)** **Les métiers :** un(e) cameraman • un(e) correspondant(e) • un(e) dessinateur/dessinatrice de presse • un(e) directeur/directrice de la rédaction/éditorial(e) • un(e) influenceur/influenceuse • le journalisme d'investigation • un(e) journaliste • un(e) rédacteur/rédactrice en chef • un(e) reporter • un(e) secrétaire de rédaction
Les tâches : aller sur le terrain • analyser • écrire des articles • mettre en contexte • mettre en perspective • publier • recueillir des informations • vérifier (une information, une source)
L'information : une chaîne (de télévision) • un éditorial • une enquête • une expertise • un reportage • une rubrique
Les valeurs : l'authenticité (f.) • la déontologie / déontologique • la méfiance • la neutralité / neutre • l'objectivité (f.) ≠ la subjectivité • la véracité

4 Reliez chaque définition au métier correspondant.
a. Il/Elle dirige l'équipe des journalistes. → 1. un(e) cameraman
b. Il/Elle filme. 2. un(e) correspondant(e)
c. Il/Elle illustre les articles. 3. un(e) influenceur/influenceuse
d. Il/Elle informe sans toujours vérifier l'info et donne son avis. 4. un(e) dessinateur/dessinatrice de presse
e. Il/Elle travaille pour un journal en région ou à l'étranger. 5. un(e) rédacteur/rédactrice en chef

Leçon 26 Grammaire

Le discours indirect au présent et au passé

■ Pour rapporter des paroles au discours indirect, on utilise des **verbes introducteurs**.
– Phrase déclarative : *dire* **que**, *expliquer* **que**, *préciser* **que**…
– Phrase interrogative : *demander/vouloir savoir* **si**, **ce que**, **comment**, **pourquoi**…
– Phrase à l'impératif : *dire* **de**, *demander* **de**, *conseiller* **de**…

« Tu veux qu'on regarde le documentaire ensemble ? »
→ Je te <u>demande</u> **si** tu veux qu'on regarde le documentaire ensemble.

■ Quand le verbe introducteur est au passé, les trois temps suivants changent :

Discours direct	→	Discours indirect au passé
présent		**imparfait**
« Qu'est-ce qu'on **peut** faire pour lutter contre l'infobésité ? »	→	Il lui a demandé ce qu'on **pouvait** faire pour lutter contre l'infobésité.
passé composé		**plus-que-parfait**
« Le phénomène **a commencé** avec l'apparition des premières chaînes d'information en continu. »	→	Elle a expliqué que ça **avait commencé** avec les chaînes d'info en continu.
futur simple		**conditionnel présent**
« Les risques **seront** de plus en plus élevés. »	→	Elle a ajouté que les risques **seraient** de plus en plus élevés.

■ Dans le discours indirect au présent et au passé, l'**impératif** se transforme en **infinitif**.
« **Hiérarchisez** l'information ! » → Elle conseille / a conseillé de **hiérarchiser** l'information.

5 Des enfants interrogent un journaliste sur son métier. Transformez leurs questions au discours indirect au présent.
Ex. : « Il faut faire quelles études pour être journaliste ? »
→ Les enfants veulent savoir quelles études il faut faire pour être journaliste.

a. « Qu'est-ce qui est intéressant dans ce métier ? » → ....
b. « Est-ce qu'on gagne beaucoup d'argent ? » → ....

cent quinze 115

Langue & S'entraîner

c. Comment est-ce qu'on choisit les sujets de reportage ? →
d. Est-ce qu'un journaliste dit toujours la vérité ? →
e. Qu'est-ce que les journalistes pensent des réseaux sociaux ? →

6 Entourez la forme correcte du verbe au discours indirect au passé.

Ex. : « Il faut s'informer. » → Il a dit qu'il faudrait · (fallait) s'informer.
a. « Ce journal va disparaître. » → Il a dit que ce journal **va** · **allait** disparaître.
b. « J'ai lu un bon article. » → Elle a dit qu'elle **lisait** · **avait lu** un bon article.
c. « Ce magazine vient de publier une enquête sur les jeunes. » → Il a dit que ce magazine **venait** · **vient** de publier une enquête sur les jeunes.
d. « Les réseaux sociaux auront de plus en plus d'importance. » → J'ai dit que les réseaux sociaux **auraient** · **avaient** de plus en plus d'importance.
e. « Je reçois trop de notifications. » → Il a dit qu'il **avait reçu** · **recevait** trop de notifications.
f. « Elle aimerait regarder ce documentaire. » → Elle a dit qu'elle **aimerait** · **aimera** regarder ce documentaire.
g. « Cet article était très intéressant. » → J'ai dit que cet article **serait** · **était** très intéressant.

7 À deux Lisez la transcription d'une conférence sur le dessin de presse. Puis complétez le résumé de la conférence avec les verbes.

« Le dessin de presse s'est développé en France en même temps que la presse mais le terme "dessin de presse" est apparu en 1979 et est devenu un terme courant dans les années 1990. Le dessin de presse propose un regard personnel du dessinateur sur l'actualité : c'est donc un outil très précieux pour évoquer un fait d'actualité car il s'adresse à la fois à l'intelligence et à l'émotion. Une seule image dit beaucoup de choses, peut être interprétée de différentes façons et permet donc d'échanger des idées. La crise actuelle de la presse écrite fera-t-elle disparaître ce mode d'expression ? L'avenir le dira ! »

→ L'historienne a expliqué que le dessin de presse _____ en France en même temps que la presse mais que le terme « dessin de presse » _____ en 1979 et _____ un terme courant dans les années 1990. Elle a dit que le dessin de presse _____ un regard personnel du dessinateur sur l'actualité, et que c' _____ donc un outil très précieux pour évoquer un fait d'actualité car il _____ à la fois à l'intelligence et à l'émotion. Elle a ajouté qu'une seule image _____ beaucoup de choses, qu'elle _____ être interprétée de différentes façons et _____ donc d'échanger des idées. Elle s'est demandé si la crise actuelle de la presse écrite _____ disparaître ce mode d'expression. Elle a conclu en disant que l'avenir le _____ .

Vocabulaire

🎧 **112 Les médias (2)** un(e) blogueur/blogueuse • une chaîne d'information en continu • l'intranet (m.) • une messagerie instantanée • une notification • la presse papier • un scoop • un(e) twittos • un(e) youtubeur/youtubeuse • être/se tenir au courant

🎧 **113 La santé (4)** une addiction • une altération du jugement • la cyberdépendance • la dégradation du sommeil • l'épuisement (m.) professionnel • la perte de mémoire • une surcharge • un trouble de la concentration • être atteint(e) de • souffrir de

Leçon 27 — Grammaire

Le conditionnel présent (3)

Le conditionnel présent peut être utilisé pour exprimer une information non vérifiée.
*Des sites d'information régionale **seraient** sur le point d'utiliser ce dispositif.*
*Certaines télés privées **réfléchiraient** à la possibilité d'utiliser un jour ces journalistes gratuits.*

Langue & S'entraîner UNITÉ 7

8 🎧 114 Les informations sont-elles certaines ou incertaines ? Écoutez et cochez.
Ex. : Un incendie s'est déclaré dans un hôtel.

	Ex.	a.	b.	c.	d.	e.	f.	g.	h.
C'est certain.	✔								
Ce n'est pas certain.									

Vocabulaire

🎧 115 **La technologie** un algorithme • (générer) un avatar • un dispositif • l'intelligence (f.) artificielle (AI) • un profil (de spectateur) • ciblé(e) • virtuel(le) • automatiser • détecter • diffuser en continu • manipuler • retoucher

🎧 116 **La rumeur** un écho • une fausse nouvelle • un sous-entendu • démentir • glisser • insinuer • laisser deviner

🎧 117 **La caractérisation (3)** méfiant(e) • prévoyant(e) • rusé(e) • souple

9 Complétez avec un mot de la liste.
avatar • intelligence artificielle • retoucher • algorithmes • ciblé • profil • virtuelle
Ex. : Les informations de ce site sont ciblées en fonction du **profil** de l'utilisateur.
a. Je me suis créé un _____ que j'utilise dans tous les jeux vidéo pour me représenter.
b. Il existe beaucoup d'applications pour _____ les photos (améliorer la netteté, effacer les yeux rouges…).
c. Ce magazine propose des informations pour un public _____ : les amateurs de cuisine.
d. Sur Internet, les moteurs de recherche utilisent des _____ pour répondre aux demandes des utilisateurs.
e. On peut voyager sans se déplacer grâce à un casque de réalité _____.
f. La voiture intelligente est l'une des créations de l'_____.

Phonétique

Les consonnes [s], [z], [ʃ] et [ʒ] 🎧 118 ▶ 21

Réécoutez le Doc. 1 p. 110.
a. Repérez le maximum de mots contenant les sons [s], [z], [ʃ] et [ʒ].
b. Relevez les graphies de ces quatre sons (livret de transcriptions p. 16).

→ Le son [s] est souriant. Il s'écrit **s** (**s**a) ; **ss** (a**ss**ez) ; **tion** (atten**tion**) ; **tie** (démocra**tie**) ; **c** + **e**, **i** (**ce**ci) ; **x** (di**x**, ta**x**i).
→ Le son [z] est souriant ; les cordes vocales vibrent. Il s'écrit **z** (di**z**aine) ; **s** entre deux voyelles (cou**s**in) ; **s** dans la liaison (le**s** amis) ; **x** dans la liaison (di**x** amis) ; **ex** + voyelle sauf Mexique (e**x**amen).
→ Le son [ʃ] est arrondi. Il s'écrit **ch** (**ch**ez).
→ Le son [ʒ] est arrondi ; les cordes vocales vibrent. Il s'écrit **j** (**j**e) ou **g** + **e**, **i**, **y** (**gi**rafe).

10 Lisez les virelangues.
1. Un chasseur sachant chasser sans son chien est un bon chasseur !
2. Suzanne, soulagée, va s'allonger, légère, sur son sommier rose.
3. Une dizaine de vaches jaunes jouent à cache-cache dans un champ.
4. Attention à ces acrobaties de chiens et chats joueurs !

a. Repérez les mots ou groupes de mots contenant les sons [s], [z], [ʃ] et [ʒ].
Ex. : [s] : cha**ss**eur ; [z] : Su**z**anne ; [ʃ] : **ch**asseur ; [ʒ] : soula**g**ée.
b. Lisez les virelangues de plus en plus vite. Enregistrez-vous.
c. 🎧 119 Écoutez-vous et comparez avec l'enregistrement du livre.

Retrouvez les activités avec sur inspire3.parcoursdigital.fr et plus de 150 activités inédites.

Faites le point

Expressions utiles

EXPRIMER UN OBJECTIF

- Il y a les reporters qui vont sur le terrain afin de vérifier l'authenticité des informations.
- Ils cherchent à révéler des informations inconnues.
- On doit répondre aux doutes du public pour qu'il y ait échange d'idées.
- Pour éviter de tomber dans ce piège de l'infobésité, acceptez de renoncer à tout savoir.

ALERTER SUR LES RISQUES D'UNE PRATIQUE

- Les notifications sur nos téléphones conduisent à des troubles de la concentration.
- Cela peut avoir des répercussions physiques, émotionnelles et intellectuelles (stress, fatigue, cyberdépendance, perte de mémoire, altération du jugement, dégradation du sommeil).
- L'infobésité est accrue par la saturation de mails et la multiplication des outils de connexion.

ANIMER UN DÉBAT

- Si vous le voulez bien, nous allons commencer.
- Le monsieur là, qui lève la main, par exemple : allez-y, ouvrez le débat.
- Je vous en prie, madame, prenez le micro.
- Allez-y, monsieur.

RÉAGIR À UNE SITUATION OU UNE AFFIRMATION

- Tout à fait d'accord avec ce que dit David.
- Personnellement, je pense que ce métier est beaucoup plus difficile à exercer aujourd'hui.
- Dis donc, tu n'arrêtes pas de recevoir des notifications !
- Il ne faut peut-être pas exagérer !
- On ne peut plus faire ce qu'on veut !
- Je ne vois pas en quoi c'est un problème !
- C'est n'importe quoi !
- Détrompe-toi !

Évaluez-vous !

À LA FIN DE L'UNITÉ 7, VOUS SAVEZ…

☐ exprimer un objectif

APPLIQUEZ !

› Complétez les phrases librement.
J'apprends le français pour…
Je vais en cours afin de…
Le/La professeur(e) nous fait parler pour que nous…

☐ utiliser le participe présent

› Transformez ces caractérisations en utilisant un participe présent.
Je regarde les influenceurs **qui ont** une vraie expertise.
Les influenceurs **qui ne sont pas formés** ne sont pas très fiables.
Les personnes **qui consultent** différents types de média sont mieux informées.

☐ parler des médias

› Présentez les médias les plus populaires de votre pays.

☐ rapporter des paroles

› Rapportez une information surprenante que vous avez entendue à la télévision ou à la radio.

Quelle place réserver au vivant ?

UNITÉ 8

VOUS ALLEZ APPRENDRE À :

> parler des changements climatiques
> prendre position sur les droits des animaux
> agir pour l'avenir

VOUS ALLEZ UTILISER :

LEÇON 29
> l'hypothèse (3) : *si* + plus-que-parfait + conditionnel passé
> le conditionnel passé pour exprimer un regret ou un reproche

LEÇON 30
> les adjectifs et les pronoms indéfinis
> le subjonctif (3)

LEÇON 31
> les élisions dans les phrases au registre familier
> les doubles pronoms

TECHNIQUES POUR…

> participer à un débat
> **la médiation** : gérer un désaccord

LANGUE & S'ENTRAÎNER

CULTURE(S) VIDÉO
Biomimétisme ▶ 23

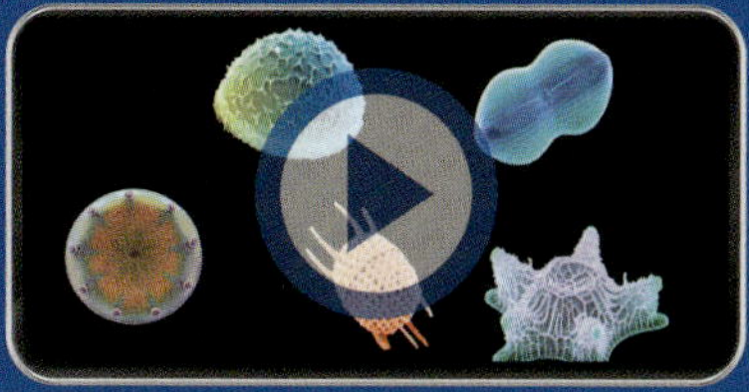

LEÇON 29 — Parler des changements climatiques

COMPRENDRE

DOC. 1

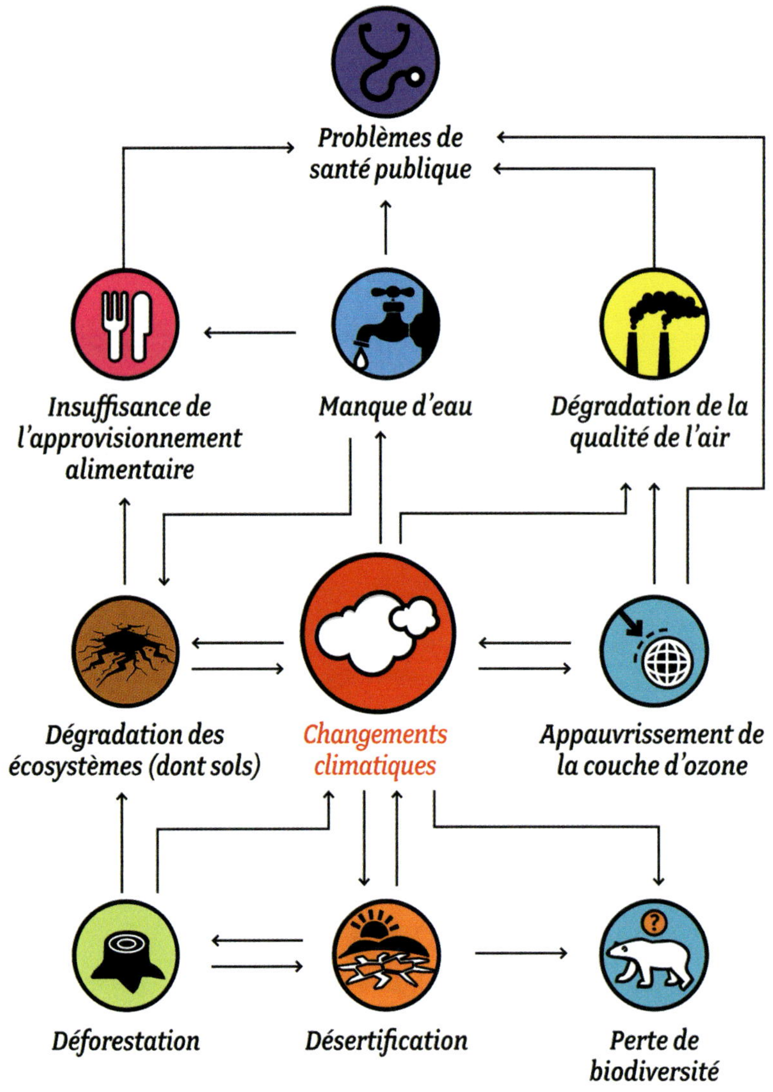

Problèmes de santé publique

Insuffisance de l'approvisionnement alimentaire — Manque d'eau — Dégradation de la qualité de l'air

Dégradation des écosystèmes (dont sols) — *Changements climatiques* — Appauvrissement de la couche d'ozone

Déforestation — Désertification — Perte de biodiversité

Ce document a bénéficié des soutiens financiers et rédactionnels de l'ADEME, de la Mairie de Paris, de la Région Île-de-France et de l'ONERC.

1 Lisez l'infographie (Doc. 1).

   a. Identifiez les causes des changements climatiques.

   b. Quelles sont les conséquences pour les espèces vivantes (hommes, animaux, végétaux) ?

2 À deux Regardez la vidéo de Kyria et répondez.

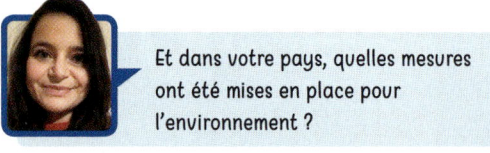

Et dans votre pays, quelles mesures ont été mises en place pour l'environnement ? ▶ 22

LEÇON **29**

DOC. 2 🎧 120

3 Écoutez le flash info (**Doc. 2**). Quelle est l'information principale ?

4 Réécoutez le flash info (**Doc. 2**).
  a. Qu'est-ce qui est responsable du réchauffement climatique, selon les experts ?
  b. De quand date la première vague de chaleur en Europe ?
  c. Cette situation était-elle évitable ? À quelle condition ?
  d. Pourquoi les chercheurs sont-ils inquiets ?

5 À deux Lisez les phrases suivantes.
  1. Les vagues de chaleur **n'auraient pas été** si fortes si les activités humaines **n'avaient pas été** aussi importantes.
  2. Si le climat **n'avait pas été modifié** par les activités humaines, la canicule **aurait été** de 1,5°C à 3°C moins chaude.
  a. Entourez la bonne réponse.
  Ce sont des hypothèses sur **le passé** • le présent.
  b. Identifiez la condition et la conséquence dans chaque phrase.
  c. Observez les verbes en gras. Cochez :
  1. le temps employé pour la condition.
  ☐ le passé composé
  ☐ le plus-que-parfait
  2. le temps employé pour la conséquence.
  ☐ le conditionnel passé
  ☐ le conditionnel présent

6 💬 En petit groupe Votre pays a-t-il connu des vagues de chaleur ces dernières années ? **Racontez**.

Culture(s)

L'accord de Paris pour le climat est un traité international signé en 2015. Près de 200 pays (dont tous les pays de l'Union européenne) se sont engagés à réduire leurs émissions de gaz à effet de serre pour limiter le réchauffement climatique au-dessous de deux degrés et à présenter leur bilan tous les cinq ans. Cet accord propose un soutien financier et technologique pour permettre aux pays les moins riches de respecter leurs engagements.

DOC. 3 🎧 121

7 Écoutez la conversation entre Lucas et sa grand-mère Françoise (**Doc. 3**).
  a. Pourquoi Lucas se plaint-il au début ?
  b. De quoi parlent-ils ?

8 À deux Réécoutez la conversation (**Doc. 3**). *Vrai* ou *faux* ? Justifiez.
  a. Françoise cite des phénomènes météorologiques liés au réchauffement climatique.
  b. Les scientifiques ont commencé à parler du réchauffement climatique dans les années 70.
  c. Les scientifiques ne connaissaient pas l'origine du problème.
  d. Dans sa jeunesse, Françoise ne s'inquiétait pas pour l'environnement.
  e. Lucas a vu le climat changer.
  f. Françoise estime que sa génération a agi pour l'environnement.
  g. Lucas critique les générations précédentes.

9 En petit groupe Lisez les phrases suivantes.
  1. Vous **auriez pu** penser aux générations futures.
  2. On **aurait dû** se montrer plus responsables.
  a. Reliez chaque personne à ce qu'elle exprime.
  Lucas • • des regrets
  Françoise • • des reproches
  b. Quel temps est utilisé dans ces deux phrases ?

AGIR

10 💬 ✏️ À deux Commentez les causes et les conséquences des changements climatiques.
  a. Relisez l'infographie (**Doc. 1**).
  b. **Commentez**-la à l'oral en formulant les causes et les conséquences des changements climatiques sous forme d'hypothèses. **Donnez votre avis** en exprimant des regrets et des reproches.
  c. Rédigez votre commentaire.

  📢 Partagez votre commentaire sur le groupe de la classe.

> **Langue & S'entraîner** > p. 128-129

cent vingt et un **121**

LEÇON 30 — Prendre position sur les droits des animaux

COMPRENDRE

DOC. 1

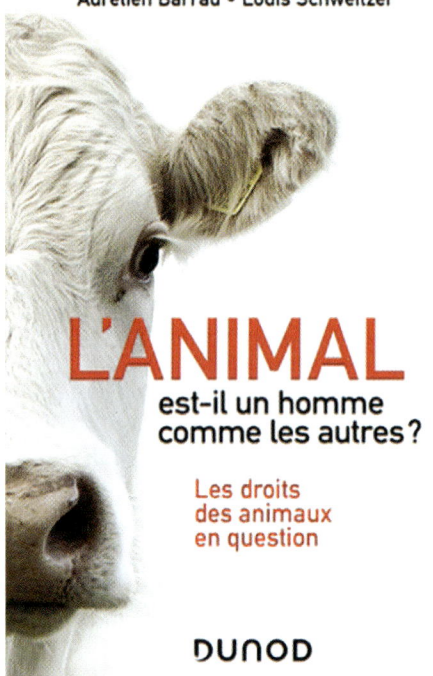

1 Observez la couverture du livre (Doc. 1).
   a. Que représente la photographie ?
   b. Qui sont les auteurs ? Faites des recherches.
   c. Identifiez le titre et le sous-titre.
   d. À votre avis, quel est l'objectif du livre ?

2 Lisez les articles de la déclaration universelle des droits de l'animal (Doc. 2).
   a. D'après vous, de quel modèle s'inspire cette déclaration ?
   b. Cochez la bonne réponse (plusieurs réponses possibles). Justifiez.
   1. Cette déclaration concerne :
   ☐ les animaux de compagnie.
   ☐ les animaux d'élevage.
   ☐ les animaux sauvages.
   2. Les articles font référence :
   ☐ au bien-être des animaux.
   ☐ à la consommation d'animaux.
   ☐ aux besoins des animaux.
   c. Quels sont les devoirs de l'homme envers les animaux ?

DOC. 2

La déclaration universelle des droits de l'animal

ARTICLE 1
Tous les animaux ont des droits égaux à l'existence dans le cadre des équilibres biologiques. [...]

ARTICLE 2
Toute vie animale a droit au respect.

ARTICLE 3
Aucun animal ne doit être soumis à de mauvais traitements ou à des actes cruels. [...]

ARTICLE 5
Toutes les formes d'élevage et d'utilisation de l'animal doivent respecter la physiologie et le comportement propres à l'espèce. [...]

ARTICLE 10
L'éducation et l'instruction publique doivent conduire l'homme, dès son enfance, à observer, à comprendre et à respecter les animaux.

Proclamée le 15 octobre 1978 à Paris, Maison de l'Unesco

LEÇON **30**

3 À deux Lisez les phrases suivantes.
Aucun animal ne doit être soumis à de mauvais traitements.
Tous les animaux ont des droits égaux.

a. Associez chaque adjectif à la quantité exprimée.
a. aucun
b. tous les
1. totalité
2. quantité nulle

b. Reliez.
toutes • • + la + nom féminin singulier
tous • • + le + nom masculin singulier
toute • • + les + nom masculin pluriel
tout • • + les + nom féminin pluriel

4 En petit groupe En France, les animaux sont considérés comme des « êtres vivants doués de sensibilité » depuis 2015. Quel est le statut des animaux dans votre pays ? Y a-t-il des espèces protégées ? *Échangez.*

DOC. 3 122-123

franceinfo:
vidéos radio jt magazines
politique vrai ou fake société faits-divers santé éco/conso monde

: nos émissions radio

Question de société. Jean Viard : « L'animal n'est pas un jouet, c'est un être vivant qui a des besoins. »

L'homme et l'animal, c'est le sujet de « Question de société » avec le sociologue Jean Viard

5 Lisez la présentation de l'émission (Doc. 3).
a. Identifiez le nom de l'émission et la personne interviewée.
b. Repérez le thème de l'interview.

6 Écoutez le début de l'interview (Doc. 3 122).
a. De quelles catégories d'animaux parlent-ils ?
b. Quelles mesures viennent d'être mises en place en France ?
c. Qu'en pense Jean Viard ?

7 À deux Écoutez l'interview (Doc. 3 123).
a. Que pense Jean Viard du rapport de l'homme à l'animal ?
b. Que propose-t-il pour les animaux d'élevage ?
c. Quelle est sa position sur la disparition des nuisibles ?

8 En petit groupe **a.** Classez les phrases suivantes selon qu'elles expriment une certitude ou un doute.
1. Je doute que cela suffise.
2. Je pense que de nombreux propriétaires ont un rapport immature à l'animal.
3. Je ne crois pas que nous parlions du même rapport à l'animal.
4. Croyez-vous qu'il faille réglementer les conditions de vie des animaux dans les élevages ?

b. Dites quels sont les modes utilisés (indicatif, subjonctif…) dans ces phrases.

c. Trouvez d'autres exemples de certitude et de doute dans l'interview (livret de transcriptions p. 18).

9 À deux Lisez les phrases suivantes puis reliez.
Certains choisissent même d'avoir une maison avec jardin.
Quelques-uns traitent même leur animal comme un objet.
Chaque animal a droit au respect !
Il y a **plusieurs raisons** à cela.

Certains • • Totalité
Quelques-uns • • Quantité imprécise
Chaque • • Petite quantité
Plusieurs • • Quantité importante

AGIR

10 Participez à un débat.
a. À deux Choisissez l'une des nouvelles lois mises en place pour la protection des animaux : interdiction des animaux sauvages dans les cirques et les delphinariums ; encadrement de l'adoption des animaux de compagnie.
b. Réagissez à cette décision. Listez vos arguments et trouvez des exemples pour les illustrer.
c. En groupe Organisez un débat dans la classe.

> Langue & S'entraîner p. 129-130

cent vingt-trois **123**

LEÇON 31 — Agir pour l'avenir

COMPRENDRE

DOC. 1

Bon Pote @BonPote

Le pote qui m'a dit y a un an : « T'es pas tolérant, avec ton écologie » vient de revendre sa caisse et de s'acheter un vélo pour aller bosser ! Je suis trop content !

💬 24   🔁 57   ♥ 1,1 K   ↗

1 Lisez le tweet (Doc. 1).

a. Reliez chaque terme familier au terme courant correspondant.

- un pote • • une voiture
- une caisse • • très
- bosser • • un ami
- trop • • travailler

b. À deux Réécrivez le tweet en langage courant. Comparez avec le tweet d'origine.

DOC. 2  124

2 Écoutez la conversation entre Rémi, Pierre et Alice (Doc. 2).

a. Que font-ils ?

b. Où sont-ils à votre avis ?

3 Réécoutez la conversation (Doc. 2).

a. Quel plat les trois amis décident-ils de préparer ? Pourquoi ?

b. Complétez la liste de leurs courses.

- chèvre frais   - salade   - ...
- miel   - lait   - ...
- ...   - ...   - ...
- ...   - ...   - ...

c. Listez les efforts que fait Pierre pour l'environnement.

d. 💬 En petit groupe Faites-vous attention aux produits que vous achetez ? Échangez.

4 À deux Réécoutez (Doc. 2).

a. Que remplacent les pronoms en gras dans les phrases suivantes ?
1. Ne **le lui** demande pas.
2. Rémi **me les** a déjà donnés.
3. Je **vous en** ai parlé.
4. Donne-**les-moi**.
5. J'étais sûre que tu **le lui** demanderais.

Ex. : 1. le = si les champignons sont de saison = COD ; lui = à Pierre = COI

b. Dans quel ordre sont placés les pronoms COD et COI ?

5 En petit groupe Réécoutez (Doc. 2).

a. Relevez un exemple pour chaque caractéristique du registre familier.
– Mot tronqué **Ex. :** l'apéro
– Élisions **Ex. :** élision de « tu » → T'as une autre idée ?
– Expression familière **Ex. :** Trop bien !

b. Connaissez-vous d'autres mots et expressions familiers en français ?

6 💬 En petit groupe Que faites-vous au quotidien pour l'environnement ? Échangez.

7 Observez la couverture de l'essai *La Vie secrète des arbres* (Doc. 3).

a. Repérez le sous-titre.

b. À quoi sont comparés les arbres ? Cela vous étonne-t-il ?

8 Lisez l'extrait de l'essai (Doc. 3).

a. Cochez la principale qualité des arbres présentée dans l'extrait.
☐ la communication
☐ l'autonomie
☐ l'entraide

b. À quelles difficultés les arbres sont-ils confrontés ?

LEÇON **31**

Mais pourquoi les arbres ont-ils un comportement social, pourquoi partagent-ils leur nourriture avec des congénères[1] […] ? Pour les mêmes raisons que dans les sociétés humaines : à plusieurs, la vie est plus facile. Un arbre n'est pas une forêt, il ne peut pas à lui seul créer des conditions climatiques équilibrées, il est livré sans défense au vent et à la pluie. À plusieurs, en revanche, les arbres forment un écosystème qui modère les températures extrêmes, froides ou chaudes, emmagasine[2] de grandes quantités d'eau et augmente l'humidité atmosphérique. Dans un tel environnement, les arbres peuvent vivre en sécurité et connaître une grande longévité. Pour maintenir cet idéal, la communauté doit à tout prix perdurer[3]. […]

Chaque arbre est donc utile à la communauté et mérite d'être maintenu en vie aussi longtemps que possible. Même les éléments malades sont soutenus et approvisionnés en éléments nutritifs jusqu'à ce qu'ils aillent mieux. […]

En réalité, c'est du degré de lien, voire[4] d'empathie que dépend la serviabilité des collègues. […] Deux véritables amis veillent d'emblée[5] à ne pas déployer de trop grosses branches en direction de l'autre. Pour ne pas empiéter[6] sur le domaine du partenaire, chacun développe son houppier[7] vers l'extérieur. […] Ces couples sont liés si intimement par leurs racines qu'ils meurent parfois en même temps.

La Vie secrète des arbres, Peter Wohlleben,
Corinne Tresca (trad.), © Éditions Les Arènes, 2017

1 un congénère : un animal ou une plante qui appartient à la même espèce ;
2 emmagasiner : faire des réserves ; 3 perdurer : durer ; 4 voire : et même ;
5 d'emblée : spontanément ; 6 empiéter (sur) : s'étendre sur le domaine de quelqu'un ou de quelque chose ; 7 le houppier : les branches situées au sommet du tronc

c. Quelles solutions ont-ils trouvées pour lutter contre ces difficultés ?

d. Quels bénéfices cela apporte-t-il face au réchauffement climatique ?

9 À deux Relisez l'extrait (Doc. 3).

a. Relevez les mots et expressions qui pourraient être associés aux êtres humains.

b. Classez-les dans les catégories suivantes.
la faiblesse • le partage • l'amitié

AGIR

10 Quelle place réserver au vivant ?

a. À deux Parcourez l'unité 8. Quel document avez-vous trouvé le plus intéressant ? **Échangez**.

b. Faites une carte mentale pour répertorier l'ensemble des avantages que présentent les espèces vivantes contre le réchauffement climatique.

c. En groupe **Commentez** votre carte mentale et **défendez** la place des animaux et de la végétation dans le monde.

> Langue & S'entraîner   p. 131

CULTURE(S) VIDÉO

23 **Biomimétisme**

1 Regardez la première partie de la vidéo (jusqu'à 00'44''). ▶ 23

a. Listez les espèces vivantes que vous voyez.

b. Qui est Kalina Raskin ?

c. Qu'est-ce que le biomimétisme ?

2 Regardez la deuxième partie de la vidéo. ▶ 23

a. Qui est Tarik Chekchak ? Pourquoi parle-t-il d'économie circulaire ?

b. Quel produit a été créé à partir de l'observation des animaux ?

c. D'après les images, quelle autre propriété est testée dans le laboratoire ?

3 À deux Regardez la vidéo en entier. ▶ 23
Quelles sont les promesses du biomimétisme sur le plan écologique ?

LEÇON 32 Techniques pour...

...participer à un débat

🎧 ÉCOUTER

1 [Découverte] Écoutez le débat sur la mode (Doc. 1).

  a. Cochez la problématique du débat.
  ☐ Les vêtements d'occasion sont-ils l'avenir de la mode ?
  ☐ La mode est-elle écologique ?
  ☐ Faut-il arrêter d'acheter des vêtements neufs ?

  b. Quelle est la profession de chaque intervenant ?

  c. Quel est le rôle de l'animateur ?

2 Réécoutez le débat (Doc. 1).

  a. Associez chaque argument à un intervenant (Sidonie Mirabeau, Carmen Baron ou Emmanuel Gonzague).
  1. Les friperies vont se généraliser dans le futur.
  2. Il existe d'autres solutions que les vêtements de seconde main.
  3. Les marques doivent prendre en compte l'environnement.
  4. Les clients doivent réfléchir avant d'acheter un vêtement.
  5. Les vêtements éthiques coûtent cher.
  6. Les marques engagées sont de plus en plus nombreuses.
  7. La production de vêtements doit être contrôlée.

  b. Quelle est la position de chaque intervenant sur le sujet du débat ?

3 [Analyse] À deux Réécoutez (Doc. 1).

  a. Listez les expressions utilisées pour :
  – prendre la parole : ...
  – dire qu'on est d'accord : ...
  – dire qu'on n'est pas d'accord : ...
  – reformuler : ...
  – émettre des réserves ou contredire : ...
  – se défendre : ...

  b. Quelles autres expressions pourrait-on ajouter ? Échangez puis partagez avec la classe.

LEÇON 32

POUR participer à un débat

- **Prendre la parole**
  Vous permettez ?
  J'aimerais ajouter qu'il existe d'autres solutions !
  Je peux prendre la parole à mon tour ?
  Je peux intervenir ?

- **Exprimer son accord**
  Je partage l'avis de monsieur.
  Tout à fait !
  Absolument !
  C'est vrai !
  Je suis entièrement d'accord.
  Je partage votre point de vue.
  Vous avez en partie raison.

- **Exprimer son désaccord**
  Je ne suis pas du tout d'accord avec ce qui vient d'être dit !
  Je ne suis vraiment pas convaincu.
  Pas du tout !
  Absolument pas !

- **Reformuler**
  Si je vous comprends bien, on ne peut plus acheter un vêtement parce qu'il nous plaît ?
  Comme l'a souligné Madame Baron…
  Vous dites que… D'après vous, …

- **Émettre des réserves ou contredire**
  Vous allez trop loin !
  Au contraire, la mode doit se renouveler.
  On ne peut pas affirmer que…

- **Se défendre**
  Ça n'est pas ce que j'ai dit.

- **Pour l'animateur/animatrice :**
  – distribuer la parole
  Nous allons commencer avec vous…
  Vous voulez réagir / intervenir ?
  Nous allons laisser la parole à Sidonie Mirabeau.
  – conclure
  Merci à tous les trois pour votre participation.
  Merci pour ces échanges.

PARLER

4 **En petit groupe** Participez à un débat.
  a. **Choisissez** un thème en lien avec l'écologie (les livraisons à domicile, la consommation de viande…).
  b. **Formulez** une problématique.
  c. Chacun détermine sa position et liste ses arguments.
  d. **Désignez** un(e) animateur/animatrice. **Débattez** pendant 5 minutes.

… la médiation : gérer un désaccord

5 Katarzyna et Sebastian ont préparé un exposé qu'ils doivent présenter en classe. Écoutez leur conversation (Doc. 2).
  a. **Soulignez** la bonne réponse.
  Ils parlent de leurs recherches pour l'exposé · du plan de leur exposé · de la répartition de la parole à l'oral.
  b. Quel est le problème ?

6 **À deux** Réécoutez (Doc. 2).
  a. D'après vous, qu'est-ce qu'un médiateur ou une médiatrice pourrait faire pour gérer le désaccord ? Cochez.
  ☐ imposer une solution aux personnes en désaccord
  ☐ demander à chacun d'expliquer son point de vue
  ☐ aider les personnes à identifier le problème
  ☐ remplacer l'une des personnes pour la présentation
  b. **Proposez** d'autres actions pour rétablir une bonne entente. **Échangez**.
  c. Qu'auriez-vous fait à la place de Katarzyna ? **Expliquez**.
  d. Avez-vous déjà vécu une situation de désaccord en classe ? **Racontez**.

cent vingt-sept 127

Langue & S'entraîner

Leçon 29 — Grammaire

L'hypothèse (3)

■ Pour exprimer une hypothèse sur le passé avec une conséquence dans le passé, on utilise :
si + **plus-que-parfait** + **conditionnel passé**
Si le climat n'*avait pas été modifié* par les activités humaines, la canicule *aurait été* de 1,5° C à 3° C moins chaude.
Les vagues de chaleur n'*auraient pas été* si fortes *si* les activités humaines n'*avaient pas été* aussi importantes.

■ Pour exprimer une hypothèse sur le passé avec une conséquence dans le présent, on utilise :
si + **plus-que-parfait** + **conditionnel présent**
Si on *avait fait* ce qu'il fallait, on *respirerait* mieux aujourd'hui !

Rappel : pour faire une hypothèse sur le présent : **si** + **imparfait** + **conditionnel présent**
Si nous *agissions* vraiment pour l'environnement, le climat *arrêterait* de se dégrader.

Le conditionnel passé

Formation : avoir ou être au conditionnel présent + participe passé du verbe
On **aurait dû** • Je **serais allé(e)**

1 🎧 127 Écoutez. Cochez les verbes au conditionnel passé.

Ex. : Elle aurait modifié.

Ex.	a.	b.	c.	d.	e.	f.	g.	h.	i.	j.
✓										

2 Complétez les hypothèses avec le plus-que-parfait et le conditionnel présent ou passé.

Ex. : Si on **avait agi** (agir) dès les années 50, la planète **serait** (être) actuellement dans un meilleur état.
a. On _____ (commencer) à protéger l'environnement plus tôt si on _____ (écouter) les craintes des scientifiques.
b. Si la température _____ (ne pas augmenter) ces dernières années, on _____ (ne pas observer) aujourd'hui autant de vagues de chaleur.
c. Si on _____ (prendre conscience) plus tôt du réchauffement climatique, on _____ (limiter) les gaz à effet de serre il y a des dizaines d'années.
d. La situation actuelle _____ (ne pas être) aussi préoccupante si les politiques _____ (s'intéresser) davantage aux questions environnementales dans les années 70.
e. Si l'industrie _____ (se développer) avec moins d'intensité, il y _____ (avoir) moins de pollution aujourd'hui.
f. Le nombre d'ours blancs _____ (ne pas diminuer) en quelques années si leurs conditions de vie _____ (ne pas se dégrader).

Le conditionnel passé pour exprimer un regret ou un reproche

On peut exprimer un regret ou un reproche avec les verbes *falloir*, *pouvoir* ou *devoir* au conditionnel passé.
Il **aurait fallu** faire quelque chose.
On **aurait dû** se montrer plus responsables.
Vous **auriez pu** penser aux générations futures.

3 Conjuguez le verbe au conditionnel passé. Puis dites si la phrase exprime un regret ou un reproche.

Ex. : J'**aurais dû** (devoir) m'engager mais je n'ai jamais pris le temps de le faire. → un regret
a. Je ne comprends pas, ils _____ (pouvoir) agir plus tôt !
b. C'est dommage, il _____ (falloir) qu'on soit plus attentifs à notre consommation d'énergie.
c. Nous _____ (devoir) penser à nos enfants et à nos petits-enfants...
d. Il _____ (falloir) vivre de façon plus responsable, c'est vrai.
e. Les États _____ (devoir) mesurer avant l'urgence de la situation !
f. C'est votre faute, vous _____ (pouvoir) faire plus attention !

Vocabulaire

🎧 **128 L'écologie (1)** la biodiversité • un écosystème
Les problèmes écologiques : l'appauvrissement (m.) de la couche d'ozone • les changements (m.) climatiques • la déforestation • la dégradation de la qualité de l'air • la désertification • les gaz (m.) à effet de serre • l'insuffisance (f.) de l'approvisionnement (m.) alimentaire • le manque d'eau • le réchauffement climatique
Les catastrophes naturelles : une canicule • un incendie de forêt • une inondation • la sécheresse • une tornade

4 Complétez avec un mot de la liste.
biodiversité • inondations • gaz à effet de serre • écosystèmes • couche d'ozone • désertification • canicule • déforestation
Ex. : La préservation des écosystèmes est essentielle à l'équilibre entre l'environnement et les êtres vivants.
a. L'industrie a produit des _____ qui ont beaucoup appauvri la _____.
b. Les villes commencent à replanter des espèces différentes de végétaux afin de préserver la _____.
c. Le manque d'eau sera un problème fondamental et entraînera la _____ de régions agricoles.
d. Les _____ sont de plus en plus fréquentes dans les zones situées près des rivières et des fleuves.
e. Dans l'avenir, on ne pourra pas éviter les températures autour de 40°C et il faudra faire face à plus de périodes de _____.
f. Si la _____ continue, il n'y aura bientôt plus beaucoup d'arbres.

Leçon 30 — Grammaire

Les adjectifs et les pronoms indéfinis

	Adjectifs indéfinis	Pronoms indéfinis
Totalité	**chaque** + nom singulier *Chaque animal a droit au respect.* **tout (le), toute (la), tous (les), toutes (les)** + nom *Tous les animaux ont des droits égaux.* *Toutes les formes d'élevage doivent respecter la physiologie.*	**chacun, chacune** *Chacun a droit au respect.* **tout, toute, tous, toutes** *Tous ne sont pas prêts à s'impliquer autant !*
Quantité imprécise	**certains, certaines** + nom pluriel *Certains Français choisissent même d'avoir une maison avec jardin.*	**certains, certaines** *Certains prétendent qu'on a progressé en tuant les nuisibles.*
Petite quantité	**quelques** + nom pluriel *Quelques personnes estiment que la disparition des nuisibles est un progrès.*	**quelques-uns, quelques-unes** *Quelques-uns traitent leur animal comme un objet.*
Quantité importante	**plusieurs** + nom pluriel *Il y a plusieurs raisons à cela.*	**plusieurs** *Il y en a plusieurs.*
Quantité nulle	**aucun, aucune** + nom singulier *Aucun animal ne doit être soumis à de mauvais traitements.*	**aucun, aucune** *Aucun ne doit être soumis à de mauvais traitements.*

❗ **Tout(e)** peut être utilisé sans article défini : il a alors le sens de *n'importe quel(le)*.
Toute vie animale a droit au respect. = N'importe quelle vie animale a droit au respect.

5 🎧 **129 Écoutez et complétez avec l'adjectif indéfini que vous entendez. Puis précisez la quantité exprimée (totalité, quantité imprécise, petite quantité, quantité importante ou quantité nulle).**
Ex. : On doit préserver le bien-être de **tous les** êtres vivants. → totalité
a. _____ propriétaires d'animaux devraient être punis.
b. Il faudrait contrôler _____ élevage.
c. _____ espèce animale ne doit être abandonnée !
d. Il faut condamner _____ pratiques cruelles envers les animaux.
e. Il existe _____ associations qui défendent les droits des animaux.

Langue & S'entraîner

6 Remplacez la partie soulignée par un pronom indéfini.

Ex. : Tous les êtres vivants ont droit au respect. → Tous ont droit au respect.
a. Quelques espèces animales sont en danger. → _____ sont en danger.
b. Plusieurs actions ont été entreprises pour sauver la biodiversité. → _____ ont été entreprises pour sauver la biodiversité.
c. Tous les pays doivent agir. → _____ doivent agir.
d. La loi devrait punir chaque abandon d'animal. → La loi devrait punir _____ d'entre eux.
e. Aucune vie n'est possible sans le respect de toutes les vies. → _____ n'est possible sans le respect de _____.
f. Certaines idées progressent dans le bon sens. → _____ progressent dans le bon sens.
g. Quelques propriétaires d'animaux maltraitent leur animal. → _____ maltraitent leur animal.

Le subjonctif (3) pour exprimer le doute

Le subjonctif permet d'exprimer le doute après :

■ **douter que / ne pas être sûr(e)/certain(e)/convaincu(e) que**
Je **doute que** cela *suffise*.

■ **les formes négatives de l'opinion (ne pas croire que, ne pas penser que…)**
Je **ne crois pas que** nous *parlions* du même rapport à l'animal.

■ **les questions avec inversion portant sur l'opinion**
Pensez-vous que cette loi *soit* une réelle avancée pour les espèces animales ?
Croyez-vous qu'il *faille* réglementer les conditions de vie des animaux dans les élevages ?

Rappel : les formes affirmatives de l'opinion et les questions informelles sont suivies de l'indicatif.
Je pense que c'**est** un progrès. • Tu penses / Est-ce que tu penses que cette loi **est** une réelle avancée ?

7 Complétez avec l'indicatif ou le subjonctif présent.

Ex. : Je suis sûre que cette loi **est** (être) excellente.
a. Penses-tu que les êtres humains _____ (savoir) vraiment s'occuper des animaux ?
b. Je ne suis pas convaincue que nous _____ (faire) des progrès dans le domaine de la protection des animaux.
c. On pense tous qu'il _____ (falloir) réglementer l'utilisation des animaux dans les cirques.
d. Je doute que ce _____ (être) une bonne idée d'adopter un chien.
e. Elle n'est pas sûre qu'il _____ (falloir) adopter une loi au sujet des delphinariums.
f. Est-ce que vous croyez que l'humanité _____ (remplir) correctement son rôle auprès des animaux ?
g. Êtes-vous certain que cette loi sur les abattoirs _____ (atteindre) vraiment son but ?

Phonétique

La semi-consonne [j] 🎧 130 ▶ 24

→ La semi-consonne [j] a besoin d'une voyelle pour former une syllabe. C'est cette voyelle qu'on entend le plus.
a. Écoutez ces formes du subjonctif et répétez ; allongez la voyelle, exagérez.
faille • aillent • veuille • cueilles • brilles • bouille • paye • essayent • asseyes
b. Écoutez ces mots et répétez. Prononcez une seule syllabe !
miel • bio • bien • lion • diable • mieux • science • sioux • sciure

8 🎧 131 Écoutez et complétez avec « i », « ill » ou « y ».
a. Nous ne cro____ons pas que Cam____e veu____e b____en pa____er notre lo____er.
b. Cro____ez-vous qu'il va____e m____eux une pa____e ou un tu____au ?

Vocabulaire

🎧 132 **Le droit** adopter (une loi) • encadrer • réglementer (les conditions de vie)

🎧 133 **Les animaux** un abattoir • un cirque • un delphinarium • un élevage • une espèce (vivante) • un hérisson • un insecte • un loup • un nuisible • un ours

🎧 134 **La science** un équilibre biologique • la physiologie

Leçon 31 — Grammaire

Les élisions dans les phrases au registre familier

Dans le langage familier, on omet généralement :
- le **ne** de la négation : *On ne va pas s'en sortir.* → ***On va pas** s'en sortir.*
- le pronom sujet **tu** devant une voyelle : *Tu as une autre idée ?* → ***T'as** une autre idée ?*
- **il** dans la locution **il y a** : *Il y a des steaks végétariens.* → ***Y a** des steaks végétariens.*

9 🎧 135 Écoutez et soulignez la phrase que vous entendez.

Ex. : T'as envie de faire les courses ? • <u>Tu as envie de faire les courses ?</u>
a. Y a rien à manger ! • Il n'y a rien à manger !
b. J'aime pas du tout ces produits. • Je n'aime pas du tout ces produits.
c. Qu'est-ce que t'en penses ? • Qu'est-ce que tu en penses ?
d. J'en veux pas. • Je n'en veux pas.
e. Y avait plus de beurre ! • Il n'y avait plus de beurre !
f. Il est pas végétarien. • Il n'est pas végétarien.
g. Est-ce que t'aimes le bio ? • Est-ce que tu aimes le bio ?

Les doubles pronoms

Quand un verbe a deux pronoms compléments, on respecte l'ordre suivant :

① COI	② COD	③ COI 3ᵉ personnes	④
me	le	lui	en
te	la	leur	y
m'/t'	l'		
nous	les		
vous			

❗ Les pronoms **en** et **y** se placent toujours en dernier.
*Je **vous en** ai parlé l'autre jour.*

❗ Phrases à l'impératif : **COD** + **COI**
Impératif affirmatif : *Donne-**les-moi**.*
Impératif négatif : *Ne **le lui** demande pas !*

*Rémi **me les** a déjà donnés.* • *J'étais sûre que tu **le lui** demanderais.*

10 Répondez aux questions en utilisant deux pronoms.

Ex. : – Tu nous prêtes ta voiture pour aller faire les courses ? – Oui, je **vous la** prête.
a. – Il t'a donné la liste des courses ? – Non, il ne _____ a pas donnée.
b. – Tu as demandé la recette à Sonia ? – Pas encore. Je vais _____ demander.
c. – Tu m'emmènes au marché ? – D'accord, je _____ emmène tout de suite.
d. – Ne prends pas de viande pour Axel, il est végétarien. – OK, je ne _____ prends pas.
e. – Vous avez envoyé les invitations à Zoé et à Ethan ? – Oui, on _____ a envoyées.
f. – Tu m'expliques le fonctionnement du micro-ondes ? – Oui, je vais _____ expliquer.

11 Répondez par *oui* puis par *non* à l'impératif. Utilisez deux pronoms, comme dans l'exemple.

Ex. : Je t'achète des tomates ? → Oui, achète-m'en. / Non, ne m'en achète pas !
a. Je demande la recette à ton frère ?
b. On te donne les ingrédients pour la tarte au citron ?
c. Je te montre le site de recettes que j'utilise ?
d. J'envoie des photos de notre gâteau à Léa ?

Vocabulaire

🎧 136 **L'écologie (2)** les conditions (f.) climatiques • l'huile de palme (f.) • l'humidité (f.) atmosphérique
🎧 137 **La solidarité** une communauté • l'empathie (f.) • l'entraide (f.) • la serviabilité

+ **Registre familier** une caisse • un(e) pote • cool • fastoche • top • bosser • trop = très

Retrouvez les activités avec 💻 sur **inspire3.parcoursdigital.fr** et plus de 150 activités inédites.

Faites le point

Expressions utiles

EXPRIMER UN REGRET OU UN REPROCHE

- Ça fait des années qu'on aurait dû agir.
- Il aurait fallu faire quelque chose.
- Je regrette sincèrement.
- On aurait dû consommer moins, se montrer plus responsables.
- Vous auriez pu penser aux générations futures.

CONSULTER QUELQU'UN

- Comment expliquez-vous cela ?
- Croyez-vous qu'il faille réglementer les conditions de vie des animaux dans les élevages ?
- Pensez-vous que notre rapport au monde animal évolue ?

DIRE UNE RÈGLE

- Toute vie animale a droit au respect.
- Aucun animal ne doit être soumis à de mauvais traitements ou à des actes cruels.

RÉAGIR

- Qu'est-ce qu'il fait chaud !
- C'est de pire en pire !
- Je trouve ça fou !

FAIRE UNE PROPOSITION

- On n'a qu'à prendre du saucisson !
- Je propose qu'on fasse autre chose.
- Et si on faisait des crêpes ?

Évaluez-vous !

À LA FIN DE L'UNITÉ 8, VOUS SAVEZ…

☐ **faire des hypothèses sur le passé**

☐ **exprimer votre opinion**

☐ **exprimer des regrets**

☐ **dire une règle**

☐ **utiliser des pronoms COD et COI**

APPLIQUEZ !

❯ Complétez librement les phrases suivantes.
Si je n'avais pas appris le français…
Si nous n'avions pas inventé les nouvelles technologies…

❯ Pensez-vous que les accords sur le climat entre les pays aient un impact sur le réchauffement climatique ?

❯ Exprimez des regrets au sujet de votre consommation passée (vêtements, équipements technologiques, voiture…).

❯ Rédigez trois règles à respecter pour réduire le réchauffement climatique.

❯ Répondez en évitant les répétitions.
Lisez-vous les étiquettes avant d'acheter un produit ?
Consommez-vous des aliments produits près de chez vous ?
Vous intéressez-vous à la nature ?

Préparation au DELF B1

COMPRÉHENSION DE L'ORAL

Comprendre des émissions de radio et des enregistrements

Vous écoutez la radio.

🎧 138 Lisez les questions. Écoutez le document puis cochez la bonne réponse.

1. L'Agence de la Santé Publique du Canada (ASPC) s'est exprimée sur…
   - ☐ a. la circulation de certaines informations sur le COVID 19.
   - ☐ b. les précautions à prendre pendant la pandémie de COVID 19.
   - ☐ c. l'évolution des chiffres concernant la pandémie de COVID 19.

2. Selon l'ASPC, au début de la crise sanitaire due au COVID 19, les réseaux sociaux ont été…
   - ☐ a. trop attentifs
   - ☐ b. suffisamment attentifs } aux informations en circulation.
   - ☐ c. insuffisamment attentifs

3. Concernant le contrôle de certaines informations sur les réseaux sociaux, Theresa Tam est maintenant…
   - ☐ a. déçue.
   - ☐ b. critique.
   - ☐ c. satisfaite.

4. À propos du COVID 19, Facebook a annoncé qu'à l'avenir il…
   - ☐ a. bloquerait toute fausse information.
   - ☐ b. laisserait circuler tout type d'information.
   - ☐ c. admettrait des informations contradictoires.

5. L'ASPC pense que la grande quantité d'informations sur le COVID 19…
   - ☐ a. facilite les décisions des internautes quant à leur santé.
   - ☐ b. contribue à une meilleure connaissance des questions de santé.
   - ☐ c. complique la prise de décisions des internautes quant à leur santé.

6. Au Canada, les sites officiels informant correctement sur le COVID 19 s'adressent…
   - ☐ a. uniquement aux adultes.
   - ☐ b. aux enfants et aux adultes.
   - ☐ c. essentiellement aux enfants.

7. Theresa Tam invite les Canadiens à…
   - ☐ a. arrêter d'utiliser les réseaux sociaux.
   - ☐ b. alerter leurs contacts sur les réseaux sociaux.
   - ☐ c. vérifier toute information avant de la faire circuler.

Préparation au DELF B1

PRODUCTION ÉCRITE

Expression d'un point de vue

À l'occasion de la Journée internationale pour les droits des animaux, vous lisez la contribution de Maxime, publiée sur un forum francophone.

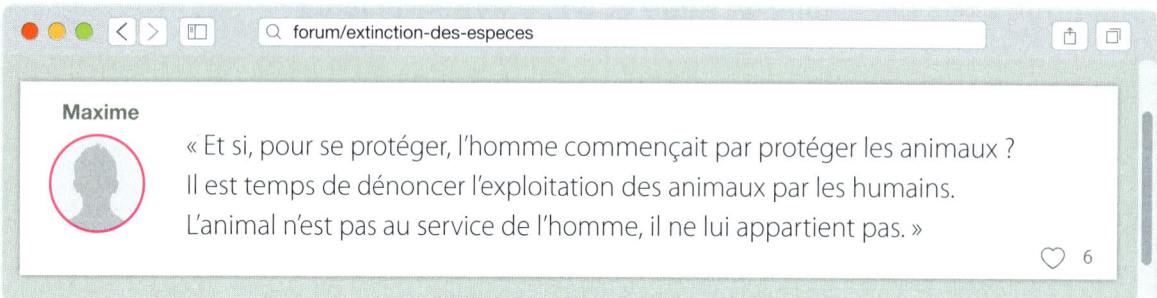

Maxime

« Et si, pour se protéger, l'homme commençait par protéger les animaux ?
Il est temps de dénoncer l'exploitation des animaux par les humains.
L'animal n'est pas au service de l'homme, il ne lui appartient pas. »

♡ 6

Vous répondez à Maxime. Vous expliquez l'importance des animaux pour les êtres humains et ce qu'il faudrait faire, selon vous, pour trouver un équilibre dans la relation que les êtres humains entretiennent avec les animaux. (160 mots)

PRODUCTION ORALE

Expression d'un point de vue

Choisissez un des deux sujets suivants. Dégagez le thème soulevé et présentez votre point de vue sous la forme d'un exposé personnel de trois minutes environ.

Sujet 1 • Les influenceurs

Aujourd'hui, le téléphone portable est devenu un « organe » vital pour des millions d'adolescents dans le monde. Toutes les catégories sociales sont concernées, tous les continents, et les filles et les garçons sont tous égaux de ce point de vue. Les influenceurs et influenceuses font partie du paysage virtuel des moins de 20 ans. L'agence marketing Revolvr a publié récemment un top de ces hommes et femmes très suivis sur les réseaux. Le classement prend en considération le nombre d'abonnés à leur compte Instagram (notons toutefois qu'il est possible d'acheter des *followers*) et le taux d'engagement, qui est plus intéressant à étudier puisqu'il s'agit des commentaires et partages réalisés à partir du profil des intéressés. Ce classement révèle donc qu'ils sont surtout chanteurs et mannequins et diffusent des journaux intimes sous forme de vidéos, produisent des sketchs, des tutoriels mode ou beauté et font la promotion de nombreuses marques.

Sujet 2 • Le véganisme

Le terme *vegan* a été créé en 1944 par Donald Watson, le cofondateur de la Vegan Society, à partir des premières et dernières lettres de *vegetarian*. En France, la première société vegan a été créée en 2010.
Le mode de vie vegan refuse toute forme de souffrance et d'exploitation animales comme les abattoirs, la pêche, les laboratoires de recherche ou les élevages. C'est la conséquence d'une réflexion sur la capacité des animaux à ressentir sentiments et émotions.
Une personne végane est une personne qui a choisi de modifier sa façon de vivre et de consommer pour limiter son impact négatif sur autrui. Elle fréquente les cirques sans animaux, observe les animaux dans la nature sans les chasser, se nourrit à 100 % de végétaux, choisit des vêtements en coton ou en synthétique et utilise des produits cosmétiques et d'entretien non testés sur les animaux.

Pourquoi voyage-t-on ?

UNITÉ 9

VOUS ALLEZ APPRENDRE À :
› raconter une expérience
› parler du tourisme
› réfléchir au voyage

VOUS ALLEZ UTILISER :

LEÇON 33
› les temps du récit au passé
› l'antériorité, la simultanéité et la postériorité

LEÇON 34
› les pronoms relatifs composés
› le futur antérieur

LEÇON 35
› le subjonctif (4)

TECHNIQUES POUR...
› écrire une lettre de motivation
› **la médiation** : interpréter des gestes

LANGUE & S'ENTRAÎNER

CULTURE(S) VIDÉO
Un port normand

LEÇON 33 — Raconter une expérience

COMPRENDRE

Le Pacific Crest Trail au féminin, à pied du Mexique au Canada

Traverser les États-Unis à pied et seule du Mexique au Canada sur le Pacific Crest Trail (PCT) : voilà la longue et belle aventure que Sophie Jacob, 23 ans, a vécue du 31 mai au 13 septembre 2018. Voici son récit.

Le PCT est l'un des plus longs sentiers de randonnée des États-Unis. Il traverse trois États : la Californie, l'Oregon et l'État de Washington. Le PCT, c'est 4 260 km de marche, 131 km de dénivelé, et la traversée du désert de Mojave et de deux chaînes de montagnes : la Sierra Nevada et la chaîne des Cascades.

Je vais essayer de vous raconter en quelques lignes ces 105 jours de marche au féminin et au cœur de la nature américaine.

Je m'étais longtemps préparée à ce challenge et c'est le 12 novembre 2017 que mon rêve a réellement pris forme, quand j'ai obtenu le permis délivré par la PCTA (l'Association du Pacific Crest Trail). Le PCT, c'est un des plus longs chemins de randonnée mais c'est aussi une aventure humaine. Je voulais tester mes limites, affronter la solitude, comprendre ce qui nous lie à la nature et enfin tester ma force mentale et ma détermination.

L'avantage de voyager seule, d'être une femme et en plus étrangère, c'est que j'ai reçu beaucoup d'aide ! Par contre, en 105 jours je n'ai pu me doucher que 10 fois... Mais on s'y fait !

Il faut aussi aimer dormir au milieu de la nature avec les animaux qui rôdent... les ours, les serpents à sonnette, les pumas et autres. Ma plus grande crainte était justement de me retrouver seule face à un ours... Comme je n'en avais jamais rencontré, cela m'inquiétait. Alors au début, dans les zones vraiment à risques, j'essayais de camper avec d'autres randonneurs pour ne pas avoir de mauvaise surprise comme un ours qui viendrait renifler autour de ma tente. Heureusement, ça ne m'est jamais arrivé.

Ma deuxième crainte, c'était les serpents à sonnette. Je m'étais renseignée et je savais qu'ils étaient dangereux. Et ça n'a pas manqué, j'en ai vu des dizaines ! Je n'avais pas imaginé le bruit qu'ils faisaient. La première rencontre a eu lieu au kilomètre 10, en plein milieu de mon chemin. Il me fixait... j'ai fait un immense détour pour le contourner ! J'y repense en souriant car ça a été la première rencontre d'une longue série. Heureusement, je m'y suis habituée et je n'ai plus eu du tout la même réaction. Je faisais simplement un pas de côté pour les éviter et j'aimais même les observer.

C'est vers la moitié du PCT, kilomètre 2 150, que j'ai rencontré Sauer, un Américain de mon âge, qui parcourait lui aussi le PCT en totalité. Lui, il voulait accomplir un défi physique, retrouver la même sensation de liberté qu'il avait eue en traversant les Pyrénées. On a très vite sympathisé et on a marché ensemble jusqu'à l'arrivée au Canada ! Ça été une rencontre incroyable et une belle amitié. Nous avons partagé nos valeurs et notre engagement écologique. Cela reste l'un de mes plus beaux souvenirs, avec l'ascension du mont Whitney à 4 400 m d'altitude (le point culminant des États-Unis hors Alaska). En plus de l'exploit physique et psychologique, cette expérience m'a encouragée à agir pour la protection de la nature.

---

1 Observez la page du magazine *Carnets d'aventures* (Doc. 1).
   a. Identifiez la rubrique et le titre de l'article.
   b. Décrivez la photo.

2 Lisez l'article (Doc. 1).
   a. Que raconte Sophie Jacob ?
   b. Relevez les informations sur la randonnée : nom, nombre de kilomètres, parcours, durée.

3 À deux Relisez l'article (Doc. 1).
   a. *Vrai* ou *faux* ? Justifiez.
   1. Sophie est partie du jour au lendemain.
   2. Il faut une autorisation pour faire la randonnée.
   3. Sophie a marché seule tout le temps.
   b. Répondez.
   1. Qu'est-ce qui a poussé Sophie à vivre cette expérience ?
   2. Quelles étaient ses peurs ?
   3. D'après Sophie, qu'est-ce qui l'a avantagée ?
   c. Comprenez-vous les motivations de Sophie et de Sauer ? Échangez.

LEÇON 33

d. D'après vous, quelles sont les qualités nécessaires pour vivre cette aventure ? Choisissez et complétez librement.

le courage • l'ouverture d'esprit • la bonne humeur • la confiance en soi • une bonne condition physique • la maturité

4 À deux **a.** Justifiez l'emploi des temps dans les phrases suivantes.

1. Je **m'étais** longtemps **préparée** à ce challenge et c'est le 12 novembre 2017 que mon rêve **a** réellement **pris** forme.
2. Je **voulais** tester mes limites.

b. Lisez la phrase. Pourquoi le participe passé est-il au féminin ? Expliquez.

Il voulait [...] retrouver la même sensation de liberté qu'il avait **eue** en traversant les Pyrénées.

5 En petit groupe Regardez la vidéo de Xasia et répondez.

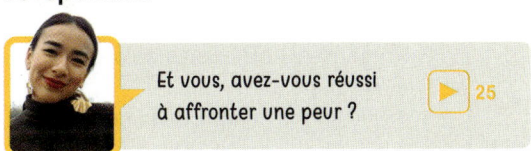

DOC. 2 139

Cargo Club

Chaque premier mercredi du mois, à 18 h 30, le Cargo Club organise à la librairie une rencontre informelle de voyageurs et d'auteurs pour échanger sur leurs expériences et projets de voyage.
Venez nombreux !

Librairie Ulysse
26 rue Saint-Louis en l'Île, 75004 Paris
01 43 25 17 35

6 Lisez l'annonce du Cargo Club (Doc. 2). Que propose-t-elle ? Dans quel but ?

7 Écoutez la conversation à la librairie Ulysse (Doc. 2).

a. Choisissez le meilleur résumé.

1. Pepe essaie de vendre son bateau à Cécile qui veut faire le tour du monde.
2. Pepe cherche des personnes pour partir avec lui. Cécile a envie de faire un grand voyage.

b. Associez les mots aux explications.

1. un voilier
2. un équipier, une équipière
3. naviguer
4. manœuvrer

a. un bateau à voile
b. diriger un bateau
c. se déplacer sur l'eau
d. un membre de l'équipage

c. Notez les motivations de Pepe et de Cécile.

8 À deux Réécoutez (Doc. 2).

a. Mettez les événements de la vie de Pepe dans le bon ordre.

démission • vente de son appartement • retour à Lisbonne • sentiment de libération • prise de conscience de son état de santé • départ vers les Açores • vie professionnelle • achat d'un voilier • voyage en Patagonie • constitution de l'équipage

b. Lisez les phrases. Puis classez les éléments en gras.

1. **Avant que** le boulot devienne vraiment stressant, j'étais plutôt heureux.
2. J'ai décidé d'arrêter de travailler **après que** mon médecin m'a alerté.
3. **Au moment où** j'ai décidé de tout plaquer, je me suis senti libéré.
4. Je suis à Paris pour vendre mon appartement [...] **avant de** partir pour un an.
5. **Pendant que** les uns travaillent, les autres dorment.
6. Et **dès que** j'ai trouvé l'équipage, [...] je retourne à Lisbonne.

Antériorité	Simultanéité	Postériorité
Ex. : Avant que	...	...

c. Reliez.

avant de •
avant que •
après que •   • + indicatif
pendant que •   • + subjonctif
au moment où •   • + infinitif
dès que •

9 À deux Pensez-vous que Cécile va partir avec Pepe ? Expliquez.

AGIR

10 Racontez un événement important de votre vie.

a. Choisissez l'événement. Par exemple : quitter le domicile familial, trouver son premier emploi, rencontrer l'amour...

b. Décrivez la situation avant ce changement et dites ce qui s'est passé après. Précisez l'ordre des événements.

c. À deux Entraînez-vous à raconter votre expérience à l'oral.

d. Enregistrez-vous.

Partagez votre enregistrement sur le groupe de la classe.

> Langue & S'entraîner p. 144-145

LEÇON 34 — Parler du tourisme

COMPRENDRE

Passion française

C'est l'été des randonneurs, grâce auxquels nos campagnes revivent. Partout dans l'Hexagone*, les Français dévorent les kilomètres. Sur les sommets, en bord de mer, en pleine campagne ou en ville, cartes IGN** et bâtons à la main, bonnes chaussures aux pieds, la marche est le loisir numéro un de l'été. Toutes les générations s'y mettent.
Les refuges de montagne, dans lesquels on ne croisait généralement que peu de touristes, sont aujourd'hui envahis de groupes de jeunes citadins amoureux des grands espaces.
Aux offices de tourisme, les familles cherchent les balades environnantes pour un pique-nique au bord d'une rivière.
C'est l'occasion d'échanger avec l'inconnu à côté de qui on marche. On va aussi à la rencontre des agriculteurs, chez lesquels on s'installe pour quelques jours avant de repartir vers une autre ferme.
D'autres transportent leur tente, qu'ils montent en pleine nature et sous laquelle ils se reposent.
La randonnée offre l'évasion pour un coût modeste. Elle libère l'horizon aux télétravailleurs. Elle est bonne pour la santé et, en famille ou entre amis, la marche, pour zéro émission carbone, est un formidable lieu de rencontres en plein air, de discussions et de partages. Les chemins ne sont-ils pas les derniers lieux où l'on salue systématiquement les gens que l'on croise ? Belle civilité.

* Voir le point « Culture(s) » p. 139
** Institut national de l'information géographique et forestière

1 Observez la Une du Parisien (Doc. 1).
   a. Quel est le sujet ?
   b. Expliquez le jeu de mots du titre.

2 Lisez l'éditorial du Parisien (Doc. 2).
   a. Qu'est-ce qu'un éditorial ?
   b. Quelle est l'intention de l'auteur ? Cochez.
   ☐ 1. Dénoncer les effets négatifs de la randonnée.
   ☐ 2. Présenter l'enthousiasme des Français pour la marche.
   ☐ 3. Analyser les raisons de la popularité de la marche.

3 À deux Relisez l'éditorial (Doc. 2).
   a. Répondez.
   1. Qui pratique la randonnée en France ? Où ?
   2. Quels sont les avantages de la randonnée ?
   b. Listez :
   1. le matériel du randonneur : …
   2. les lieux pour dormir : …

4 À deux Relisez (Doc. 2).
   a. *Vrai* ou *faux* ? Justifiez avec des phrases de l'éditorial.
   1. Grâce aux randonneurs, certaines régions redeviennent attractives.
   2. Avant, on croisait beaucoup de touristes dans les refuges de montagne.
   3. Les randonneurs ne sympathisent pas.
   4. On peut dormir chez des agriculteurs.
   b. Observez les pronoms relatifs composés dans les phrases relevées. Soulignez la bonne réponse.
   1. Les pronoms relatifs composés se construisent **avec une préposition** · **sans préposition**.
   2. Ils **s'accordent avec un nom** · **sont invariables**.

5 En petit groupe Faites-vous de la randonnée ? Pourquoi ? Échangez.

LEÇON **34**

Culture(s)

L'Hexagone

La France a trois côtés maritimes et trois côtés terrestres : cela lui donne une forme hexagonale. Ce terme a été utilisé pour la première fois au 19ᵉ siècle par les maîtres d'école pour enseigner la géographie aux enfants. La presse française l'utilise beaucoup.

DOC. 3 140

Chroniques du ciel. Le tourisme spatial

▲ Un astronaute en apesanteur dans l'espace et la Lune en orbite.

6 Observez la page de France Info (Doc. 3).

a. Comment s'appelle l'émission ?

b. Quel est le thème du jour ?

7 Écoutez la chronique (Doc. 3).

a. Quelle est la principale information ?

b. Complétez les informations sur le vol.
1. Nombre de passagers : …
2. Nombre de jours en orbite : …
3. Distance avec la Terre : …

c. Choisissez.
Le journaliste :
1. dénonce le tourisme spatial et ses conséquences.
2. parle du tourisme spatial dans le futur et s'interroge sur ses conséquences.
3. décrit en détail les conséquences du tourisme spatial dans les années à venir.

8 **À deux** Réécoutez (Doc. 3).

a. Répondez et justifiez.
1. Le vol a-t-il un objectif scientifique ?
2. Le tourisme spatial va-t-il se développer ?
3. Ce type de tourisme est-il bon pour l'environnement ?

b. Lisez les phrases. Mettez les actions en gras dans l'ordre chronologique.

Dans trente ans, nous ne **voyagerons** plus comme aujourd'hui. Les moins riches **auront fait** l'expérience de l'apesanteur.

c. Observez la forme suivante au futur antérieur. Comment ce temps est-il formé ?

auront fait

AGIR

9 💬 ✏️ Imaginez le tourisme de demain.

a. **À deux** D'après vous, quel type de tourisme se développera dans les années à venir ? Écologique, humanitaire, technologique, sportif ? **Échangez** et **décidez**.

b. Notez les destinations possibles, la durée des séjours, le mode de logement et le mode de transport. Décrivez les activités.

c. **Expliquez** les avantages et les inconvénients de ce type de tourisme.

d. Rédigez une chronique. Lisez-la à la classe à la manière de l'émission *Chroniques du ciel*.

e. **En groupe** Quels sont les types de tourisme majoritairement choisis par la classe ? **Échangez**.

> **Langue & S'entraîner** p. 145-146

LEÇON 35 — Réfléchir au voyage

COMPRENDRE

Guide du voyage immobile

Comment peut-on voyager en restant immobile ? Le « voyage immobile » est une expression paradoxale mais pourtant très utilisée. Elle désigne aussi bien le fait de vivre un voyage géographiquement immobile, que celui de voyager par l'esprit, sans aller nulle part. Nous vous proposons plusieurs pistes pour découvrir et explorer les différents types de voyages immobiles.

👉 **Vivre un voyage géographiquement immobile**
Pour expérimenter ce type de voyage, vous devrez partir quelque part et vous y poser. Vous pourrez, selon votre envie, soit vous consacrer à un objectif, par exemple découvrir un aspect de vous plus en profondeur, soit au contraire « laisser venir ». Le temps s'écoule et l'endroit que nous avons choisi fait son travail en nous.

👉 ....
Pour aller ailleurs, consultez des guides de voyage et lisez des récits de voyage : Marco Polo, Stendhal, Sylvain Tesson, Titouan Lamazou…
On peut aussi voyager n'importe où, dans le temps et dans l'espace, grâce à la philosophie, au cinéma, au théâtre… Ou bien visiter des musées, comme le musée Guimet à Paris ou le musée des Confluences à Lyon.

👉 ....
Laissez votre esprit vagabonder. Allez partout en rêve. Comme Baudelaire, qui considère que « les plus beaux voyages sont ceux que l'on imagine ».

👉 ....
– Ayez du temps à perdre : le voyage immobile comme l'art de ne rien faire et de contempler.
– Méditez : laissez derrière vous votre port d'attache, quittez les rivages de l'habitude et de vos certitudes, tracez des chemins dans l'inconnu.

---

1 a. Lisez le titre de l'article (Doc. 1). D'après vous, qu'est-ce qu'un voyage immobile ?

b. Lisez l'article (Doc. 1). Vérifiez vos hypothèses (act. a).

2 À deux Relisez l'article (Doc. 1).

a. Qu'est-ce qu'un voyage « géographiquement immobile » ?

b. Placez les sous-titres manquants au bon endroit.
1. Voyager vers un lieu imaginé
2. Prendre son temps
3. Voyager vers d'autres lieux et d'autres époques sans se déplacer

3 À deux Trouvez dans l'article (Doc. 1) cinq mots répondant à la question « où ? ». Puis associez-les aux explications suivantes.
a. on ne sait pas où exactement
b. dans tous les lieux
c. dans n'importe quel endroit
d. dans un autre lieu
e. dans aucun endroit

4 💬 Parmi les voyages du Doc. 1, lequel conseilleriez-vous à votre meilleur(e) ami(e) ? Pourquoi ? Échangez.

5 Écoutez l'interview d'Ariane Mnouchkine (Doc. 2).

a. Qui est Ariane Mnouchkine ?

b. Où est-elle allée ? Pourquoi ?

c. Quel voyage du Doc. 1 a-t-elle fait ?

LEÇON 35

6 À deux Réécoutez (Doc. 2).

a. Notez ses activités quotidiennes.

b. Quels sentiments exprime-t-elle ? Cochez.

☐ le bonheur   ☐ la colère
☐ la peur   ☐ l'espoir
☐ la tristesse ☐ le regret

c. Lisez les phrases. Quel mode suit l'expression des sentiments ?

1. Je suis heureuse que des visiteurs **puissent** profiter de cet endroit extraordinaire.
2. Je suis triste qu'on **fasse** disparaître les choses du passé.
3. Je regrette qu'on **soit** obligés de choisir entre traditions et progrès.

DOC. 3

XLI
LE PORT

Un port est un séjour charmant pour une âme fatiguée des luttes de la vie. L'ampleur[1] du ciel, l'architecture mobile des nuages, les colorations changeantes de la mer, le scintillement[2] des
5 phares sont un prisme[3] merveilleusement propre à amuser les yeux sans jamais les lasser. Les formes élancées[4] des navires, au gréement[5] compliqué, auxquels la houle[6] imprime des oscillations[7] harmonieuses, servent à entretenir dans
10 l'âme le goût du rythme et de la beauté. Et puis, surtout, il y a une sorte de plaisir mystérieux et aristocratique pour celui qui n'a plus ni curiosité ni ambition, à contempler, couché dans le belvédère[8] ou accoudé sur le môle[9], tous ces mouvements
15 de ceux qui partent et de ceux qui reviennent, de ceux qui ont encore la force de vouloir, le désir de voyager ou de s'enrichir.

Le Spleen de Paris in *Les Petits Poèmes en prose*,
Charles Baudelaire, 1869

1 l'ampleur : une largeur importante ; 2 le scintillement : la lumière ; 3 un prisme : un bloc de verre taillé dans lequel on regarde et qui divise l'image ; 4 élancé : grand et fin ; 5 le gréement : le matériel pour manœuvrer un bateau ; 6 la houle : le mouvement de la mer ; 7 une oscillation : un balancement ; 8 un belvédère : une terrasse dans un lieu élevé ; 9 un môle : un mur qui protège l'entrée du port

7 Lisez « Le Port » de Charles Baudelaire et repérez sa source (Doc. 3).

a. Qu'est-ce qu'un poème en prose ?
b. Que savez-vous de Charles Baudelaire ?
c. De quoi parle-t-il dans ce poème ?
d. Qu'est-ce qui rend ce texte poétique ?

8 À deux Relisez (Doc. 3).

a. Le narrateur exprime-t-il de la joie ou de la tristesse ? Expliquez. Et vous ? Que ressentez-vous à la lecture de ce poème ? Échangez.

b. Le tableau de Claude Monet ci-dessous peut-il illustrer le poème ? Pourquoi ? Expliquez.

Claude Monet, *Le Havre, Bateaux de pêche sortant du port*, 1874

AGIR

9 Pourquoi voyage-t-on ?

a. **En petit groupe** Parcourez l'unité 9. Relevez les raisons pour lesquelles on voyage et ajoutez-en d'autres.

b. Parmi tous les voyages vus dans l'unité, lequel vous plaît le plus ? Pourquoi ? Échangez.

c. D'après vous, les voyages nous font-ils changer ? Échangez.

> Langue & S'entraîner p. 146-147

CULTURE(S) VIDÉO

▶ 26 Un port normand

1 Regardez la vidéo sans le son. ▶26

a. Où est-ce ? Qui voit-on ?
b. À quoi ressemble l'objet que l'enfant manipule ?
c. Quels types d'images voit-on ?
d. Comparez les images de la ville au Moyen Âge et celles d'aujourd'hui. Quelles sont les différences et les similitudes ?

2 À deux Regardez la vidéo avec le son. ▶26

a. Situez la ville sur la carte de France à la fin du livre.
b. Notez les objectifs de l'office de tourisme de la ville.
c. Quel sera le thème du prochain voyage dans le temps ?

LEÇON 36

Techniques pour...
... écrire une lettre de motivation

LIRE

DOC. 1

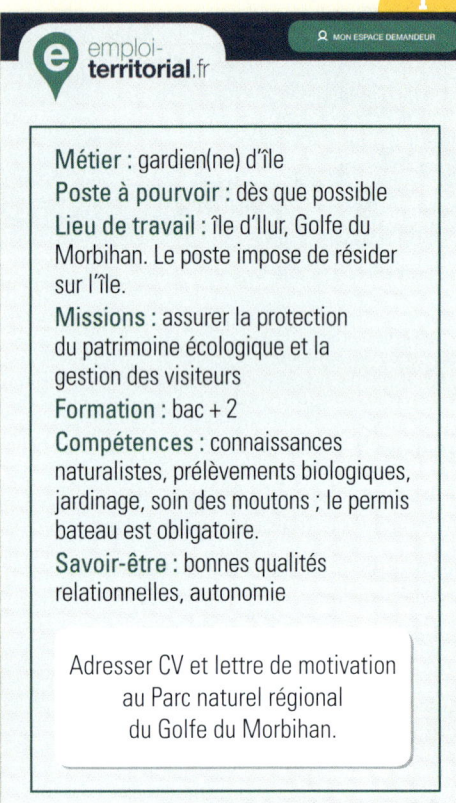

emploi-territorial.fr

Métier : gardien(ne) d'île
Poste à pourvoir : dès que possible
Lieu de travail : île d'Ilur, Golfe du Morbihan. Le poste impose de résider sur l'île.
Missions : assurer la protection du patrimoine écologique et la gestion des visiteurs
Formation : bac + 2
Compétences : connaissances naturalistes, prélèvements biologiques, jardinage, soin des moutons ; le permis bateau est obligatoire.
Savoir-être : bonnes qualités relationnelles, autonomie

Adresser CV et lettre de motivation au Parc naturel régional du Golfe du Morbihan.

DOC. 2

1 ▸ Carole Le Roux
12 rue Louise Michel
18100 Vierzon
06 27 42 76 90
cleroux@gmail.com

2 ▸ Parc naturel régional du Golfe du Morbihan
8 boulevard des Îles
56006 Vannes

3 ▸ Vierzon, le 19 septembre 2022

4 ▸ **Objet :** candidature au poste de gardienne de l'île d'Ilur

5 ▸ Madame, Monsieur,

6 ▸ La presse a salué votre travail concernant la protection de la biodiversité sur l'île d'Ilur, dans l'une des plus belles baies du monde. Vous avez su trouver l'équilibre entre écologie et activité touristique dynamique. C'est pourquoi votre annonce pour le poste de gardienne de l'île d'Ilur a retenu mon attention.

7 ▸ Pendant mes études de gestion et protection de la nature, j'ai effectué plusieurs stages à l'étranger, par exemple, dans le parc national de Killarney, en Irlande. Je connais bien la gestion des parcs nationaux et j'ai une bonne pratique de la navigation.
Garde du littoral pendant trois ans, j'ai développé des compétences dans différents domaines : la collecte d'informations sur la faune et la flore, l'inventaire des espèces, le comptage et le suivi des populations ainsi que l'accueil et l'information du public (randonneurs, élèves).

8 ▸ Aujourd'hui, mon objectif est de mettre ma passion pour la mer, ma disponibilité et mon dynamisme au service du Parc naturel du Golfe du Morbihan. Autonome, soucieuse du vivant et de la protection de l'environnement, je pense que ce poste me correspond parfaitement.

9 ▸ J'espère pouvoir vous montrer ma motivation au cours d'un prochain entretien.

10 ▸ Dans cette attente, je vous prie d'agréer, Madame, Monsieur, l'expression de mes salutations distinguées.

Carole Le Roux

1 [Découverte] Lisez l'offre d'emploi (Doc. 1). Identifiez :
– le poste ;
– le lieu ;
– le début du travail ;
– les compétences requises.

2 Lisez la lettre de motivation (Doc. 2). Relevez les informations sur la candidate.
– son nom
– sa formation
– ses expériences
– une de ses principales qualités

LEÇON 36

3 [Analyse] À deux Relisez l'annonce (Doc. 1) et la lettre de motivation (Doc. 2).

a. Carole est-elle une bonne candidate pour ce poste ? Justifiez.

b. Associez les intitulés suivants aux parties 1 à 10 de la lettre.
A. Demande d'entretien
B. Formule d'appel
C. Formule finale de politesse
D. Identité et adresse du/de la destinataire
E. Expériences et compétences
F. Justification de la candidature
G. Identité et coordonnées de l'expéditeur(trice)
H. Intérêt pour l'entreprise
I. But de la lettre
J. Ville et date d'envoi de la lettre

ÉCRIRE

4 Écrivez une lettre de motivation.

a. Trouvez une offre qui vous intéresse pour un emploi dans un pays francophone.

b. Rédigez votre lettre de motivation.

c. À deux Échangez vos lettres. Améliorez-les.

POUR écrire une lettre de motivation

- Indiquer :
  – ses coordonnées en haut à gauche de la lettre
  – l'adresse du destinataire en haut à droite de la lettre
- Préciser le lieu et la date
  Vierzon, le 19 septembre 2022.
- Indiquer le but la lettre
  Objet : candidature au poste de gardienne de l'île d'Ilur
- Utiliser :
  – une formule d'appel au début
  destinataire inconnu : *Madame, Monsieur,*
  destinataire connu : *Madame,* ou *Monsieur,*
  – une formule de prise de congé à la fin
  Dans cette attente, je vous prie d'agréer, Madame, Monsieur, l'expression de mes salutations distinguées.
- Parler de l'entreprise
  La presse a salué votre travail concernant...
  Vous avez su trouver...
- Faire référence à l'annonce
  C'est pourquoi votre annonce pour le poste de ... a retenu mon attention.
- Décrire ses compétences et expériences
  Pendant mes études de...
  J'ai effectué plusieurs stages...
  Je connais bien... et j'ai une bonne pratique de...
  (Profession) pendant trois ans, j'ai développé des compétences dans différents domaines : ...
- Justifier sa candidature
  Aujourd'hui, mon objectif est de...
- Demander un rendez-vous
  J'espère pouvoir vous montrer ma motivation au cours d'un prochain entretien.

... la médiation : **interpréter des gestes**

5 Observez les photos (Doc. 3).

a. À votre avis, que signifient ces gestes ?

b. Faites-vous les mêmes gestes ?

6 À deux Que dit l'homme ? Associez chaque photo à l'expression correspondante. Expliquez.
a. « J'en ai ras le bol ! »
b. « Mon œil ! »
c. « C'est délicieux ! »
d. « La barbe ! »

7 En groupe Présentez et expliquez un ou plusieurs gestes de votre pays ou d'un pays que vous connaissez.

cent quarante-trois 143

Langue & S'entraîner

Leçon 33 — Grammaire

Les temps du récit au passé

■ **Le passé composé** : pour parler d'un événement ou d'un fait ponctuel et pour exprimer une succession d'actions.
J'**ai rencontré** Sauer, un Américain de mon âge.
On **a** très vite **sympathisé** et on **a marché** ensemble jusqu'à l'arrivée au Canada.

■ **L'imparfait** : pour décrire les circonstances d'un événement ou d'un fait ponctuel, faire une description ou raconter des habitudes.
Je **voulais** tester mes limites.
Ma plus grande crainte **était** justement de me retrouver seule face à un ours.
J'**essayais** de camper avec d'autres randonneurs pour ne pas avoir de mauvaise surprise.

■ **Le plus-que-parfait** : pour exprimer une action passée antérieure à une autre action passée.
Je m'**étais** longtemps **préparée** à ce challenge et c'est le 12 novembre 2017 que mon rêve **a** réellement **pris** forme.

1 Complétez le témoignage avec les verbes au passé composé, à l'imparfait ou au plus-que-parfait.

L'hiver dernier, je me suis inscrit (s'inscrire) à l'Ultra Trail du Mont-Blanc (UTMB) et je _____ (courir) 168 kilomètres autour du Mont-Blanc avec un dénivelé de 9 600 mètres. Avant de faire cette course, je _____ (ne jamais courir) aussi longtemps. Il y _____ (avoir) 2 500 coureurs. Je _____ (se préparer) longtemps à l'avance pour être en forme car je _____ (savoir) que j'allais courir pendant 40 heures.
On _____ (quitter) Chamonix le vendredi à 17 h 30 et malheureusement il ne _____ (faire) pas très beau : alors que le soleil _____ (briller) les deux jours précédents, il _____ (se mettre) à pleuvoir au moment où nous _____ (partir). Et il _____ (pleuvoir) pendant les quatre premières heures de course. La fatigue _____ (commencer) à se faire sentir au bout de 10 heures de course. De plus, je _____ (se blesser) à la cuisse trois jours avant et la douleur _____ (revenir) pendant une descente. À la première grande pause, je _____ (manger) une grande assiette de pâtes et je _____ (repartir). Il _____ (rester) 122 kilomètres et je _____ (avoir) envie d'abandonner. Je _____ (trouver) la force mentale au fond de moi et je _____ (continuer). Mais ma cuisse me _____ (faire) de plus en plus mal et, en arrivant à une étape, je _____ (se diriger) vers la tente des soigneurs. Un médecin me _____ (ausculter) et me _____ (autoriser) à repartir en me conseillant de ralentir un peu. Je _____ (souffrir) mais je _____ (vouloir) tester mes limites. Je _____ (marcher) pendant les 50 derniers kilomètres mais je _____ (ne pas renoncer). Je _____ (passer) la ligne d'arrivée épuisé mais heureux !

2 **À deux** Émilie parle de son aventure. Complétez la forme du participe passé, si nécessaire.

Ex. : L'aventure que j'ai vécu**e** a été exceptionnelle.
a. Les régions que j'ai traversé___ étaient magnifiques.
b. Les animaux sauvages, nous les avons observé___ de loin.
c. Tous les participants ont reçu___ beaucoup d'encouragements.
d. L'ascension que j'ai fait___ était vraiment difficile.
e. Cette expérience m'a aidé___ à prendre confiance en moi.
f. Grâce à cette aventure, j'ai vraiment testé___ mes limites.
g. C'est le froid et la pluie qui m'ont le plus gêné___ .
h. Je suis très fière de la médaille qu'on m'a donné___ .
i. Mes compagnons de route, je les ai revu___ un mois après.
j. L'exploit que nous avons tous accompli___ restera dans nos mémoires.

L'antériorité, la simultanéité et la postériorité

■ **L'antériorité**
– **avant de** + infinitif*
Avant de **me décider**, j'ai besoin d'un peu plus d'infos.

– **avant que** + subjonctif**
Avant que le boulot **devienne** vraiment stressant, j'étais plutôt heureux.

*quand le sujet des deux verbes est le même

**quand les sujets sont différents

Langue & S'entraîner UNITÉ 9

■ **La simultanéité**
– **au moment où** + **indicatif**
Au moment où j'ai décidé de tout plaquer, je me suis senti libéré.
– **pendant que** + **indicatif**
Pendant que les uns travaillent, les autres dorment.

■ **La postériorité**
– **après que** + **indicatif**
J'ai décidé d'arrêter de travailler après que mon médecin m'a alerté.
– **dès que*** + **indicatif**   *quand un fait a lieu immédiatement après un autre fait
Et dès que j'ai trouvé l'équipage, je retourne à Lisbonne.

3 Soulignez l'expression de temps correcte.
Ex. : J'ai commencé un tour du monde seule <u>dès que</u> • pendant que j'ai eu assez d'argent pour le faire.
a. J'ai préparé ce voyage **pendant que** • **avant que** je terminais mes études.
b. Je suis partie **après que** • **avant que** mes parents veuillent me persuader de renoncer.
c. **Avant de** • **Avant que** partir, j'ai prévenu tous mes amis.
d. J'étais un peu émue **pendant que** • **au moment où** je suis partie.
e. J'essaie toujours de trouver un endroit où dormir **dès qu'** • **avant qu'** il fasse nuit.
f. **Pendant que** • **Dès que** je traversais le Pérou, j'ai perdu mes papiers d'identité.
g. J'ai pu passer en Bolivie **après que** • **avant que** la police a retrouvé mon passeport.
h. **Dès que** • **Pendant que** je change de pays, je contacte mes proches pour les tenir au courant.
i. Quand je rentrerai, je me reposerai **pendant que** • **avant de** repartir à l'aventure.

Vocabulaire

🎧 142 **Les animaux sauvages** un ours • un puma • un serpent à sonnette • renifler • rôder

🎧 143 **La randonnée (1)** une ascension • une chaîne de montagnes • un chemin • un dénivelé • un détour • un sentier • contourner

🎧 144 **L'aventure** un challenge = un défi • (accomplir) un exploit • un rêve • un tour du monde • affronter • tester ses limites • tout plaquer (fam.)

🎧 145 **La mer (1)** un équipage • un(e) équipier/équipière • une escale • la navigation / naviguer • un port • une voile • un voilier • manœuvrer • mettre le cap sur

🎧 146 **La psychologie** une crainte • la détermination • la force mentale • la solitude • avoir peur / faire peur • inquiéter

Leçon 34 — Grammaire

Les pronoms relatifs composés

Formation : **préposition** (dans, avec, sur, sous…) + **lequel / laquelle / lesquels / lesquelles**
Les refuges de montagne, dans lesquels on ne croisait généralement que peu de touristes.
D'autres transportent leur tente, qu'ils montent en pleine nature et sous laquelle ils se reposent.

❗ Quand le pronom remplace <u>une personne</u>, on peut utiliser **qui** à la place de **lequel**.
C'est l'occasion d'échanger avec <u>l'inconnu</u> à côté de qui on marche.

❗ Le pronom se contracte avec les prépositions **à** et **de** (grâce à, à côté de…).
à + lequel → **au**quel ; à + lesquels / lesquelles → **aux**quels / **aux**quelles
de + lequel → **du**quel ; de + lesquels / lesquelles → **des**quels / **des**quelles
C'est l'été des randonneurs grâce auxquels nos campagnes revivent.

Langue & S'entraîner

4 Alice montre à une amie des photos de sa randonnée. Complétez avec un pronom relatif composé. Utilisez la préposition entre parenthèses.

Ex. : Voici l'itinéraire de la randonnée à laquelle (à) j'ai participé.
a. Ici, c'est le sommet _____ (en haut de) nous sommes arrivés.
b. Là, ce sont les trois amis _____ (avec) j'ai fait la rando.
c. Voilà tous les refuges _____ (dans) nous avons dormi.
d. Tu vois, là, ce sont les panneaux indicateurs _____ (grâce à) on se dirige facilement.
e. C'est le lac _____ (autour de) nous avons marché.
f. Là, c'est le long tunnel _____ (sous) nous sommes passés.
g. L'homme, là, c'est l'agriculteur _____ (à) nous avons demandé notre chemin.

Le futur antérieur

On utilise le futur antérieur pour parler d'une action future antérieure à une autre action future.
Formation : avoir ou être au futur + participe passé
*Dans trente ans, nous ne **voyagerons** plus comme aujourd'hui. Les moins riches **auront fait** l'expérience de l'apesanteur et le tourisme spatial **sera entré** dans les habitudes.*

5 🎧 147 Écoutez. Cochez quand vous entendez le futur antérieur.

Ex. : Elle aura voyagé.

Ex.	a.	b.	c.	d.	e.	f.	g.	h.	i.	j.
✓										

Vocabulaire

🎧 148 **La randonnée (2)** un bâton • l'évasion (f.) • un(e) randonneur/randonneuse • un refuge • (monter) une tente • en plein air

🎧 149 **L'espace** l'altitude (f.) • l'apesanteur (m.) • un(e) astronaute • une station orbitale • un vol • spatial(e) • amerrir / atterrir • décoller • en orbite

6 Complétez ces annonces publicitaires avec un mot de la liste.
décollez • astronaute • apesanteur • en orbite • spatial • amerrissez
a. Devenez astronaute le temps d'un vol _____ !
b. Vivez une expérience unique : 4 jours _____ autour de la Terre !
c. _____ pour la Lune, sensation garantie ! Pour le retour, _____ dans l'océan, sensation multipliée par dix !
d. Voyagez dans l'espace pour faire l'expérience de l'_____ !

Leçon 35 — Grammaire

Le subjonctif (4)

On utilise le subjonctif après l'expression d'un sentiment.
Je suis content(e)/furieux(euse)/triste... que + subjonctif / Je regrette que + subjonctif
*Je suis heureuse que des visiteurs **puissent** profiter de cet endroit extraordinaire.*
*Je suis triste qu'on **fasse** disparaître les choses du passé.*
*Je regrette qu'on **soit** obligés de choisir entre traditions et progrès.*

❗ Quand le sujet parle de lui-même, on utilise l'infinitif.
*Je suis heureuse de **retourner** au Népal.*
*Je suis triste de **voir** les changements.*
*Je regrette de **ne pas pouvoir** rester plus longtemps à Bodnath.*

Rappel : On utilise également le subjonctif pour exprimer l'obligation, le doute ou le souhait.
*Il faut que le patrimoine culturel **soit** préservé. • Je ne crois pas que les voyages **soient** dangereux. • Je souhaite qu'on **prenne** moins l'avion.*

Langue & S'entraîner UNITÉ 9

7 Transformez les phrases avec le subjonctif ou l'infinitif.
Ex. : Certains sites culturels sont abîmés par le tourisme de masse. → Je suis triste que certains sites culturels soient abîmés par le tourisme de masse.
a. Je découvre des lieux magnifiques grâce aux documentaires. → Je suis contente…
b. Au musée, les gens font des photos au lieu d'admirer les œuvres présentées. → Au musée, cela m'énerve…
c. Je ne peux pas rester plus longtemps dans ce monastère. → Je regrette…
d. Ce site naturel est interdit aux touristes. → Il est furieux…
e. La visite guidée n'a pas lieu. → Tout le monde est déçu…
f. La réalité virtuelle permet de découvrir comment étaient les villes il y a plusieurs siècles. → Je suis étonné…
g. Je peux voyager quand je veux. → Je suis heureuse…

8 150 **Écoutez. Cochez ce que la phrase exprime.**
Ex. : Je suis heureuse qu'on parte en voyage ensemble.

	Ex.	a.	b.	c.	d.	e.	f.	g.	h.
obligation									
doute									
souhait									
sentiment	✓								

Vocabulaire

🎧 151 **Le voyage** un port d'attache • mobile ≠ immobile • contempler • découvrir • explorer • laisser derrière soi • s'éloigner • s'installer • se poser • vagabonder

🎧 152 **La mer (2)** la houle • un navire • un phare • un rivage

🎧 153 **Les sentiments** le plaisir • heureux/heureuse • triste • regretter

🎧 154 **Le sacré** l'âme (f.) • l'esprit (m.) • un moine • un monastère • un sanctuaire • spirituellement

🎧 155 **La localisation (2)** ailleurs • n'importe où • partout • quelque part ≠ nulle part

Phonétique

Les accentuations et les intonations 🎧 156 ▶ 27

→ **L'accent de base** : la dernière syllabe du groupe rythmique est accentuée : elle est plus longue. Si la phrase n'est pas finie, l'intonation monte sur cette syllabe ; quand la phrase est finie, elle descend.
Ex. : Je re**grette** qu'on soit obli**gés** de choi**sir** entre tradi**tions** et pro**grès**.
  ↗ ↗ ↗ ↘

→ **L'accent d'insistance** : si on veut mettre en valeur un mot, on intensifie la première syllabe de ce mot. Mais la dernière syllabe du groupe rythmique garde son allongement (accent de base).
Ex. : Je **re**grette qu'on soit **o**bligés de choi**sir** entre **tra**di**tions** et **pro**grès.
  ↗ ↗   ↗   ↗   ↗ ↗   ↗ ↘

9 157 **a. Écoutez. Soulignez les mots sur lesquels porte l'accent d'insistance.**
Comment peut-on voyager en restant immobile ? Le « voyage immobile » est une expression paradoxale mais pourtant très utilisée. Elle désigne aussi bien le fait de vivre un voyage géographiquement immobile, que celui de voyager par l'esprit, sans aller nulle part.

b. Répétez en respectant les accents d'insistance et l'accent de base.
c. Relisez le texte en changeant librement les accents d'insistance.

Retrouvez les activités avec sur inspire3.parcoursdigital.fr et plus de 150 activités inédites.

Faites le point

Expressions utiles

RACONTER AU PASSÉ

- C'est le 12 novembre 2017 que mon rêve a réellement pris forme.
- Je m'étais renseignée et je savais qu'ils étaient dangereux.
- J'ai décidé d'arrêter de travailler après que mon médecin m'a alerté.
- Au moment où j'ai décidé de tout plaquer, je me suis senti libéré.
- Autrefois, quand j'étais très jeune, j'ai longé la Patagonie à la voile.
- Je suis arrivée juste après Noël. Il faisait un temps sublime.

PARLER DES VOYAGES DU FUTUR

- Dans trente ans, nous ne voyagerons plus comme aujourd'hui, c'est certain.
- Quel sera le coût écologique de ces voyages dans l'espace ?
- Il est encore difficile d'estimer précisément l'impact environnemental de ce tourisme.
- Le tourisme spatial a-t-il un bel avenir devant lui ?

EXPLIQUER UNE MOTIVATION

- Je veux profiter du temps que j'ai, m'échapper de la ville, être proche de la nature.
- J'ai envie de voyager, mais sans faire du tourisme.
- Je veux découvrir le monde et savoir de quoi je suis capable.

EXPRIMER DES SENTIMENTS

- Je suis heureuse que des visiteurs puissent profiter de cet endroit extraordinaire.
- Je suis triste qu'on fasse disparaître les choses du passé.
- Je regrette qu'on soit obligés de choisir entre traditions et progrès.
- L'altitude me fait peur.

Évaluez-vous !

À LA FIN DE L'UNITÉ 9, VOUS SAVEZ...

APPLIQUEZ !

☐ utiliser les temps du passé
> Racontez votre dernier rêve.

☐ exprimer l'antériorité, la postériorité, la simultanéité
> Racontez votre journée d'hier en distinguant bien les différents moments.

☐ utiliser les pronoms relatifs composés
> Reliez les deux phrases en utilisant un pronom relatif composé.
> • Je te conseille ce livre. J'ai découvert les voyages immobiles grâce à ce livre.
> • Dans le parc, il y a de beaux arbres. Nous pourrions faire un pique-nique sous ces arbres.

☐ exprimer des sentiments
> Complétez librement.
> Je suis content(e) que...
> Je suis triste que...
> Je regrette que...

Annexes

DELF B1 Épreuve blanche p. 150-158

Les sons du français p. 159

Précis grammatical p. 160-179

Conjugaisons p. 180-185

Corrigés des S'entraîner et des Évaluez-vous ! p. 186-190

DELF B1

I. COMPRÉHENSION DE L'ORAL 25 POINTS

Vous allez écouter plusieurs documents. Il y a deux écoutes. Pour répondre aux questions, cochez la bonne réponse.

Exercice 1 Comprendre une interaction entre locuteurs natifs *7 points*

Vous écoutez une conversation.

🎧 158 **Lisez les questions. Écoutez le document puis répondez.**

1. Camille parle… *(1 point)*
   - ☐ a. d'un événement familial.
   - ☐ b. d'une manifestation culturelle.
   - ☐ c. d'un changement professionnel.

2. Dans le passé, elle a travaillé… *(1 point)*
   - ☐ a. pour un blog.
   - ☐ b. pour un quotidien local.
   - ☐ c. pour une chaîne de télévision.

3. Au sujet de son ancien travail, elle exprime… *(1,5 point)*
   - ☐ a. de la déception.
   - ☐ b. de l'indifférence.
   - ☐ c. de l'enthousiasme.

4. Actuellement, elle travaille pour… *(1 point)*
   - ☐ a. un médecin.
   - ☐ b. un journal spécialisé.
   - ☐ c. une association caritative.

5. Sa nouvelle situation lui a été proposée par… *(1 point)*
   - ☐ a. un ami d'enfance.
   - ☐ b. un ancien collègue.
   - ☐ c. un ancien professeur.

6. Baptiste pense que la situation des personnes handicapées… *(1,5 point)*
   - ☐ a. s'est améliorée.
   - ☐ b. est encore difficile.
   - ☐ c. est de plus en plus grave.

Exercice 2 Comprendre une émission de radio (domaine public) *9 points*

Vous écoutez la radio.

🎧 159 **Lisez les questions. Écoutez le document puis répondez.**

1. L'association Planète Urgence est très active au niveau… *(1 point)*
   - ☐ a. régional.
   - ☐ b. national.
   - ☐ c. mondial.

DELF B1

2. Le programme « Environnement et développement » s'occupe principalement... (1,5 point)
   - ☐ a. des arbres.
   - ☐ b. des rivières.
   - ☐ c. des animaux.

3. L'opération « 1 euro = 1 arbre planté » de Planète Urgence veut montrer... (1 point)
   - ☐ a. qu'il est inutile
   - ☐ b. qu'il est possible } d'intervenir dans certaines zones.
   - ☐ c. qu'il est compliqué

4. D'après le journaliste, en protégeant la forêt, on contribue... (1,5 point)
   - ☐ a. à l'amélioration de l'air dans les villes.
   - ☐ b. au maintien des ressources naturelles.
   - ☐ c. au développement des activités industrielles.

5. Selon le journaliste, les études et avertissements officiels... (1 point)
   - ☐ a. ont accéléré la déforestation.
   - ☐ b. ont fait ralentir la déforestation.
   - ☐ c. n'ont eu aucun effet sur la gestion des forêts.

6. Les volontaires de Planète Urgence travaillent en collaboration avec... (1,5 point)
   - ☐ a. les habitants.
   - ☐ b. les gouvernements nationaux.
   - ☐ c. les spécialistes de l'environnement.

7. D'après le journaliste, la préservation des forêts a un impact direct sur... (1,5 point)
   - ☐ a. l'économie locale.
   - ☐ b. l'industrie mondiale.
   - ☐ c. le développement de Planète Urgence.

Exercice 3 Comprendre une émission de radio (domaine professionnel) — 9 points

Vous écoutez la radio.

🎧 160 **Lisez les questions. Écoutez le document puis répondez.**

1. Dans cette émission, Alexandra Palt... (1 point)
   - ☐ a. présente des projets dirigés par des femmes scientifiques.
   - ☐ b. analyse la présence féminine dans le domaine des sciences.
   - ☐ c. démontre l'efficacité des femmes dans le domaine des sciences.

2. Alexandra Palt explique que les femmes... (1 point)
   - ☐ a. sont absentes du domaine scientifique.
   - ☐ b. sont très présentes dans le domaine scientifique.
   - ☐ c. ne sont pas assez présentes dans le domaine scientifique.

3. Selon Alexandra Palt, cette situation... (1,5 point)
   - ☐ a. n'évolue pas.
   - ☐ b. change rapidement.
   - ☐ c. progresse lentement.

DELF B1

4. Alexandra Palt pense que l'intérêt pour les sciences peut se manifester... `1,5 point`
   - ☐ a. dès l'enfance.
   - ☐ b. à l'âge adulte.
   - ☐ c. à l'adolescence.

5. Selon Alexandra Palt, aujourd'hui les femmes sont... `1,5 point`
   - ☐ a. rejetées
   - ☐ b. acceptées } par le monde scientifique.
   - ☐ c. discriminées

6. Alexandra Palt voudrait que les femmes scientifiques... `1 point`
   - ☐ a. travaillent davantage.
   - ☐ b. parlent plus de leur activité.
   - ☐ c. travaillent plus souvent dans les médias.

7. Alexandra Palt pense que la science permet aux femmes de... `1,5 point`
   - ☐ a. se libérer.
   - ☐ b. gagner beaucoup d'argent.
   - ☐ c. découvrir de nouveaux métiers.

II. COMPRÉHENSION DES ÉCRITS 25 POINTS

Exercice 1 Lire pour s'orienter `8 points`

Vous avez gagné une somme importante au Loto. Vous proposez à un(e) ami(e) de partir avec vous pour un voyage insolite. Vous consultez le site Internet d'une agence de voyages qui propose des expériences loin de votre routine quotidienne. Le séjour devra répondre aux critères suivants :
– contact avec la nature ;
– rencontre de la population locale ;
– coût : 1 200 euros maximum par personne ;
– durée : une semaine minimum.

Vous comparez ces annonces : pour chaque annonce, cochez OUI si cela correspond au critère ou NON si cela ne correspond pas.

DOC. 1

GUINÉE :
de Conakry à Tafory en 2CV

À bord de la 2CV, voiture mythique, partez à la découverte de la Guinée Conakry. En parcourant les pistes de brousse, vous pourrez apprécier des paysages d'une beauté unique et préservée, entre les forêts denses et la faune très riche. Vous partez également à la rencontre des populations locales, qui vivent en totale harmonie avec leur environnement, et vous partagerez leurs traditions. Pour ce voyage, comptez environ 1 650 euros par personne pour 10 jours. Les départs se font de mi-octobre à fin juin.

	OUI	NON
1. Contact avec la nature	☐	☐
2. Rencontre de la population locale	☐	☐
3. Coût de 1 200 euros maximum par personne	☐	☐
4. Durée minimum : 1 semaine	☐	☐

DOC. 2

Écosse :
le tour des châteaux hantés

Pour une première visite de l'Écosse, le séjour « Fantômes au château » s'impose ! En ruine ou restaurés, ces châteaux ont chacun leur charme et surtout leurs anecdotes. Partez donc à la recherche de la dame verte, au château de Fyvie, ou bien de la dame blanche, enfermée dans le palais de Falkland, ou encore du fantôme de Lady Glamis au Glamis Castle. Loin de toute civilisation et situés sur des rochers dominant la mer ou un lac, ces châteaux vous raconteront les légendes les plus folles ! Comptez 1 000 € par personne pour une dizaine de jours.

	OUI	NON
1. Contact avec la nature	☐	☐
2. Rencontre de la population locale	☐	☐
3. Coût de 1 200 euros maximum par personne	☐	☐
4. Durée minimum : 1 semaine	☐	☐

DOC. 3

Suède :
expédition sur la rivière Klarälven

Pour admirer la nature et observer les castors et les rennes, partez à la découverte, au fil de l'eau, de la très belle région du Värmland, en Suède. Vous apprendrez à construire votre propre embarcation avant de naviguer en totale autonomie, pendant 5 à 8 jours, sur la rivière Klarälven. Une vieille tradition suédoise, idéale pour profiter des trésors de la nature et se détendre. Vous pourrez aussi vous baigner dans les eaux transparentes de la rivière. Comptez environ 400 € par personne, pour huit jours de navigation.

	OUI	NON
1. Contact avec la nature	☐	☐
2. Rencontre de la population locale	☐	☐
3. Coût de 1 200 euros maximum par personne	☐	☐
4. Durée minimum : 1 semaine	☐	☐

DOC. 4

Égypte :
croisière sur le Nil sur les traces d'Agatha Christie

En 1937, Agatha Christie a choisi l'Égypte comme décor de son roman policier *Mort sur le Nil*. La plus célèbre enquête d'Hercule Poirot se déroule à bord d'un bateau de croisière à vapeur, le S.S. Karnak. Près de 80 ans après, découvrez l'univers des personnages du roman en montant à bord d'un authentique bateau du 19e siècle. Vous y respirerez le charme rétro de la Belle Époque. Le voyage vaut indéniablement le coup d'œil et vous entraîne à la découverte de sites anciens, de Louxor jusqu'à Assouan. Comptez environ 1 200 € par personne. Durée de la croisière : cinq jours.

	OUI	NON
1. Contact avec la nature	☐	☐
2. Rencontre de la population locale	☐	☐
3. Coût de 1 200 euros maximum par personne	☐	☐
4. Durée minimum : 1 semaine	☐	☐

DELF B1

Exercice 2 Lire pour s'informer et discuter   **8 points**

Vous lisez cet article sur Internet.

Les jeux vidéo actifs peuvent avoir les mêmes bienfaits pour la santé que le jogging

Des chercheurs ont découvert que jouer à des jeux vidéo « actifs » a autant d'effets bénéfiques sur le corps que les exercices traditionnels comme le jogging. Ils estiment que ces jeux populaires pourraient par exemple être utilisés par les personnes qui souffrent de diabète, comme un moyen plus agréable de rester actives physiquement.

Les activités sédentaires, comme regarder la télévision ou utiliser un ordinateur, ainsi que de mauvaises habitudes alimentaires peuvent aggraver le risque d'obésité, d'hypertension ou encore de diabète. Mais concernant les jeux vidéo, certains pourraient au contraire s'avérer très bénéfiques, en encourageant les joueurs à bouger plus. Des chercheurs du Brésil et du Royaume-Uni ont étudié les effets sur le corps des jeux vidéo « actifs », ou jeux d'exercices, dans lesquels le joueur utilise les mouvements de son corps pour contrôler les personnages du jeu et marquer des points. Ils ont mesuré les effets cardiovasculaires chez plusieurs personnes atteintes de diabète. Ces dernières devaient soit jouer à un jeu vidéo actif, soit courir sur un tapis roulant avec une intensité modérée. Elles suivaient deux séances par semaine, pendant trois semaines. Ces mesures, et celles du niveau de plaisir ressenti, ont été effectuées immédiatement après la première séance, puis 30 minutes après et 24 heures après. Les résultats ont révélé que jouer à des jeux vidéo actifs produisait les mêmes effets que ceux provoqués par l'exercice physique. La principale différence constatée est que les participants ont trouvé les jeux vidéo beaucoup plus motivants et agréables que les exercices classiques.

Marquer des points, gagner des médailles et être récompensé pour ses efforts, tout cela a également encouragé les participants à répéter l'exercice et à améliorer leurs performances au fil du temps.

Pour répondre aux questions, cochez la bonne réponse.

1. Selon l'article, les jeux vidéo actifs ont des bénéfices sur le corps…   [1 point]
    - ☐ a. inférieurs
    - ☐ b. supérieurs   à ceux de la course à pied.
    - ☐ c. identiques

2. Ces jeux vidéo pourraient être utiles à certains malades.   [1 point]
    - ☐ a. Vrai.
    - ☐ b. Faux.

3. Certaines maladies sont directement causées par…   [1,5 point]
    - ☐ a. un excès d'activité physique.
    - ☐ b. un manque d'activité physique.
    - ☐ c. un usage excessif des jeux vidéo.

4. Des études sur les avantages des jeux vidéo sur le physique ont été menées…   [1 point]
    - ☐ a. en France.
    - ☐ b. en Europe.
    - ☐ c. dans le monde.

5. Les résultats des études montrent que les exercices traditionnels plaisent davantage que les jeux vidéo.   [1 point]
    - ☐ a. Vrai.
    - ☐ b. Faux.

6. Le fait d'obtenir des récompenses en s'entraînant... (1,5 point)
- a. est frustrant
- b. est stimulant } pour les joueurs.
- c. ne change rien

7. Quand elles font des jeux d'exercices, les personnes ont envie de recommencer. (1 point)
- a. Vrai.
- b. Faux.

Exercice 3 Lire pour s'informer et discuter (9 points)

Vous lisez cet article dans un magazine.

Comment la multiplication des ressourceries change notre façon de consommer

Vaisselle, vélo, canapé, vêtements, livres… on trouve de tout dans les ressourceries ! Quel est le poids économique de ces nouveaux magasins ? En quoi ont-ils modifié notre consommation ?

Les ressourceries, toute une philosophie

« Tout ce qui n'est pas donné est perdu », dit un proverbe indien. Perdu pour l'environnement, perdu pour les générations suivantes... C'est là toute la philosophie des ressourceries : vendre des biens d'occasion pour leur donner une deuxième vie. En plus de la collecte, de la réparation et de la vente d'objets, les ressourceries mènent des actions de sensibilisation à l'environnement, à la réduction des déchets et à la consommation. Elles sont devenues un outil essentiel de l'écologie en ville. Enfin, elles soutiennent une dynamique participative et inclusive, et renforcent l'engagement collectif dans l'action écologique.

Création d'emploi et respect de l'environnement

Elles répondent aux objectifs des politiques publiques en matière de réduction des déchets : en développant des services de proximité de collecte, en faisant du réemploi et en proposant une alternative aux modèles de consommation peu responsables, tout en créant du lien social. De plus, là où l'économie traditionnelle détruit des emplois, les ressourceries en créent. Elles sont particulièrement présentes dans les régions du Sud de la France, qu'elles ont contribué à dynamiser. Mais l'objectif du réseau des ressourceries est d'« être présent sur tout le territoire », rappelle son vice-président, Sébastien Pichot.

Vers un nouveau modèle de consommation

En 2020, les ressourceries ont fêté leurs 20 ans. Avec 25,8 millions d'euros de chiffres d'affaires, 4 000 salariés et 2 millions d'usagers dans les salles de vente, elles sont devenues un élément indispensable de notre économie. Elles engendrent même de nouvelles pratiques de consommation, surtout chez les jeunes. « De plus en plus de jeunes choisissent de venir s'y meubler ou s'y équiper », s'enthousiasme Sébastien Pichot.

Grâce aux ressourceries, le déchet devient une vraie ressource. Choisir la ressourcerie, c'est agir concrètement pour notre environnement et l'avenir de notre planète.

Pour répondre aux questions, cochez la bonne réponse.

1. Dans les ressourceries, on peut acheter... (1,5 point)
- a. des objets.
- b. des voitures.
- c. des aliments.

DELF B1

2. Les produits qu'on trouve dans les ressourceries ont déjà été utilisés. `1 point`
   - ☐ a. Vrai.
   - ☐ b. Faux.

3. Les ressourceries sont actives dans le domaine… `1,5 point`
   - ☐ a. de la santé.
   - ☐ b. de l'écologie.
   - ☐ c. de la politique.

4. Les ressourceries créent des emplois. `1 point`
   - ☐ a. Vrai.
   - ☐ b. Faux.

5. À l'heure actuelle, les ressourceries sont présentes… `1,5 point`
   - ☐ a. dans toute la France.
   - ☐ b. dans une seule région de France.
   - ☐ c. dans certaines régions de France.

6. La fréquentation des ressourceries par les jeunes est… `1,5 point`
   - ☐ a. nulle.
   - ☐ b. en diminution.
   - ☐ c. en augmentation.

7. Les ressourceries ne permettent pas de réduire les déchets. `1 point`
   - ☐ a. Vrai.
   - ☐ b. Faux.

III PRODUCTION ÉCRITE   25 POINTS

Expression d'un point de vue

Vous recevez cet e-mail de Lucie, une amie française. Lisez-le.

> Salut,
> Mon directeur m'a proposé d'aller en Chine pour diriger un projet de recherche.
> C'est une occasion unique et importante pour ma carrière. Mais comment je vais faire dans un pays dont je ne parle pas la langue et aux habitudes si différentes ?
> Je ne suis pas sûre d'accepter. Qu'en penses-tu ? Tu as des conseils à me donner ?
> Réponds-moi vite.
> Bises
> Lucie

Vous répondez à Lucie. Vous lui dites ce que vous pensez de cette proposition et vous lui donnez des conseils, en donnant des exemples. (160 mots minimum)

IV PRODUCTION ORALE 25 POINTS

L'épreuve comporte trois parties : entretien dirigé, exercice en interaction et expression d'un point de vue.

Avant le début de l'épreuve, vous tirez au sort deux sujets pour la partie 3 et vous en choisissez un. Ensuite, vous disposez de 10 minutes pour préparer la partie 3.

Lors de la passation, les trois parties s'enchaînent.

1. Entretien dirigé

Vous vous présentez : vous parlez de vous, de votre famille, de vos amis, de vos études, de vos goûts, etc. L'examinateur/examinatrice peut ensuite vous poser des questions complémentaires.

L'examinateur/examinatrice commence le dialogue par une question.

– Pouvez-vous vous présenter ?
– Pouvez-vous parler de vos centres d'intérêt ? Quelles activités, sportives ou culturelles, pratiquez-vous ? Pourquoi l'/les avez-vous choisie(s) ?
– Quelle forme d'engagement vous paraît importante aujourd'hui ? Pour quelle cause humanitaire seriez-vous prêt(e) à vous engager ? Pourquoi ?
– Êtes-vous déjà parti(e) pour des vacances pleines d'aventures ? Si oui, racontez. Sinon, quel type d'aventure seriez-vous prêt(e) à vivre en vacances ?
– Avez-vous déjà séjourné dans un pays étranger ? Si oui, qu'avez-vous retiré de cette expérience ?
– Comment communiquez-vous avec vos amis ? Quelle place les réseaux sociaux ont-ils dans votre vie ?
– Comment envisagez-vous l'avenir de notre planète ? À votre avis, que doit-on faire pour améliorer la situation ?

2. Exercice en interaction

Vous tirez au sort deux sujets et vous en choisissez un. Vous jouez le rôle qui vous est indiqué.

Sujet 1
Vous étudiez dans une université française. Vous trouvez que les étudiants utilisent beaucoup les écrans et ne communiquent pas assez entre eux. Vous proposez au directeur/à la directrice de votre département d'études d'organiser une soirée « jeux de société ». Il/Elle n'est pas convaincu(e). Tout en reconnaissant qu'on peut faire beaucoup de choses en ligne, vous lui expliquez ce que ce type de jeux pourrait apporter aux étudiants et comment cela pourrait développer la sociabilité.

Sujet 2
Vous vivez dans une ville française. Au musée de la ville, on a inauguré une exposition sur un grand peintre impressionniste. Vous ne voulez pas y aller seul(e). Vous proposez à votre colocataire de vous accompagner. Il/Elle n'est pas enthousiaste. Il/Elle préfère les visites virtuelles. Vous lui expliquez les avantages d'une visite réelle.

DELF B1

3. Expression d'un point de vue

Vous tirez au sort deux sujets et vous en choisissez un.

Vous dégagez le thème soulevé par le document et vous présentez votre opinion sous la forme d'un exposé personnel de trois minutes environ.

L'examinateur/examinatrice peut vous poser des questions.

Sujet 1 • Le journalisme citoyen

Le numérique est une révolution en soi. Il bouleverse non seulement les pratiques journalistiques mais aussi notre manière de réfléchir et d'interagir dans la société.

Les publics qui consultent l'actualité sur les différentes plateformes numériques sont engagés et critiques. D'après les fils d'actualité sur Twitter, Facebook ou Instagram, on constate que les gens commentent sans limites de nombreux sujets. Ils se sont fait une opinion et savent ce qu'ils attendent et n'attendent pas d'un média.

Le journalisme « connecté », le journalisme « participatif » et le journalisme « citoyen » sont différentes expressions qui témoignent de la révolution des rapports entre le journaliste, son public et l'actualité. Le lecteur devient désormais un journaliste amateur lorsqu'il crée ou partage de l'information qu'il croit pertinente pour ses contacts. Ce phénomène semble exister depuis très longtemps. Le numérique, les réseaux sociaux et les différentes plateformes d'expression numérique populaires l'ont simplement amplifié.

Sujet 2 • L'extinction des espèces animales

Alors que la sixième extinction de masse se poursuit à un rythme rapide, un groupe de chercheurs appelle à l'action et pose la question des conséquences de cette extinction sur la civilisation humaine dans son ensemble.

L'extinction de l'Holocène, aussi connue sous le nom de « sixième extinction de masse », a bel et bien lieu, ce n'est plus à prouver. Au cours du dernier siècle, l'activité humaine a provoqué, directement ou indirectement, la disparition de milliers d'espèces en danger, et ce phénomène continue de s'accélérer, aussi irréversible qu'inévitable. Dans l'équilibre fragile de chaque écosystème, la disparition d'une seule espèce peut entraîner l'effondrement de celles qui dépendaient d'elle, par un effet « boule de neige » sur lequel nous n'avons plus aucun contrôle. Néanmoins, il est encore possible d'agir, mais il faut le faire de manière urgente.

Les sons du français

- 😊 souriant fermé
- 😃 souriant ouvert
- 😗 arrondi fermé
- 😮 arrondi ouvert
- aigu, langue en avant
- grave, langue en arrière
- ✋ tendu, sourd
- 🤚 relâché sonore
- ⚡ explosif
- 〰️ continu

LES VOYELLES

ANTÉRIEUR		POSTÉRIEUR
[i]	[y]	[u]
il	tu	vous
[E] ([e], [ɛ])	[Œ] ([ø], [œ], [ə])	[O] ([o], [ɔ])
j'ai, été, elle	je, deux, heure	au, beau, quatorze
[Ẽ] ([ɛ̃], [œ̃])		[ɔ̃]
un, vingt		non
[A] ([a], [ɑ])		[ɑ̃]
la, gâteau		en, maman

LES CONSONNES

⚡

[p]	[t]	[k]
père	tu	quatre, cinq, coucou
[b]	[d]	[g]
bonjour	dix	élégant, baguette

〰️

[m]	[n]	[ɲ]
madame	nous	campagne
[f]	[s]	[ʃ]
café	merci, salut, casserole, français	enchanté
[v]	[z]	[ʒ]
ça va	cuisine, onze	boulangerie, je
[l]	[r]	
la, belle	au revoir, un verre	

[Semi-consonnes]

[ɥ]	[w]	[j]
huit, cuisine	moi, point	fille, pied, avion, joyeux

cent cinquante-neuf

Précis grammatical

LES ARTICLES

Article indéfini	Article défini	Article contracté	
Pour désigner une personne ou une chose non précisée	Pour désigner une chose ou une personne unique, précise		
un livre une classe des exercices	le vocabulaire du sport la grammaire française l'enseignant les verbes au présent	à + le → au à + les → aux de + le → du de + les → des	Je parle au professeur. Je réponds aux questions. Les activités du cahier. Les réponses des étudiants.

LE NOM

▶ Le masculin et le féminin des noms de choses

Il n'y a pas de règle absolue pour savoir si un nom de chose est masculin ou féminin. La terminaison du mot peut donner une indication.

	Terminaison des mots	
Noms généralement masculins	une consonne –a, –o, –i, –u –ment / –age / –phone	un sac • un pays • un journal un vélo • un taxi un monument • un mariage • un téléphone
Noms généralement féminins	–e / –ion / –ie / –té / –eur	la ville • la population • la périphérie • la santé • la couleur

▶ Le pluriel des noms

Cas général	Singulier	Pluriel
Nom singulier + s	une région • un quartier	des régions • des quartiers
Cas particuliers		
Un nom singulier terminé par -s, -x ou -z a la même forme au pluriel.	un bus • un prix • un nez	des bus • des prix • des nez
–al et –ail → –aux	un journal • un travail	des journaux • des travaux
–eu et –eau → –eux et –eaux	un lieu • un bureau	des lieux • des bureaux

⚠ un œil → des yeux ; un genou → des genoux

L'ADJECTIF QUALIFICATIF

▶ La place de l'adjectif

Cas général L'adjectif est placé **après le nom**.	Elle a un visage **paisible**. • Il a des cheveux **blancs**.
Cas particuliers • Les adjectifs d'appréciation peuvent se placer **avant** ou **après** le nom.	une **extraordinaire** expression / une expression **extraordinaire**
• On place **avant le nom** : – certains adjectifs courts : *ancien / ancienne, beau / belle, bon / bonne, grand / grande, gros / grosse, jeune, joli / jolie, large, long / longue, mauvais / mauvaise, même, nouveau / nouvelle, petit / petite, vieux / vieille* ;	un **long** cou • une **belle** statue • un **nouveau** musée • une **grande** expo
– les nombres et les adjectifs indiquant un ordre : *deux, trois… ; premier / première, deuxième… ; dernier / dernière*.	**trois** tableaux • une **première** œuvre

Précis grammatical

❗ Trois adjectifs ont une forme particulière devant un nom masculin singulier commençant par une voyelle ou un *h* muet : beau → **bel** ; un **bel** immeuble • vieux → **vieil** ; un **vieil** homme • nouveau → **nouvel** ; un **nouvel** artiste.

Changement de sens de l'adjectif

Certains adjectifs changent de sens selon leur place. Exemples :

ancien / ancienne	Cet objet est très **ancien**. = il existe depuis très longtemps	Ce musée est une **ancienne** gare. = avant, c'était une gare
curieux / curieuse	C'est un artiste **curieux**. = il aime découvrir de nouvelles choses	C'est un **curieux** artiste. = il est bizarre
dernier / dernière	J'ai vu l'expo le mois **dernier**. = si nous sommes en juin, je l'ai vue en mai	La **dernière** expo du musée était formidable. = il n'y a pas eu d'autre expo depuis
différent(e)	Ce sont deux œuvres **différentes**. = elle ne se ressemblent pas	J'ai admiré **différentes** œuvres. = j'ai admiré plusieurs œuvres
grand(e)	C'est une femme très **grande**. = une femme de grande taille	C'est une **grande** dame. = une femme importante pour la société
prochain(e)	Le musée ouvrira l'année **prochaine**. = l'année après l'année en cours	La **prochaine** exposition sera en septembre. = l'exposition qui va suivre
propre	C'est une galerie **propre**. = elle n'est pas sale	C'est ma **propre** galerie. = la galerie est à moi
seul(e)	Ce peintre est très **seul**. = il vit en solitaire	Le musée expose un **seul** peintre. = il n'y a qu'un peintre exposé

L'ADJECTIF POSSESSIF et LE PRONOM POSSESSIF

L'adjectif possessif et le pronom possessif sont utilisés pour indiquer une possession ou une relation entre des personnes.
Adjectif possessif → **Ex.** : C'est **mon** appartement. • Voici **ma** sœur.
Pronom possessif → **Ex.** : C'est **le mien**. • C'est **la mienne**.

Le choix de l'adjectif ou du pronom possessif dépend du possesseur et de l'objet possédé.

Un seul possesseur	Nom singulier		Nom pluriel	
	Masculin	**Féminin**	**Masculin**	**Féminin**
adjectif possessif pronom possessif	mon pantalon le mien	ma chemise la mienne	mes accessoires les miens	mes affaires les miennes
adjectif possessif pronom possessif	ton sac le tien	ta robe la tienne	tes jouets les tiens	tes chaussures les tiennes
adjectif possessif pronom possessif	son livre le sien	sa veste la sienne	ses vêtements les siens	ses bottes les siennes

Plusieurs possesseurs	Nom singulier		Nom pluriel
	Masculin	**Féminin**	**Masculin et féminin**
adjectif possessif pronom possessif	notre chapeau le nôtre	notre écharpe la nôtre	nos bottes les nôtres
adjectif possessif pronom possessif	votre jean le vôtre	votre vie la vôtre	vos gants les vôtres
adjectif possessif pronom possessif	leur mode de vie le leur	leur veste la leur	leurs tennis les leurs

❗ Quand le nom féminin commence par une **voyelle** :
~~ma~~ adresse → **mon** adresse • ~~ta~~ amie → **ton** amie • ~~sa~~ école → **son** école

cent soixante et un 161

Précis grammatical

L'ADJECTIF DÉMONSTRATIF et LE PRONOM DÉMONSTRATIF

L'adjectif démonstratif est utilisé pour désigner quelqu'un ou quelque chose. Il est placé devant le nom et s'accorde avec ce nom.
Le pronom démonstratif est utilisé pour désigner quelqu'un ou quelque chose qu'on montre. Il est masculin, féminin, singulier ou pluriel selon le mot qu'il remplace.

	Adjectif	Pronom
Masculin singulier Si le nom commence par une **voyelle** ou un ***h* muet**	ce pantalon cet ami, cet homme	celui-ci / celui-là
Féminin singulier	cette jupe	celle-ci / celle-là
Masculin pluriel	ces pulls	ceux-ci / ceux-là
Féminin pluriel	ces chaussures	celles-ci / celles-là

LES ADJECTIFS INDÉFINIS et LES PRONOMS INDÉFINIS

	Adjectifs indéfinis	Pronoms indéfinis
Totalité	chaque + nom singulier Chaque animal a droit au respect.	chacun, chacune Chacun a droit au respect.
	tout (le), toute (la), tous (les), toutes (les) + nom Tous les animaux ont des droits égaux. Toutes les formes d'élevage doivent respecter la physiologie des animaux.	tout, toute, tous, toutes Tous ont des droits égaux. Toutes doivent respecter la physiologie des animaux.
Quantité imprécise	certains, certaines + nom pluriel Certains Français choisissent même d'avoir une maison avec un jardin.	certains, certaines Certains choisissent même d'avoir une maison avec un jardin.
Petite quantité	quelques + nom pluriel Quelques personnes estiment que la disparition des nuisibles est un progrès.	quelques-uns, quelques-unes Quelques-unes estiment que la disparition des nuisibles est un progrès.
Quantité importante	plusieurs + nom pluriel Il y a plusieurs raisons à cela.	plusieurs Il y en a plusieurs.
Quantité nulle	aucun, aucune + nom singulier Aucun animal ne doit être soumis à de mauvais traitements.	aucun, aucune Aucun ne doit être soumis à de mauvais traitements.

❗ Quand *chaque* et *tous les / toutes les* sont suivis d'une indication de temps, ils indiquent la répétition.
   Ex. : chaque semaine = toutes les semaines

❗ *Tout(e)* peut être utilisé sans article défini : il a alors le sens de *n'importe quel(le)*.
   Toute vie animale a droit au respect. = N'importe quelle vie animale a droit au respect.

L'EXPRESSION DE LA QUANTITÉ

L'article partitif

L'article partitif indique une quantité indéterminée pour des choses qu'on ne peut pas compter.

Phrase affirmative	Phrase négative : la marque du masculin et du féminin disparaît
Je prends du sucre. Je porte de la laine. J'utilise de l'aluminium. Je mets de l'huile.	Je ne prends pas de sucre. Je ne porte pas de laine. Je n'utilise pas d'aluminium. Je ne mets pas d'huile.

Précis grammatical

▶ Les expressions de quantité

Pour préciser une quantité, on peut utiliser :

des adjectifs numéraux	**un** ingrédient • **trois** matières • **dix** produits
des expressions de quantité globale : **un peu de, un petit peu de, beaucoup de, assez de, trop de, plein de**…	**un peu de** sucre • **un petit peu de** chocolat • **beaucoup de** céréales • **assez de** sel • **trop d'**emballages • **plein de** déchets
des expressions de quantité précise : **un gramme de, un kilo de, un sac de, un litre de, un morceau de, une poignée de, un paquet de**…	300 **grammes de** lentilles • **un kilo de** pâtes • **un sac de** riz • **un litre d'**huile • **un morceau de** pain • **une poignée d'**amandes • **un paquet de** croquettes

LES INDICATIONS DE LIEU

▶ Les pays, les villes et les continents

	Destination	Provenance	
Villes et pays sans article	**à**	**de/d'**	Elle vit **à** Oslo. • Elle vient **d'**Oslo. Je suis **à** Madagascar. • Je viens **de** Madagascar.
Pays masculins qui commencent par une consonne	**au**	**du**	On habite **au** Pérou. • On arrive **du** Pérou.
Pays féminins Pays masculins qui commencent par une voyelle Continents	**en**	**de/d'**	Ils sont **en** Côte d'Ivoire. • Ils viennent **de** Côte d'Ivoire. Elles vivent **en** Iran. • Elles arrivent **d'**Iran. On est **en** Europe. • On vient **d'**Europe.
Pays pluriels	**aux**	**des**	Elle habite **aux** États-Unis. • Elle vient **des** États-Unis. Elle va **aux** Philippines. • Elle arrive **des** Philippines.

▶ Les prépositions *à*, *de* et *chez*

Lieu où on est/où on va		Lieu d'où on vient	
à + nom de lieu	**chez** + nom de personne	**de** + nom de lieu	**de chez** + nom de personne
Je suis / Je vais… **au** concert. **à la** mairie. **à l'**université. **aux** toilettes.	Je suis / Je vais… **chez** moi. **chez** un ami. **chez** Arthur.	Je reviens… **du** marché. **de la** poste. **de l'**aéroport. **des** toilettes.	Je sors… **de chez** lui. **de chez** ma mère. **de chez** Arthur.

LES ADVERBES

Un adverbe est un mot invariable qui modifie le sens d'un adjectif, d'un autre adverbe ou d'un verbe.

▶ Pour exprimer la manière : les adverbes en *-ment*

Formation régulière adjectif féminin + **–ment**	attentive → **attentivement** • générale → **généralement** ❗ vrai, absolu, poli, énorme → **vraiment, absolument, poliment, énormément**
adjectif terminé par **–ant** ou **–ent** : adverbe terminé par **–amment** ou **–emment**	constant → **constamment** fréquent → **fréquemment** ❗ lent → **lentement**

cent soixante-trois

Précis grammatical

• **La place de l'adverbe en –ment**
L'adverbe est placé **devant** quand il modifie un adjectif, un adverbe ou une locution adverbiale.
Ex. : Ils sont **généralement** originaux. • Il parle **vraiment** bien. • On est **absolument** d'accord.

L'adverbe est placé **derrière** :
– quand il modifie un verbe à un temps simple. **Ex. :** Il parle **constamment**.
– quand il modifie un verbe à un temps composé. **Ex. :** Il a parlé **rapidement**. • Elle a écouté **attentivement**.

Pour exprimer l'intensité, la qualité ou la quantité

assez modifie un adjectif, un verbe ou un adverbe	C'est **assez** étonnant. • Il travaille **assez**. • Il parle **assez** bien.
bien / mal modifie un adjectif ou un verbe	Elle est **bien** / **mal** informée. • Elle s'exprime **bien** / **mal**.
beaucoup modifie un verbe	La situation évolue **beaucoup**.
peu modifie un adjectif ou un verbe	Notre cause est **peu** défendue. • Ils échangent **peu** sur ce sujet.
plutôt modifie un adjectif, un verbe ou un adverbe	C'est un projet **plutôt** intéressant. • Il s'adresse **plutôt** aux femmes. • On est **plutôt** bien informés.
presque modifie un adjectif ou un verbe	Cette loi est **presque** adoptée. • Il dort **presque**.
surtout modifie un verbe	On s'occupe **surtout** des enfants.
très modifie un adjectif ou un adverbe	On est **très** informés. • Il a **très** bien écrit.
trop modifie un adjectif, un verbe ou un adverbe. Il exprime généralement une appréciation négative.	C'est **trop** cher. • Il parle **trop**. • On se bat **trop** rarement pour cette cause.

• **La place de l'adverbe d'intensité, de qualité ou de quantité**
– L'adverbe est placé **devant** quand il modifie un adjectif ou un autre adverbe.
Ex. : Elle est **très** intéressante. • Il parle **plutôt** bien.

– Quand il modifie un verbe, sa place dépend du temps utilisé :
• avec un temps simple, il se place toujours après le verbe.
Ex. : L'égalité progresse **bien**. • La situation évolue **beaucoup**.
• avec un temps composé, il se place entre l'auxiliaire et le participe passé.
Ex. : L'égalité a **plutôt** progressé. • La situation a **trop** changé.
• avec un verbe + infinitif, il se place devant l'infinitif.
Ex. : Il ne peut pas **beaucoup** s'exprimer.

L'INTERROGATION

Les trois formes de la question

Question intonative	Question avec *est-ce que*	Question avec inversion
Tu aimes la sculpture ?	Est-ce que tu aimes la sculpture ?	Aimes-tu la sculpture ?

Dans la question avec inversion :
– il y a un trait d'union (-) entre le verbe et le pronom sujet ;
– si le verbe se termine par une voyelle et que le pronom sujet commence par une voyelle, il y a un **-t-** entre le verbe et le pronom sujet.
Ex. : Vient**-**il ? • Aime**-t**-il la sculpture ?

• **L'inversion complexe : le sujet est un nom**
Quand le sujet est un nom, on le place au début de la phrase et on le reprend sous forme de pronom après le verbe.
Ex. : Les cours sont-**ils** en français ?

Précis grammatical

Les mots interrogatifs

Qui pour poser une question sur **une personne**	Tu connais **qui** ici ? • **Qui** est-ce que tu connais ici ? • **Qui** connais-tu ici ?
Que / Quoi pour poser une question sur **une chose**	Vous faites **quoi** le soir ? • **Qu'est-ce que** vous faites le soir ? • **Que** faites-vous le soir ?
Où pour poser une question sur **le lieu**	Vous allez **où** en stage ? • **Où** est-ce que vous allez en stage ? • **Où** allez-vous en stage ?
Comment pour poser une question sur **la manière**	On va se déplacer **comment** ? • **Comment** est-ce que on va se déplacer ? • **Comment** va-t-on se déplacer ?
Quand pour poser une question sur **le temps**	Vous commencez **quand** ? • **Quand** est-ce que vous commencez ? • **Quand** commencez-vous ?
Combien / Combien de pour poser une question sur **la quantité**	Ça coûte **combien** ? • **Combien** est-ce que ça coûte ? Vous restez **combien de** jours ? • **Combien de** jours est-ce que vous restez ? • **Combien de** jours restez-vous ?
Pourquoi pour poser une question sur **la cause**	**Pourquoi** vous suivez cette formation ? • **Pourquoi** est-ce que vous suivez cette formation ? • **Pourquoi** suivez-vous cette formation ?

❗ – Dans la question intonative, les mots interrogatifs *qui, où, comment* et *combien* peuvent être avant ou après le verbe.
Ex. : **Qui** tu connais ? / Tu connais **qui** ? • **Combien** ça coûte ? / Ça coûte **combien** ?
– Dans la question avec *est-ce que* ou avec inversion, le mot interrogatif est toujours au début de la phrase.

L'adjectif interrogatif *quel* et le pronom interrogatif *lequel*

	Singulier		Pluriel	
	Masculin	Féminin	Masculin	Féminin
Adjectifs interrogatifs	**Quel** cours tu préfères ?	Vous faites **quelle** activité ?	**Quels** vêtements apportons-nous ?	Vous choisissez **quelles** activités ?
Pronoms interrogatifs	**Lequel** tu préfères ?	**Laquelle** vous faites ?	**Lesquels** apportons-nous ?	Vous choisissez **lesquelles** ?

L'EXCLAMATION

- **Quel(le)(s) + nom** : **Quel** beau château ! • **Quelle** histoire incroyable ! • **Quels** endroits super ! • **Quelles** régions magnifiques !

- **Comme / Qu'est-ce que + phrase** : **Comme** j'aime ça ! • **Qu'est-ce que** c'est beau ! • **Qu'est-ce que** ces fleurs sont jolies !

LA NÉGATION

La place de la négation peut varier selon le temps et le mode du verbe.

ne/n'... pas	Je **ne** prends **pas** le métro. On **n'**a **pas** mangé. • Il **ne** s'était **pas** levé à l'heure. • Elle **n'**aurait **pas** aimé. **Ne** viens **pas** trop tard ! • **Ne** te couche **pas** ici. On **ne** va **pas** se reposer. Je me dépêche pour **ne pas** être en retard.
ne/n'... rien rien ne/n'...	On **ne** fait **rien**. On **n'**a **rien** dit. • Tu **n'**avais **rien** fait. • Nous **n'**aurions **rien** vu. **Ne** dis **rien**. On **ne** peut **rien** faire. **Rien ne** va ! • **Rien n'**a fonctionné.

cent soixante-cinq 165

Précis grammatical

ne/n'… personne personne ne/n'…	Il **ne** connaît **personne**. · Je **n'**ai vu **personne**. · On **n'**avait invité **personne**. **Personne ne** parle. · **Personne n'**est venu.
ne/n'… jamais ≠ toujours	Il **ne** dit **jamais** ce qu'il pense. · Il **n'**est **jamais** venu en stage. · **Ne** mens **jamais** !
ne/n'… plus ≠ encore/toujours	Je **n'**ai **plus** la force de continuer. (≠ J'ai encore / toujours la force de continuer.)
ne/n'… pas encore	Je **ne** suis **pas encore** fatigué. (≠ Je suis déjà fatigué.) · Il **ne** s'est **pas encore** inscrit.
ne/n'… que exprime la restriction = seulement	Je **ne** travaille **que** le mardi. (= Je travaille seulement le mardi.)
ne… ni… ni ni… ni… ne pour une double négation	Je **ne** voyage **ni** en train **ni** en avion. **Ni** le yoga **ni** la méditation **ne** m'intéressent.

⚠ **Si** / **Non** pour répondre à une question négative.
Ex. : – Tu n'y crois pas ? – **Si**, j'y crois. / – **Non**, je n'y crois pas.

⚠ **Moi aussi** / **Moi non plus** pour exprimer une action identique.
Ex. : – Je vérifie toujours. – **Moi aussi.** (= Je vérifie toujours.)
– Je ne vérifie jamais. – **Moi non plus.** (= Je ne vérifie jamais.)

LES PRONOMS PERSONNELS

▶ Le pronom sujet *on*

• **On** = les gens, tout le monde
Ex. : **On** est plus fatigués aujourd'hui qu'au siècle dernier.
• **On** = les gens, tout le monde
Ex. : **On** est plus fatigués aujourd'hui qu'au siècle dernier.
• **On** = quelqu'un
Ex. : Est-ce qu'**on** vient nous chercher à l'aéroport ?

▶ Les pronoms toniques

Les pronoms toniques sont utilisés pour insister sur la personne qui fait l'action ou après une préposition (*à, pour, chez, d'après…*).

	Singulier	**Pluriel**
1re personnes : **moi** / **nous**	**Moi**, j'achète en ligne.	Vous venez faire les courses avec **nous** ?
2e personnes : **toi** / **vous**	Ce colis est pour **toi** ?	**Vous**, vous achetez comment ?
3e personnes : **lui** / **eux** **elle** / **elles**	**Lui**, il commande sur ce site. D'après **elle**, c'est moins bien.	Ils reçoivent les colis chez **eux**. **Elles**, elles vont dans les magasins.

▶ Les pronoms compléments d'objet direct (COD) et compléments d'objet indirect (COI)

Les pronoms COD remplacent un nom placé directement après le verbe.	**me (m')** **te (t')** **nous** **vous**	Ils remplacent une personne.	Elle **me** conseille. (conseiller une personne) On **vous** informe. (informer une personne)
	le, la, l', les	Ils remplacent une personne ou une chose.	Il **les** achète. (acheter une chose) Je **la** reçois. (recevoir une personne ou une chose)

Précis grammatical

Les pronoms COI remplacent un nom introduit par la préposition **à**. Ils répondent à la question **à qui ?**	me (m') te (t') lui nous vous leur	Ils remplacent une personne.	L'entreprise **nous** envoie les produits par la poste. (envoyer à une personne) Elle **lui** demande le remboursement. (demander à une personne)

▶ Les pronoms *y* et *en*

y et en sont compléments de lieu	
y remplace un complément de lieu introduit par les prépositions de lieu **à**, **au**, **en**, **dans**, **sur**... Il indique un lieu où on est et où on va.	Je fais des dessins sur les murs. → J'**y** fais des dessins.
en remplace un complément de lieu introduit par la préposition **de** Il indique un lieu d'où on vient.	Il revient d'un voyage. → Il **en** revient.
y* et en* sont COI	** Ils remplacent une chose.*
y remplace un complément d'adjectif ou de verbe introduit par **à** (*prêt à...* ; *penser à*, *croire à*...)	Je pense à mon dernier voyage. → J'**y** pense.
en remplace un complément d'adjectif ou de verbe introduit par **de** (*fier de*, *fan de*... ; *parler de*, *se souvenir de*...)	Il est fan de cette appli. → Il **en** est fan. Je me souviens de mon dernier voyage. → Je m'**en** souviens.
en est COD ; il exprime une quantité	
en remplace un nom précédé de l'article partitif **du**, **de la** ou **des**	Il y a des graffitis partout. → Il y **en** a partout.
en remplace un nom précédé d'une expression de quantité (*un peu de*, *beaucoup de*, *un litre de*, *deux*, *trois*...) ; l'expression de quantité complète **en**	Je connais des dizaines de sites sur les arts de la rue. → J'**en** connais **des dizaines**.

▶ La place des pronoms compléments

Avec le présent, le futur simple, l'imparfait : **devant le verbe**	Je **la** vois. • Il **lui** parlera. • Il **me** voyait. • On **y** habite. • J'**en** veux.
Avec le passé composé : **devant l'auxiliaire** *être* ou *avoir*	Je **l'**ai vu. • Il ne **nous** a pas parlé. • On **y** est allés. • Elle **en** a acheté.
Avec un verbe + infinitif : **devant l'infinitif**	Je peux **le** voir. • Ils vont **en** parler.
Avec l'impératif affirmatif : **après le verbe** Avec l'impératif négatif : **devant le verbe**	Fais-**le** ! • Dis-**lui** ! • Allez-**y** ! • Prends-**en** ! Ne **le** fais pas ! • Ne **lui** réponds pas ! • N'**y** allez pas ! • N'**en** mange pas !

▶ Les doubles pronoms

Quand un verbe a deux pronoms compléments, ils doivent être placés dans un ordre précis. Dans la phrase, ils se placent au même endroit qu'un pronom simple.

COI	+	COD	
me te nous vous		le la les	Elle **nous** donne la liste des courses. → Elle **nous la** donne.

Précis grammatical

COD	+	COI	
le la les		lui leur	Il envoie **les invitations à ses amis**. → Il **les leur** envoie.

COI	+		
m' t' lui nous vous leur		en	Il a parlé **de son projet à sa sœur**. → Il **lui en** a parlé.

COD	+		
m' t' l' nous vous les		y	On **t'**emmène **à la gare** ? → On **t'y** emmène ?

▶ Place et ordre des doubles pronoms avec l'impératif

Impératif affirmatif		Impératif négatif	
– après le verbe – **COD** + **COI** – trait d'union entre les pronoms	Demande-**le**-lui !	– avant le verbe – **COD** + **COI** – pas de trait d'union	Ne **le lui** demande pas !

❗ À l'impératif affirmatif, les combinaisons :

me te	+	le la les	deviennent	le la les	+	moi toi

Tu **me les** donnes. → Donne-**les**-moi ! / Ne **me les** donne pas !

LA COMPARAISON

▶ Les comparatifs

Supériorité (+) **plus** + adjectif / adverbe (+ **que**) **plus de** + nom (+ **que**) verbe + **plus** (+ **que**)	Cette génération est **plus** dynamique **que** celle d'avant. • On trouve **plus** difficilement du travail. • Il y a **plus de** loisirs. • On travaille **plus**.
Égalité (=) **aussi** + adjectif / adverbe + **que** **autant de** + nom + **que** verbe + **autant**	Les jeunes sont **aussi** optimistes **que** les personnes âgées. • On vit **aussi** bien. • Il y a **autant d'**emplois. • On travaille **autant**.
Infériorité (−) **moins** + adjectif / adverbe + **que** **moins de** + nom + **que** verbe + **moins**	Les aînés sont **moins** mobiles **que** les jeunes. • On trouve **moins** facilement du travail. • On a **moins de** temps libre. • On dépense **moins**.

Précis grammatical

- ❗ ~~plus bon(ne)s~~ → meilleur(e)s. **Ex.** : Nous avons une **meilleure** vie.
  ~~plus bien~~ → mieux. **Ex.** : On vit **mieux**.
- ❗ On peut dire *plus mauvais/mauvaise(s)* ou *pire(s)*.
  Ex. : Ma situation est mauvaise mais la sienne est encore **plus mauvaise / pire** !

▶ Le superlatif

Le superlatif indique le degré maximum ou minimum.

le, **la**, **les plus** (+) / **moins** (−) + **adjectif** (+ de)	La génération Z est **la plus** créative et **la moins** stressée (de toutes).
le plus (+) / **le moins** (−) + **adverbe** (+ de)	C'est la génération qui travaillera **le moins** longtemps (de toutes).
le plus de (+) / **le moins de** (−) + **nom**	Ce sont ceux qui ont **le plus de** temps.
verbe + **le plus** (+) / **le moins** (−)	C'est la génération qui travaille **le plus**.

- ❗ ~~le/la/les plus bon(ne)s~~ → le/la/les meilleur(e)s.
  Ex. : C'est **la meilleure** expo de l'année.
- ❗ On peut dire *le / la / les plus mauvais/mauvaise(s)* ou *le / la / les pire(s)*.
  Ex. : C'est la **plus mauvaise** idée ! • C'est **la pire** situation !

LES PRONOMS RELATIFS

Les pronoms relatifs remplacent un nom de personne ou de chose. La phrase relative caractérise une personne, une chose ou un lieu.

▶ Les pronoms relatifs simples

qui	est sujet du verbe qui suit	C'est une personne **qui** m'accompagne souvent. Je participe à une réunion **qui** a lieu chaque semaine.
que/qu'	est complément d'objet direct du verbe qui suit	Le maire **qu'**on a élu est très actif. C'est une activité **que** je fais avec mes amis.
où	est complément de lieu ou de temps du verbe qui suit	Voilà le quartier **où** j'ai grandi. J'ai quitté la région l'année **où** je me suis marié.
dont	est complément de l'adjectif ou du verbe introduit par **de** qui suit	Je fais un métier **dont** je suis fière et **dont** je parle souvent.

▶ La mise en relief

C'est / Ce sont... qui... **Ce qui... c'est ...** **... c'est ce qui ...**	met en relief le sujet	**C'est** mon métier **qui** est important pour moi. **Ce qui** est important pour moi, **c'est** mon métier. Mon métier, **c'est ce qui** est important pour moi.
C'est / Ce sont... que ... **Ce que... c'est ...** **... c'est ce que ...**	met en relief le COD	**C'est** ce type de mission **que** je veux faire. **Ce que** je veux faire, **c'est** ce type de mission. Ce type de mission, **c'est ce que** je veux faire.
C'est / Ce sont... dont... **Ce dont... c'est ...** **... c'est ce dont ...**	met en relief le complément introduit pas **de**	**C'est** bouger **dont** j'ai besoin. **Ce dont** j'ai besoin, **c'est** bouger. Bouger, **c'est ce dont** j'ai besoin.

cent soixante-neuf 169

Précis grammatical

▶ Les pronoms relatifs composés

Préposition (*avec, dans, sur, sous…*) + **lequel / laquelle / lesquels / lesquelles**
Ex. : C'est un refuge **dans lequel** j'ai passé deux nuits lors de ma randonnée.

❗ Le pronom se contracte avec les prépositions *à* et *de* et les prépositions composées (*grâce à*, *à côté de*, *près de*…).

à + lequel → **au**quel à + lesquels → **aux**quels à + lesquelles → **aux**quelles	de + lequel → **du**quel de + lesquels → **des**quels de + lesquelles → **des**quelles
C'est la photo d'un trail **auquel** j'ai participé.	Ce sont les villages **près desquels** nous sommes passés.

❗ Quand le pronom remplace une personne, on peut utiliser **qui**.
   Ex. : C'est l'homme **à côté duquel** / **à côté de qui** j'ai marché.

LES MARQUEURS TEMPORELS

▶ Situer une action dans le temps

Indiquer un moment	
en + année	On a construit cet immeuble **en** 1999.
dans les années + décennie	La rénovation a eu lieu **dans les années** 70.
dans + nombre d'années, de jours, de mois…	Il reviendra **dans** trois semaines.
à + heure	Je commence mon travail **à** 9 heures.
(C'est) à partir de + nom ou date (indique le début d'une action future)	On découvrira le bâtiment **à partir du** 10 février.
jusqu'à + heure, jour, moment de la journée (indique la fin d'une action)	L'espace culturel est ouvert **jusqu'à** 22 heures.
il y a + nombre d'années, de jours, de mois… (situe un événement dans le passé ; le verbe est au passé composé)	L'architecte a conçu la ville **il y a** plus de cinquante ans.
Indiquer la durée	
pendant + nombre d'années, de jours, de mois… / nom	La ville a été en travaux **pendant** deux ans. / **pendant** l'été.
de + heure, date / + nom… **à** + heure, date / nom	Il a travaillé sur le chantier **de** 2003 **à** 2008.
entre + heure, date / nom **et** + heure, date / nom	**Entre** le début **et** la fin des travaux, il y a eu des modifications du projet.
en + nombre d'années, de jours, de mois… (indique la durée nécessaire pour accomplir une action)	Le parc a été créé **en** neuf mois.
depuis + nombre d'années, de jours, de mois… / nom (indique le début d'un événement qui continue dans le passé ; le verbe est au présent)	Ce théâtre est ouvert au public **depuis** trois mois.
Indiquer la fréquence **ne… jamais, rarement, parfois, souvent, toujours** (l'adverbe est placé après le verbe au présent)	Il **ne** sourit **jamais**. On parle **rarement** avec les voisins.
Indiquer la chronologie **d'abord, ensuite, puis, après**	**D'abord**, je me lève. **Ensuite**, je me douche **puis** je prends mon petit déjeuner et **après** je m'habille.
Indiquer l'habitude **le** + jour / moment de la journée	Je ne travaille pas **le** samedi. **Le** matin, je me lève à 8 heures.

Précis grammatical

Indiquer une relation temporelle entre deux actions

Indiquer l'antériorité	
avant + nom	**Avant** cette formation, j'étais stressé.
avant de + infinitif (les deux actions sont faites par la même personne)	**Avant de** me décider, j'ai besoin d'infos.
avant que + subjonctif (les deux actions sont faites par deux sujets différents)	Partons **avant qu'**il pleuve !
Indiquer la simultanéité	
au moment où + indicatif (insiste sur un moment précis)	**Au moment où** j'ai vu le lion, je me suis enfuie.
pendant que + indicatif (une action se passe pendant le déroulement d'une autre)	**Pendant qu'**on marchait, nous avons rencontré un ours et son petit.
quand + indicatif	Il a commencé à neiger **quand** nous avons quitté le port.
Indiquer la postériorité	
après + nom	**Après** ce stage, je changerai d'emploi.
après que / **quand** + indicatif	Il est parti à l'étranger **après qu'**/ **quand** il a eu son diplôme.
dès que + indicatif (un fait a lieu immédiatement après l'autre)	**Dès que** je suis arrivé, j'ai téléphoné à ma famille.

LES RELATIONS LOGIQUES

Le but

Si les deux verbes ont des sujets différents **pour que** / **afin que** + subjonctif	Les journalistes écrivent des articles **pour que** / **afin que** les lecteurs soient informés.
Si les deux verbes ont le même sujet **pour** / **afin de** + infinitif	Les journalistes écrivent des articles **pour** / **afin d'**informer les lecteurs.

❗ *Afin de* et *afin que* sont plus formels.

La cause

à cause de + nom / pronom (exprime une cause qui a un résultat négatif)	Les gens ne se comprennent pas **à cause des** différences culturelles.
grâce à + nom / pronom (exprime une cause qui a un résultat positif)	On peut sauver la planète **grâce à** nos actions quotidiennes.
parce que / **car*** + indicatif (la cause est dans la seconde partie de la phrase) *Car est plus formel.	Il parle bien français **parce qu'** / **car** il vit en France depuis vingt ans.
Comme + indicatif (la cause est dans la première partie de la phrase ; insiste sur la cause)	**Comme** il vit en France depuis vingt ans, il parle bien français.
puisque + indicatif (indique une cause connue ; la cause peut être au début ou en seconde partie de la phrase)	**Puisqu'**il parle bien français, il peut devenir interprète. Il peut devenir interprète **puisqu'**il parle bien français.

Précis grammatical

La conséquence

donc, alors, c'est pourquoi, c'est pour ça que, du coup + phrase	Je suis très musclé **donc** / **alors** / **c'est pourquoi** / **c'est pour ça que** / **du coup** on pense que je fais beaucoup de sport !

❗ *Du coup* est plutôt utilisé à l'oral.

L'opposition

mais par contre } + phrase en revanche* *En revanche est plus formel.	Je ne suis pas engagé **mais** j'accepte parfois de me mobiliser pour une cause. Je signe les pétitions. **Par contre** / **En revanche**, je ne suis pas membre d'une association.
alors que + indicatif	Mes amis sont engagés pour la cause animale **alors que** moi, je défends plutôt l'environnement.

La concession

malgré + nom / pronom	Je dessine sur les murs **malgré** les interdictions.
pourtant cependant* } + phrase toutefois* *Cependant et toutefois sont plus formels.	C'est une très belle œuvre **pourtant** / **cependant** / **toutefois** elle n'est pas connue !
même si + indicatif	C'est une très belle œuvre **même si** elle n'est pas connue !
bien que + subjonctif	C'est une très belle œuvre **bien qu'**elle ne soit pas connue !

LE DISCOURS INDIRECT

On utilise le discours indirect pour rapporter les paroles d'une personne.

Le discours indirect au présent

Les verbes introducteurs sont au présent. Les temps des autres verbes sont les mêmes que dans le discours direct.

Discours direct	Discours indirect
Phrases déclaratives	
« Le journalisme est un beau métier ! »	dire, répondre, expliquer, ajouter + que → On **dit que** le journalisme est un beau métier.
Phrases interrogatives	
« **Est-ce que** tu aimes aller sur le terrain ? »	demander, vouloir savoir + si → Il me **demande si** j'aime aller sur le terrain.
« **Qu'est-ce que** le journal publie ? »	demander, vouloir savoir + ce que → Elle **veut savoir ce que** le journal publie.
Phrases avec **où, comment, pourquoi, quand**... « **Comment** travaillez-vous ? »	demander, vouloir savoir + où, comment, pourquoi... → Il **demande comment** je travaille.
Phrases impératives	
« **Hiérarchisez** l'information ! »	dire, conseiller, suggérer + de + infinitif → On me **conseille de** hiérarchiser l'information.

Précis grammatical

Le discours indirect au passé

Quand le verbe introducteur est au passé, les trois temps suivants changent :

Discours direct	Discours indirect au passé
présent « Je suis journaliste ? »	imparfait → Il a précisé qu'il **était** journaliste.
passé composé « Vous avez écrit cet article ? »	plus-que-parfait → Il lui a demandé s'il **avait écrit** cet article.
futur simple « Quelle sera la prochaine enquête ? »	conditionnel présent → Je lui ai demandé quelle **serait** la prochaine enquête.

Comme pour le discours indirect au présent, l'**impératif** se transforme en **infinitif**.
Ex. : « **Répondez** aux questions ! » → Elle m'a dit de **répondre** aux questions.

LES VERBES ET LES CONJUGAISONS

→ Voir aussi les conjugaisons p. 180 à 185.

Le présent de l'indicatif

• **Les verbes en -er**
La majorité des verbes français ont un infinitif en -er et une conjugaison régulière.
Formation : radical + terminaisons **-e, -es, -e, -ons, -ez, -ent**
Ex. : Je jou**e**. Tu cré**es**. Il/Elle/On télétravaill**e**. Nous travaill**ons**. Vous appréci**ez** cette vie. Ils/Elles imagin**ent** leur avenir.

Quelques irrégularités : partager → nous partag**e**ons • divorcer → nous divor**ç**ons • espérer → j'esp**è**re / nous esp**é**rons • envoyer → j'envo**i**e / nous envo**y**ons • se promener → on se prom**è**ne / nous nous promenons

Verbes pronominaux : Je **m'**intéresse à l'écologie. Tu **t'**organises. Il/Elle/On **se** sent bien. Nous **nous** présentons. Vous **vous** amusez. Ils/Elles **s'**embrassent.

• **Les verbes en -ir**
Formation : radical + terminaisons **-s, -s, -t, -ons, -ez, -ent**

Radical différent pour les personnes du singulier et du pluriel :
Ex. : réfléchir → je réfléchi**s** / nous nous réfléchiss**ons** • servir → je ser**s** / nous serv**ons** • sortir → je sor**s** / nous sort**ons**

Le verbe *venir* est irrégulier.
Les verbes *offrir, ouvrir, découvrir* se conjuguent comme les verbes en -er.

• **Les verbes en -re, -dre, -ire, -oir, -oire**
– La majorité de ces verbes utilisent les terminaisons **-s, -s, -t, -ons, -ez, -ent**.
– Les verbes *pouvoir* et *vouloir* ont les terminaisons **-x, -x, -t, -ons, -ez, -ent**.
– Ces verbes ont plusieurs radicaux.

Le présent continu

Le présent continu est parfois utilisé à la place du présent pour insister sur le déroulement d'une action.

Formation : verbe être au présent + en train de/d' + verbe à l'infinitif

Je **suis en train de** monter une entreprise.
Tu **es en train de préparer** ton mariage.
Il/Elle/On **est en train de déménager**.
Nous **sommes en train d'étudier** le français.
Vous **êtes en train de changer** de vie.
Ils/Elles **sont en train de visiter** la ville.

Précis grammatical

▶ L'impératif

– L'impératif est utilisé pour dire à quelqu'un de faire ou de ne pas faire quelque chose : donner un ordre, une consigne, un conseil ou exprimer un souhait.
– Il existe seulement à trois personnes (*tu*, *nous* et *vous*). On n'utilise pas les pronoms sujets.

	Phrase affirmative	Phrase négative
Formation régulière mêmes formes que le présent	Viens avec moi ! Changeons de vie ! Rêvez souvent !	Ne viens pas avec moi ! Ne changeons pas de vie ! Ne rêvez pas trop !
Verbes en -*er* pas de *s* à la 2ᵉ personne du singulier	Discute avec tes voisins !	Ne discute pas avec tes voisins !
Verbes pronominaux	Occupe-toi des autres ! Approchons-nous ! Installez-vous ici !	Ne t'occupe pas des autres ! Ne nous approchons pas ! Ne vous installez pas ici !

❗ Les verbes *avoir*, *être* et *savoir* sont irréguliers.

❗ Quand ils sont suivis de *y* ou *en*, les verbes à l'infinitif en -*er* changent de forme à l'impératif :
 Ex. : Aller : Va au cinéma ! → Vas-y ! • Parler : Parle de tes problèmes ! → Parles-en !

▶ Le futur proche

Le futur proche est utilisé pour parler d'une action future ou pour exprimer un projet.

Formation	Phrase affirmative	Phrase négative
verbe **aller** au présent + verbe à **l'infinitif**	Je vais emménager demain. Tu vas vivre ici ? Il/Elle/On va s'installer. Nous allons cohabiter. Vous allez vivre ensemble ? Ils/Elles vont améliorer leur vie.	Je ne vais pas emménager tout de suite. Tu ne vas pas vivre ici ? Il/Elle/On ne va pas s'installer. Nous n'allons pas cohabiter. Vous n'allez pas vivre ensemble ? Ils/Elles ne vont pas améliorer leur vie.

❗ Attention à l'ordre des mots avec les verbes pronominaux.
 Ex. : Nous allons nous pacser. • Nous n'allons pas nous marier.

▶ Le futur simple

Le futur simple est utilisé pour faire une prévision, formuler une promesse, annoncer un programme.

Formation : infinitif + terminaisons -ai, -as, -a, -ons, -ez, -ont

Verbes en -*er* et -*ir*	Je trouverai le bonheur. Tu te marieras. Il/Elle/On gagnera de l'argent. Nous nous sentirons bien. Vous réaliserez vos projets. Ils/Elles réussiront leur projet.
Verbes en -*re* : on supprime le -*e* de l'infinitif	Je prendrai des risques. • On vivra bien.
Les verbes *acheter*, *(se) lever*, *se promener*, *(s')appeler* : particularité orthographique	J'achèterai. • Elle se lèvera. • Il se promènera. • Ils/Elles s'appelleront.

Quelques formations irrégulières

aller → j'irai	faire → on fera	tenir → tu tiendras
avoir → nous aurons	falloir → il faudra	venir → on viendra
devoir → tu devras	pouvoir → ils pourront	voir → je verrai
être → vous serez	savoir → elle saura	vouloir → vous voudrez

Précis grammatical

▶ Le futur antérieur

Le futur antérieur est utilisé pour parler d'une action future antérieure à une autre action future.

Formation : avoir ou être au futur simple + **participe passé** du verbe
Ex. : Je m'inscrirai à un ultra trail quand j'**aurai gagné** des courses moins difficiles et que je **me serai** assez **entraînée**.

▶ Le passé composé

Le passé composé est utilisé pour raconter des événements passés.

Formation : avoir ou être au présent + **participe passé** du verbe

Formation avec *avoir* : la majorité des verbes	J'**ai rencontré** ma femme ici. • Elle n'**a** pas **vécu** seule.
Formation avec *être* : – les **verbes pronominaux** – **12 verbes de déplacement** et leurs composés : *aller, arriver, descendre, entrer, monter, partir, passer, rentrer, retourner, sortir, tomber, venir* – **5 autres verbes** : *décéder, devenir, mourir, naître, rester*	Ils ne **se sont** pas **pacsés**. • Nous **nous sommes quittés**. Elle **est arrivée** en 1997. • Ils **sont retournés** chez eux. Elle n'**est** pas **née** en France. • Ils **sont morts** en 1975.

• **Les formes de participe passé**

Tous les verbes en *-er* → *-é*	J'ai visit**é**.
La majorité des verbes en *-ir* → *-i*	Il a fin**i**.
Participes passés des autres verbes → *-u* / *-is* / *-it* / *-ert*	J'ai p**u**. • Il a pr**is**. • On a d**it**. • Ils ont ouv**ert**.

• **L'accord du participe passé**
– Avec le verbe *être*, le participe passé s'accorde avec le sujet.
Ex. : Il est arriv**é**. • Elle est arriv**ée**. • Ils se sont adapt**és**. • Elles se sont adapt**ées**.

– Avec le verbe *avoir*, le participe passé :
• ne s'accorde pas avec le sujet.
Ex. : Il a véc**u**. • Elle a véc**u**.
• s'accorde avec le **COD** quand il est placé avant le verbe.
Ex. : Emma se souvient de deux récits **qu'**elle a l**us** quand elle était enfant. Ces histoires **l'**ont beaucoup touch**ée**.

▶ Le passé récent

Le passé récent est utilisé pour parler d'une action dans un passé très proche.

Formation : verbe **venir au présent** + **de** + **v**erbe à l'infinitif

> Je **viens de** me marier.
> Tu **viens de** déménager.
> Il/Elle/On **vient de** se séparer.
> Nous **venons de** divorcer.
> Vous **venez de** rencontrer vos beaux-parents.
> Ils/Elles **viennent de** se pacser.

Précis grammatical

▶ L'imparfait

L'imparfait est utilisé pour faire des descriptions au passé. Il permet de décrire l'état des choses et des personnes (l'apparence, la personnalité), les sentiments, les habitudes, le contexte d'une action.

Formation : base de la 1ʳᵉ personne du pluriel (*nous*) au présent + terminaisons **-ais, -ais, -ait, -ions, -iez, -aient**

base du présent avec *nous*	
se lever → nous nous **lev**ons	Je me **levais** tôt.
avoir → nous **av**ons	Tu **avais** des amis.
faire → nous **fais**ons	Il/Elle/On **faisait** beaucoup de choses.
apprendre → nous **appren**ons	Nous **apprenions** tout.
agir → nous **agiss**ons	Vous **agissiez** bien.
envoyer → nous **envoy**ons	Ils/Elles **envoyaient** des messages.

❗ La base du verbe *être* est irrégulière : j'**ét**ais, tu **ét**ais...

• **Le passé composé et l'imparfait dans un même récit**

Le passé composé Pour parler d'une action ponctuelle, d'un événement à durée limitée chronologique	J'**ai fait** des études, j'**ai eu** mon diplôme et je **me suis inscrite** à un stage.
L'imparfait Pour décrire une situation, les circonstances ou le contexte (moment, personnes, lieux, sentiments, attitude)	C'**était** en 2001. J'**avais** des amis et j'**étais** heureux.

▶ Le plus-que-parfait

Le plus-que-parfait est utilisé pour parler d'une action antérieure à une autre dans le passé.

Formation : auxiliaire **avoir** ou **être** à l'imparfait + **participe passé** du verbe
Ex. : Elle est revenue dans le village où elle **avait grandi** et où elle **n'était** jamais **retournée**.

▶ Le conditionnel présent

Le conditionnel présent est utilisé pour :
– faire une demande polie et exprimer un désir ou un souhait avec *aimer, vouloir, pouvoir, souhaiter* + infinitif ;
– conseiller avec le verbe *devoir* et l'expression *il faudrait* + infinitif ;
– faire une proposition ou une suggestion avec le verbe *pouvoir* + infinitif ;
– donner une information non vérifiée, incertaine.

Formation : base du futur + terminaisons **-ais, -ais, -ait, -ions, -iez, -aient** (terminaisons de l'imparfait)

base du futur	
aimer → j'**aimer**ai	J'**aimerais** travailler avec vous.
devoir → tu **devr**as	Tu **devrais** suivre cette formation !
pouvoir → on **pourr**a	Il/Elle/On **pourrait** agir ensemble.
pouvoir → nous **pourr**ons	**Pourrions**-nous nous réunir ?
vouloir → vous **voudr**ez	Vous **voudriez** vous engager ?
souhaiter → elles **souhaiter**ont	Ils/Elles **souhaiteraient** défendre une cause.

▶ Le conditionnel passé

Le conditionnel passé est utilisé pour exprimer un regret ou un reproche avec les verbes *pouvoir* et *devoir* et l'expression *il aurait fallu* + infinitif.
On l'utilise aussi pour faire une hypothèse sur le passé.

Formation : auxiliaire **avoir** ou **être** au conditionnel présent + **participe passé** du verbe
Ex. : On **aurait dû** se montrer responsables. • J'**aurais pu** être plus vigilante. • Il **aurait fallu** agir plus tôt. • Si j'avais su, j'**aurais fait** attention à ma consommation d'eau.

Précis grammatical

▶ Le gérondif

– On utilise le gérondif pour exprimer la manière, le moyen de faire quelque chose ou la simultanéité de deux actions. Il est invariable.
– C'est la même personne qui fait l'action des deux verbes de la phrase.

Formation : **en** + base de la 1ʳᵉ personne du pluriel (*nous*) au présent + **-ant**

base du présent avec *nous*	
étudier → nous **étudi**ons	J'ai fait de progrès **en étudiant** beaucoup.
lire → nous **lis**ons	Il s'informe **en lisant** le journal.
faire → nous **fais**ons	Ils se sont rencontrés **en faisant** du sport.

❗ être → en étant • avoir → en ayant • savoir → en sachant

❗ Phrase négative : Vous serez à l'heure **en ne partant pas** tard.

▶ Le participe présent

Le participe présent peut être utilisé pour caractériser et remplacer une proposition relative avec **qui**. Il est invariable.

Formation : base de la 1ʳᵉ personne du pluriel (*nous*) au présent + **-ant**
Ex. : J'apprécie les articles de presse **présentant** (= qui présentent) les informations avec clarté.

▶ Le subjonctif présent

On utilise le subjonctif après certaines expressions qui indiquent :
– l'obligation, la nécessité : *il faut que, il est nécessaire que, il est indispensable que…*
Ex. : Il faut que je **fasse** plus de sport.
– le souhait, la volonté : *souhaiter que, vouloir que, désirer que…*
Ex. : Mon meilleur ami souhaite que je **sois** présent à son mariage.
– le doute : *douter que / ne pas être sûr(e)/certain(e)/convaincu(e) que /* les formes négatives de l'opinion (*ne pas croire/penser que*) / les questions avec inversion portant sur l'opinion.
Ex. : Je ne suis pas sûr que tu **agisses** bien. • Il ne croit pas que ce **soit** une bonne idée. • Penses-tu que nos actions **suffisent** ?
– un sentiment : *être content(e)/triste/furieux(euse)/surpris(e)/désolé(e) que / avoir peur que / regretter que…*
Ex. : Je regrette qu'on ne **puisse** pas encore partir en vacances dans l'espace.

❗ On utilise le subjonctif quand les actions sont faites par des sujets différents ; si le sujet parle de lui-même, on utilise l'infinitif.
Ex. : On est contents que tu viennes. On est contents de venir.

Formation :
– Pour *je, tu, il/elle/on, ils/elles* : base de *ils/elles* au présent + terminaisons **-e, -es, -e, -ent**.
Ex. : ils **prenn**ent → que je **prenne**
– Pour *nous* et *vous* : base de *nous* au présent + terminaisons **-ions, -iez**.
Ex. : nous **voy**ons → que nous **voyions**

Verbes irréguliers : *aller, avoir, être, faire, pouvoir, savoir, vouloir*.

▶ La forme passive

La forme active et la forme passive expriment deux points de vue différents d'une même action. Avec la forme active, l'attention porte sur le sujet de l'action ; avec la forme passive, l'attention porte sur l'objet de l'action.

Le sujet du verbe « actif » (celui qui fait l'action) devient **le complément d'agent**, généralement introduit par *par*.
Le COD devient **le sujet** du verbe passif.
Ex. : Le Président a inauguré le nouveau musée. → Le nouveau musée a été inauguré par le Président.

❗ Seuls les verbes qui ont un COD peuvent être à la forme passive. On ne peut pas dire j'ai été demandé (le verbe *demander* a une construction indirecte).

Précis grammatical

Formation : être conjugué au temps voulu + **participe passé du verbe de l'action**

Présent	Le musée **est** inauguré.
Passé récent	Le musée **vient d'être** inauguré.
Passé composé	Le musée **a été** inauguré.
Imparfait	Le musée **était** inauguré.
Plus-que-parfait	Le musée **avait été** inauguré.
Futur proche	Le musée **va être** inauguré.
Futur simple	Le musée **sera** inauguré.
Futur antérieur	Le musée **aura été** inauguré.
Conditionnel présent	Le musée **serait** inauguré.
Conditionnel passé	Le musée **aurait été** inauguré.
Subjonctif présent	Il faut que le musée **soit** inauguré.

COMMUNICATION

Exprimer une hypothèse (la phrase avec *si*)

L'hypothèse est exprimée par *si* et peut être placée au début ou au milieu de la phrase.
Quand on exprime une hypothèse, on exprime aussi généralement la conséquence ; le sens de l'hypothèse dépend des temps utilisés.

Si + présent, présent ou impératif pour proposer ou conseiller	**Si** tu **veux**, on **peut** travailler ensemble. **Organisez**-vous bien **si** vous **télétravaillez** souvent.
Si + présent, futur L'hypothèse porte sur le futur ; la conséquence est réalisable.	On **sera** plus efficaces **si** on **s'organise** bien.
Si + imparfait, conditionnel présent L'hypothèse porte sur le présent ; la conséquence est difficilement réalisable ou contraire à la réalité.	**Si** je **pouvais** choisir mes horaires de travail, je **commencerais** plus tôt et **finirais** aussi plus tôt.
Si + plus-que-parfait, conditionnel passé ou présent L'hypothèse porte sur le passé ; la conséquence n'a pas été réalisée dans le passé ou n'est pas réalisée dans le présent.	**Si** on **avait** mieux **protégé** les espèces animales, certaines d'entre elles n'**auraient** pas **disparu** et on ne le **regretterait** pas aujourd'hui.

Exprimer une obligation

Obligation générale devoir il faut c'est/il est nécessaire de c'est/il est indispensable de	+ infinitif	On **doit** choisir un médecin. **Il faut** faire attention à sa santé. **C'est nécessaire d'**être vacciné. **C'est indispensable de** prendre rendez-vous.
Obligation personnelle il faut que c'est/il est nécessaire que c'est/il est indispensable que	+ subjonctif	**Il faut que** je **fasse** attention à ma santé. **C'est nécessaire qu'**il **soit** vacciné. **C'est indispensable que** tu **prennes** rendez-vous.

Exprimer un espoir

espérer que + **indicatif**	Nous **espérons que** cette entreprise se **développera** vite.

Précis grammatical

▶ Exprimer un conseil

devoir au conditionnel présent **il faudrait** **c'est/il est préférable de** **il vaut mieux** **conseiller de**	**+ infinitif**	Vous **devriez** rencontrer des jeunes. Il **faudrait** avoir plus de temps. Il est préférable d'**avoir** un contrat de location. Il vaut mieux **passer** par un organisme. Je vous conseille de **parler** avec eux.
il faudrait que **c'est/il est préférable que** **il vaut mieux que**	**+ subjonctif**	Il **faudrait que** vous **ayez** plus de temps. Il est **préférable que** vous **ayez** un contrat de location. Il vaut **mieux que** vous **passiez** par une agence.
Impératif		**Soyez** patient !

▶ Exprimer une volonté ou un souhait

vouloir à l'indicatif ou au conditionnel présent **souhaiter** **aimer** au conditionnel	**+ infinitif**	Tu **veux**/**voudrais** venir à ma fête ? On **souhaite** rester en contact. Nous **aimerions** vous inviter.
vouloir que à l'indicatif ou au conditionnel présent **souhaiter que** **aimer que** au conditionnel	**+ subjonctif**	Tu **veux que**/**voudrais que** je **vienne** à ta fête ? On **souhaite que** vous **restiez** en contact. Nous **aimerions que** tout le monde **soit invité**.

▶ Les connecteurs pour organiser son discours

Pour montrer les étapes successives, pour ajouter	– d'abord, tout d'abord, premièrement, pour commencer – puis, ensuite, deuxièmement, troisièmement…, par ailleurs, de plus, – enfin
Pour faire figurer deux idées dans une même phrase	– non seulement… mais aussi / mais encore – d'une part… et d'autre part – d'un côté… d'un autre côté – à la fois… et…
Pour illustrer	– par exemple
Pour justifier	– en effet
Pour reformuler	– autrement dit, c'est-à-dire
Pour conclure	– en résumé, en conclusion, pour finir

→ Voir aussi les connecteurs des relations logiques pour exprimer un but, une cause, une conséquence, une opposition et une concession p. 171 et 172.

Conjugaisons

	Présent	**Impératif**	**Passé composé**	**Imparfait**
Aller	Je vais Tu vas Il/Elle/On va Nous allons Vous allez Ils/Elles vont	Va Allons Allez	Je suis allé(e) Tu es allé(e) Il/Elle/On est allé(e)(s) Nous sommes allé(e)s Vous êtes allé(e)(s) Ils/Elles sont allé(e)s	J'allais Tu allais Il/Elle/On allait Nous allions Vous alliez Ils/Elles allaient
Appeler	J'appelle Tu appelles Il/Elle/On appelle Nous appelons Vous appelez Ils/Elles appellent	Appelle Appelons Appelez	J'ai appelé Tu as appelé Il/Elle/On a appelé Nous avons appelé Vous avez appelé Ils/Elles ont appelé	J'appelais Tu appelais Il/Elle/On appelait Nous appelions Vous appeliez Ils/Elles appelaient
Avoir	J'ai Tu as Il/Elle/On a Nous avons Vous avez Ils/Elles ont	Aie Ayons Ayez	J'ai eu Tu as eu Il/Elle/On a eu Nous avons eu Vous avez eu Ils/Elles ont eu	J'avais Tu avais Il/Elle/On avait Nous avions Vous aviez Ils/Elles avaient
Connaître	Je connais Tu connais Il/Elle/On connaît Nous connaissons Vous connaissez Ils/Elles connaissent	Connais Connaissons Connaissez	J'ai connu Tu as connu Il/Elle/On a connu Nous avons connu Vous avez connu Ils/Elles ont connu	Je connaissais Tu connaissais Il/Elle/On connaissait Nous connaissions Vous connaissiez Ils/Elles connaissaient
Courir	Je cours Tu cours Il/Elle/On court Nous courons Vous courez Ils/Elles courent	Cours Courons Courez	J'ai couru Tu as couru Il/Elle/On a couru Nous avons couru Vous avez couru Ils/Elles ont couru	Je courais Tu courais Il/Elle/On courait Nous courions Vous couriez Ils/Elles couraient
Créer	Je crée Tu crées Il/Elle/On crée Nous créons Vous créez Ils/Elles créent	Crée Créons Créez	J'ai créé Tu as créé Il/Elle/On a créé Nous avons créé Vous avez créé Ils/Elles ont créé	Je créais Tu créais Il/Elle/On créait Nous créions Vous créiez Ils/Elles créaient
Croire	Je crois Tu crois Il/Elle/On croit Nous croyons Vous croyez Ils/Elles croient	Crois Croyons Croyez	J'ai cru Tu as cru Il/Elle/On a cru Nous avons cru Vous avez cru Ils/Elles ont cru	Je croyais Tu croyais Il/Elle/On croyait Nous croyions Vous croyiez Ils/Elles croyaient
Devoir	Je dois Tu dois Il/Elle/On doit Nous devons Vous devez Ils/Elles doivent	*Pas utilisé*	J'ai dû Tu as dû Il/Elle/On a dû Nous avons dû Vous avez dû Ils/Elles ont dû	Je devais Tu devais Il/Elle/On devait Nous devions Vous deviez Ils/Elles devaient

Conjugaisons

Futur simple	Plus-que-parfait	Subjonctif présent	Conditionnel présent
J'irai Tu iras Il/Elle/On ira Nous irons Vous irez Ils/Elles iront	J'étais allé(e) Tu étais allé(e) Il/Elle/On était allé(e)(s) Nous étions allé(e)s Vous étiez allé(e)(s) Ils/Elles étaient allé(e)s	que j'aille que tu ailles qu'il/elle/on aille que nous allions que vous alliez qu'ils/elles aillent	J'irais Tu irais Il/Elle/On irait Nous irions Vous iriez Ils/Elles iraient
J'appellerai Tu appelleras Il/Elle/On appellera Nous appellerons Vous appellerez Ils/Elles appelleront	J'avais appelé Tu avais appelé Il/Elle/On avait appelé Nous avions appelé Vous aviez appelé Ils/Elles avaient appelé	que j'appelle que tu appelles qu'il/elle/on appelle que nous appelions que vous appeliez qu'ils/elles appellent	J'appellerais Tu appellerais Il/Elle/On appellerait Nous appellerions Vous appelleriez Ils/Elles appelleraient
J'aurai Tu auras Il/Elle/On aura Nous aurons Vous aurez Ils/Elles auront	J'avais eu Tu avais eu Il/Elle/On avait eu Nous avions eu Vous aviez eu Ils/Elles avaient eu	que j'aie que tu aies qu'il/elle/on ait que nous ayons que vous ayez qu'ils/elles aient	J'aurais Tu aurais Il/Elle/On aurait Nous aurions Vous auriez Ils/Elles auraient
Je connaîtrai Tu connaîtras Il/Elle/On connaîtra Nous connaîtrons Vous connaîtrez Ils/Elles connaîtront	J'avais connu Tu avais connu Il/Elle/On avait connu Nous avions connu Vous aviez connu Ils/Elles avaient connu	que je connaisse que tu connaisses qu'il/elle/on connaisse que nous connaissions que vous connaissiez qu'ils/elles connaissent	Je connaîtrais Tu connaîtrais Il/Elle/On connaîtrait Nous connaîtrions Vous connaîtriez Ils/Elles connaîtraient
Je courrai Tu courras Il/Elle/On courra Nous courrons Vous courrez Ils/Elles courront	J'avais couru Tu avais couru Il/Elle/On avait couru Nous avions couru Vous aviez couru Ils/Elles avaient couru	que je coure que tu coures qu'il/elle/on coure que nous courions que vous couriez qu'ils/elles courent	Je courrais Tu courrais Il/Elle/On courrait Nous courrions Vous courriez Ils/Elles courraient
Je créerai Tu créeras Il/Elle/On créera Nous créerons Vous créerez Ils/Elles créeront	J'avais créé Tu avais créé Il/Elle/On avait créé Nous avions créé Vous aviez créé Ils/Elles avaient créé	que je crée que tu crées qu'il/elle/on crée que nous créions que vous créiez qu'ils/elles créent	Je créerais Tu créerais Il/Elle/On créerait Nous créerions Vous créeriez Ils/Elles créeraient
Je croirai Tu croiras Il/Elle/On croira Nous croirons Vous croirez Ils/Elles croiront	J'avais cru Tu avais cru Il/Elle/On avait cru Nous avions cru Vous aviez cru Ils/Elles avaient cru	que je croie que tu croies qu'il/elle/on croie que nous croyions que vous croyiez qu'ils/elles croient	Je croirais Tu croirais Il/Elle/On croirait Nous croirions Vous croiriez Ils/Elles croiraient
Je devrai Tu devras Il/Elle/On devra Nous devrons Vous devrez Ils/Elles devront	J'avais dû Tu avais dû Il/Elle/On avait dû Nous avions dû Vous aviez dû Ils/Elles avaient dû	que je doive que tu doives qu'il/elle/on doive que nous devions que vous deviez qu'ils/elles doivent	Je devrais Tu devrais Il/Elle/On devrait Nous devrions Vous devriez Ils/Elles devraient

Conjugaisons

	Présent	Impératif	Passé composé	Imparfait
Dire	Je dis Tu dis Il/Elle/On dit Nous disons Vous dites Ils/Elles disent	Dis Disons Dites	J'ai dit Tu as dit Il/Elle/On a dit Nous avons dit Vous avez dit Ils/Elles ont dit	Je disais Tu disais Il/Elle/On disait Nous disions Vous disiez Ils/Elles disaient
Écrire	J'écris Tu écris Il/Elle/On écrit Nous écrivons Vous écrivez Ils/Elles écrivent	Écris Écrivons Écrivez	J'ai écrit Tu as écrit Il/Elle/On a écrit Nous avons écrit Vous avez écrit Ils/Elles ont écrit	J'écrivais Tu écrivais Il/Elle/On écrivait Nous écrivions Vous écriviez Ils/Elles écrivaient
Entendre	J'entends Tu entends Il/Elle/On entend Nous entendons Vous entendez Ils/Elles entendent	Entends Entendons Entendez	J'ai entendu Tu as entendu Il/Elle/On a entendu Nous avons entendu Vous avez entendu Ils/Elles ont entendu	J'entendais Tu entendais Il/Elle/On entendait Nous entendions Vous entendiez Ils/Elles entendaient
Envoyer	J'envoie Tu envoies Il/Elle/On envoie Nous envoyons Vous envoyez Ils/Elles envoient	Envoie Envoyons Envoyez	J'ai envoyé Tu as envoyé Il/Elle/On a envoyé Nous avons envoyé Vous avez envoyé Ils/Elles ont envoyé	J'envoyais Tu envoyais Il/Elle/On envoyait Nous envoyions Vous envoyiez Ils/Elles envoyaient
Être	Je suis Tu es Il/Elle/On est Nous sommes Vous êtes Ils/Elles sont	Sois Soyons Soyez	J'ai été Tu as été Il/Elle/On a été Nous avons été Vous avez été Ils/Elles ont été	J'étais Tu étais Il/Elle/On était Nous étions Vous étiez Ils/Elles étaient
Faire	Je fais Tu fais Il/Elle/On fait Nous faisons Vous faites Ils/Elles font	Fais Faisons Faites	J'ai fait Tu as fait Il/Elle/On a fait Nous avons fait Vous avez fait Ils/Elles ont fait	Je faisais Tu faisais Il/Elle/On faisait Nous faisions Vous faisiez Ils/Elles faisaient
Falloir	Il faut	*Pas utilisé*	Il a fallu	Il fallait
Lire	Je lis Tu lis Il/Elle/On lit Nous lisons Vous lisez Ils/Elles lisent	Lis Lisons Lisez	J'ai lu Tu as lu Il/Elle/On a lu Nous avons lu Vous avez lu Ils/Elles ont lu	Je lisais Tu lisais Il/Elle/On lisait Nous lisions Vous lisiez Ils/Elles lisaient
Mettre	Je mets Tu mets Il/Elle/On met Nous mettons Vous mettez Ils/Elles mettent	Mets Mettons Mettez	J'ai mis Tu as mis Il/Elle/On a mis Nous avons mis Vous avez mis Ils/Elles ont mis	Je mettais Tu mettais Il/Elle/On mettait Nous mettions Vous mettiez Ils/Elles mettaient
Peindre	Je peins Tu peins Il/Elle/On peint Nous peignons Vous peignez Ils/Elles peignent	Peins Peignons Peignez	J'ai peint Tu as peint Il/Elle/On a peint Nous avons peint Vous avez peint Ils/Elles ont peint	Je peignais Tu peignais Il/Elle/On peignait Nous peignions Vous peigniez Ils/Elles peignaient

Conjugaisons

Futur simple	Plus-que-parfait	Subjonctif présent	Conditionnel présent
Je dirai Tu diras Il/Elle/On dira Nous dirons Vous direz Ils/Elles diront	J'avais dit Tu avais dit Il/Elle/On avait dit Nous avions dit Vous aviez dit Ils/Elles avaient dit	que je dise que tu dises qu'il/elle/on dise que nous disions que vous disiez qu'ils/elles disent	Je dirais Tu dirais Il/Elle/On dirait Nous dirions Vous diriez Ils/Elles diraient
J'écrirai Tu écriras Il/Elle/On écrira Nous écrirons Vous écrirez Ils/Elles écriront	J'avais écrit Tu avais écrit Il/Elle/On avait écrit Nous avions écrit Vous aviez écrit Ils/Elles avaient écrit	que j'écrive que tu écrives qu'il/elle/on écrive que nous écrivions que vous écriviez qu'ils/elles écrivent	J'écrirais Tu écrirais Il/Elle/On écrirait Nous écririons Vous écririez Ils/Elles écriraient
J'entendrai Tu entendras Il/Elle/On entendra Nous entendrons Vous entendrez Ils/Elles entendront	J'avais entendu Tu avais entendu Il/Elle/On avait entendu Nous avions entendu Vous aviez entendu Ils/Elles avaient entendu	que j'entende que tu entendes qu'il/elle/on entende que nous entendions que vous entendiez qu'ils/elles entendent	J'entendrais Tu entendrais Il/Elle/On entendrait Nous entendrions Vous entendriez Ils/Elles entendraient
J'enverrai Tu enverras Il/Elle/On enverra Nous enverrons Vous enverrez Ils/Elles enverront	J'avais envoyé Tu avais envoyé Il/Elle/On avait envoyé Nous avions envoyé Vous aviez envoyé Ils/Elles avaient envoyé	que j'envoie que tu envoies qu'il/elle/on envoie que nous envoyions que vous envoyiez qu'ils/elles envoient	J'enverrais Tu enverrais Il/Elle/On enverrait Nous enverrions Vous enverriez Ils/Elles enverraient
Je serai Tu seras Il/Elle/On sera Nous serons Vous serez Ils/Elles seront	J'avais été Tu avais été Il/Elle/On avait été Nous avions été Vous aviez été Ils/Elles avaient été	que je sois que tu sois qu'il/elle/on soit que nous soyons que vous soyez qu'ils/elles soient	Je serais Tu serais Il/Elle/On serait Nous serions Vous seriez Ils/Elles seraient
Je ferai Tu feras Il/Elle/On fera Nous ferons Vous ferez Ils/Elles feront	J'avais fait Tu avais fait Il/Elle/On avait fait Nous avions fait Vous aviez fait Ils/Elles avaient fait	que je fasse que tu fasses qu'il/elle/on fasse que nous fassions que vous fassiez qu'ils/elles fassent	Je ferais Tu ferais Il/Elle/On ferait Nous ferions Vous feriez Ils/Elles feraient
Il faudra	Il avait fallu	qu'il faille	Il faudrait
Je lirai Tu liras Il/Elle/On lira Nous lirons Vous lirez Ils/Elles liront	J'avais lu Tu avais lu Il/Elle/On avait lu Nous avions lu Vous aviez lu Ils/Elles avaient lu	que je lise que tu lises qu'il/elle/on lise que nous lisions que vous lisiez qu'ils/elles lisent	Je lirais Tu lirais Il/Elle/On lirait Nous lirions Vous liriez Ils/Elles liraient
Je mettrai Tu mettras Il/Elle/On mettra Nous mettrons Vous mettrez Ils/Elles mettront	J'avais mis Tu avais mis Il/Elle/On avait mis Nous avions mis Vous aviez mis Ils/Elles avaient mis	que je mette que tu mettes qu'il/elle/on mette que nous mettions que vous mettiez qu'ils/elles mettent	Je mettrais Tu mettrais Il/Elle/On mettrait Nous mettrions Vous mettriez Ils/Elles mettraient
Je peindrai Tu peindras Il/Elle/On peindra Nous peindrons Vous peindrez Ils/Elles peindront	J'avais peint Tu avais peint Il/Elle/On avait peint Nous avions peint Vous aviez peint Ils/Elles avaient peint	que je peigne que tu peignes qu'il/elle/on peigne que nous peignions que vous peigniez qu'ils/elles peignent	Je peindrais Tu peindrais Il/Elle/On peindrait Nous peindrions Vous peindriez Ils/Elles peindraient

Conjugaisons

	Présent	Impératif	Passé composé	Imparfait
Pleuvoir	Il pleut	*Pas utilisé*	Il a plu	Il pleuvait
Pouvoir	Je peux Tu peux Il/Elle/On peut Nous pouvons Vous pouvez Ils/Elles peuvent	*Pas utilisé*	J'ai pu Tu as pu Il/Elle/On a pu Nous avons pu Vous avez pu Ils/Elles ont pu	Je pouvais Tu pouvais Il/Elle/On pouvait Nous pouvions Vous pouviez Ils/Elles pouvaient
Préférer	Je préfère Tu préfères Il/Elle/On préfère Nous préférons Vous préférez Ils/Elles préfèrent	Préfère Préférons Préférez	J'ai préféré Tu as préféré Il/Elle/On a préféré Nous avons préféré Vous avez préféré Ils/Elles ont préféré	Je préférais Tu préférais Il/Elle/On préférait Nous préférions Vous préfériez Ils/Elles préféraient
Prendre	Je prends Tu prends Il/Elle/On prend Nous prenons Vous prenez Ils/Elles prennent	Prends Prenons Prenez	J'ai pris Tu as pris Il/Elle/On a pris Nous avons pris Vous avez pris Ils/Elles ont pris	Je prenais Tu prenais Il/Elle/On prenait Nous prenions Vous preniez Ils/Elles prenaient
Savoir	Je sais Tu sais Il/Elle/On sait Nous savons Vous savez Ils/Elles savent	Sache Sachons Sachez	J'ai su Tu as su Il/Elle/On a su Nous avons su Vous avez su Ils/Elles ont su	Je savais Tu savais Il/Elle/On savait Nous savions Vous saviez Ils/Elles savaient
Venir	Je viens Tu viens Il/Elle/On vient Nous venons Vous venez Ils/Elles viennent	Viens Venons Venez	Je suis venu(e) Tu es venu(e) Il/Elle/On est venu(e)(s) Nous sommes venu(e)s Vous êtes venu(e)(s) Ils/Elles sont venu(e)s	Je venais Tu venais Il/Elle/On venait Nous venions Vous veniez Ils/Elles venaient
Vivre	Je vis Tu vis Il/Elle/On vit Nous vivons Vous vivez Ils/Elles vivent	Vis Vivons Vivez	J'ai vécu Tu as vécu Il/Elle/On a vécu Nous avons vécu Vous avez vécu Ils/Elles ont vécu	Je vivais Tu vivais Il/Elle/On vivait Nous vivions Vous viviez Ils/Elles vivaient
Voir	Je vois Tu vois Il/Elle/On voit Nous voyons Vous voyez Ils/Elles voient	Vois Voyons Voyez	J'ai vu Tu as vu Il/Elle/On a vu Nous avons vu Vous avez vu Ils/Elles ont vu	Je voyais Tu voyais Il/Elle/On voyait Nous voyions Vous voyiez Ils/Elles voyaient
Vouloir	Je veux Tu veux Il/Elle/On veut Nous voulons Vous voulez Ils/Elles veulent	*Pas utilisé* *Pas utilisé* Veuillez	J'ai voulu Tu as voulu Il/Elle/On a voulu Nous avons voulu Vous avez voulu Ils/Elles ont voulu	Je voulais Tu voulais Il/Elle/On voulait Nous voulions Vous vouliez Ils/Elles voulaient

Conjugaisons

Futur simple	Plus-que-parfait	Subjonctif présent	Conditionnel présent
Il pleuvra	Il avait plu	qu'il pleuve	Il pleuvrait
Je pourrai Tu pourras Il/Elle/On pourra Nous pourrons Vous pourrez Ils/Elles pourront	J'avais pu Tu avais pu Il/Elle/On avait pu Nous avions pu Vous aviez pu Ils/Elles avaient pu	que je puisse que tu puisses qu'il/elle/on puisse que nous puissions que vous puissiez qu'ils/elles puissent	Je pourrais Tu pourrais Il/Elle/On pourrait Nous pourrions Vous pourriez Ils/Elles pourraient
Je préférerai Tu préféreras Il/Elle/On préférera Nous préférerons Vous préférerez Ils/Elles préféreront	J'avais préféré Tu avais préféré Il/Elle/On avait préféré Nous avions préféré Vous aviez préféré Ils/Elles avaient préféré	que je préfère que tu préfères qu'il/elle/on préfère que nous préférions que vous préfériez qu'ils/elles préfèrent	Je préférerais Tu préférerais Il/Elle/On préférerait Nous préférerions Vous préféreriez Ils/Elles préféreraient
Je prendrai Tu prendras Il/Elle/On prendra Nous prendrons Vous prendrez Ils/Elles prendront	J'avais pris Tu avais pris Il/Elle/On avait pris Nous avions pris Vous aviez pris Ils/Elles avaient pris	que je prenne que tu prennes qu'il/elle/on prenne que nous prenions que vous preniez qu'ils/elles prennent	Je prendrais Tu prendrais Il/Elle/On prendrait Nous prendrions Vous prendriez Ils/Elles prendraient
Je saurai Tu sauras Il/Elle/On saura Nous saurons Vous saurez Ils/Elles sauront	J'avais su Tu avais su Il/Elle/On avait su Nous avions su Vous aviez su Ils/Elles avaient su	que je sache que tu saches qu'il/elle/on sache que nous sachions que vous sachiez qu'ils/elles sachent	Je saurais Tu saurais Il/Elle/On saurait Nous saurions Vous sauriez Ils/Elles sauraient
Je viendrai Tu viendras Il/Elle/On viendra Nous viendrons Vous viendrez Ils/Elles viendront	J'étais venu(e) Tu étais venu(e) Il/Elle/On était venu(e)(s) Nous étions venu(e)s Vous étiez venu(e)(s) Ils/Elles étaient venu(e)s	que je vienne que tu viennes qu'il/elle/on vienne que nous venions que vous veniez qu'ils/elles viennent	Je viendrais Tu viendrais Il/Elle/On viendrait Nous viendrions Vous viendriez Ils/Elles viendraient
Je vivrai Tu vivras Il/Elle/On vivra Nous vivrons Vous vivrez Ils/Elles vivront	J'avais vécu Tu avais vécu Il/Elle/On avait vécu Nous avions vécu Vous aviez vécu Ils/Elles avaient vécu	que je vive que tu vives qu'il/elle/on vive que nous vivions que vous viviez qu'ils/elles vivent	Je vivrais Tu vivrais Il/Elle/On vivrait Nous vivrions Vous vivriez Ils/Elles vivraient
Je verrai Tu verras Il/Elle/On verra Nous verrons Vous verrez Ils/Elles verront	J'avais vu Tu avais vu Il/Elle/On avait vu Nous avions vu Vous aviez vu Ils/Elles avaient vu	que je voie que tu voies qu'il/elle/on voie que nous voyions que vous voyiez qu'ils/elles voient	Je verrais Tu verrais Il/Elle/On verrait Nous verrions Vous verriez Ils/Elles verraient
Je voudrai Tu voudras Il/Elle/On voudra Nous voudrons Vous voudrez Ils/Elles voudront	J'avais voulu Tu avais voulu Il/Elle/On avait voulu Nous avions voulu Vous aviez voulu Ils/Elles avaient voulu	que je veuille que tu veuilles qu'il/elle/on veuille que nous voulions que vous vouliez qu'ils/elles veuillent	Je voudrais Tu voudrais Il/Elle/On voudrait Nous voudrions Vous voudriez Ils/Elles voudraient

Corrigés S'entraîner et Évaluez-vous !

Unité 1 — Être différents et vivre ensemble, c'est possible ?

S'entraîner p. 24-27

Leçon 1

1 commençons ; vont ; connaissent ; font ; joue ; fait ; prennent ; télétravaille ; me rends ; pars ; reviens ; plaît ; faut ; se sent ; crois ; réfléchissons ; espère

2 a. Je me souviens du jour où je suis devenue maire. / où = complément de temps **b.** La salle de la mairie où ont lieu les réunions est magnifique. / La salle de la mairie où les réunions ont lieu est magnifique. / où = complément de lieu **c.** On habite dans une commune où les habitants participent aux décisions. / où = complément de lieu **d.** J'adore les moments où nous discutons des nouveaux projets. / où = complément de temps

3 a. Le maire a mis en place la garderie pour enfants dont la ville avait besoin. **b.** La peinture est un loisir dont je ne peux pas me passer. **c.** J'ai rencontré une chanteuse dont je suis fan. **d.** Voici le nouveau projet dont je t'ai parlé. **e.** On a créé l'atelier théâtre dont les habitants avaient envie.

4 Mesdames messieurs bon<u>jour</u> / merci de m'accue<u>ill</u>ir / <u>A</u>lors / je m'appelle Fabien Madrigal / et j'ai quarante et <u>un ans</u> / J'ai un enfant de dou<u>ze ans</u> / Je viens de m'installer à <u>Ars</u> / pour re<u>prendre</u> / le café de la <u>Poste</u> /

Leçon 2

5 a. On vit plus longtemps qu'avant. **b.** Les femmes travaillent autant que les hommes. **c.** Mon père gagne moins d'argent que ma mère. **d.** On a plus de loisirs que nos parents. **e.** Les jeunes vivent mieux que la génération précédente. **f.** Les gens ne sont pas aussi optimistes que dans les années 60.

6 a. Qui trouve du travail le moins facilement ? **b.** Qui a le plus de temps libre pour s'amuser ? **c.** Quelle est la meilleure période de la vie ? **d.** Où vit-on le mieux ? **e.** Quel est le pire problème de société actuel ? **f.** En ce qui concerne les salaires, qui gagne le moins ?

7 a. devraient **b.** devrais **c.** devrait **d.** devrions **e.** devrais

8 a. C'est préférable d'être à l'écoute. **b.** Il vaut mieux avoir confiance en soi. **c.** Je vous conseille de partager vos idées. **d.** Il faudrait savoir rester ouvert aux autres opinions. **e.** Il vaut mieux rester silencieux quand on n'a rien à dire. **f.** Nous te conseillons de t'occuper des autres.

9 a. idéaliste **b.** inventive **c.** perfectionnistes **d.** nostalgique **e.** ouverts **f.** multitâche **g.** sociables **h.** timide

Leçon 3

10 a. Puisque tu as envie de découvrir le monde, va vivre à l'étranger ! **b.** Puisque vous n'êtes pas content de votre travail, changez de métier ! **c.** Puisqu'elle ne supporte pas la chaleur, elle doit aller vivre dans un pays froid ! **d.** Puisque j'habite à la montagne, on pense que je suis champion de ski !

11 parce que ; comme ; car ; grâce aux

12 a. Je suis très grand du coup les gens pensent que je fais du basket. **b.** Il fait souvent chaud dans cette région, c'est pourquoi on vit beaucoup à l'extérieur. **c.** J'ai beaucoup voyagé, c'est pour ça que je suis très ouverte aux autres cultures. **d.** Ce pays me plaît beaucoup donc j'ai décidé de m'y installer.

Évaluez-vous ! p. 28

› *Exemple de production :* Je suis timide donc je n'aime pas beaucoup parler. Je suis créative : j'adore créer des objets. Je suis perfectionniste !

› Rémi présente un projet dont il est très satisfait. • J'ai rencontré Léa le jour où je suis arrivée à Nice.

› Quand on est étudiant, on peut se lever plus tard et on a moins de travail. Au travail, on déjeune plus souvent avec ses collègues. On sort moins que pendant ses études. La vie étudiante est la période la plus agréable.

› *Exemple de production :* L'année prochaine, je continuerai à prendre des cours de français.

› *Exemple de production :* Tu devrais apprendre à connaître les gens. / Il faudrait apprendre la langue du pays. / Je te conseille de tester la colocation.

› – J'ai beaucoup travaillé cette semaine **alors** je pars en week-end. Je vais à la campagne **car** j'ai besoin de calme. J'ai loué une grande maison.
– Je peux venir avec toi **puisque** la maison est grande !

Unité 2 — Peut-on combattre les inégalités ?

S'entraîner p. 38-41

Leçon 5

1 b. 2 ; **c.** 1 ; **d.** 3

2 a. 1, 6 ; **b.** 1, 3 ; **c.** 2, 4 ; **d.** 4, 5

3 a reçu ; s'est installée ; est allée ; a fait ; se levait ; travaillait ; a eu ; a proposé ; avait ; se sont mobilisés ; a obtenu ; est devenue

4 a. causes **b.** solidarité, bénévole **c.** expulsions, régularisations **d.** mobilisation, pétition

Leçon 6

5 a. Ce que j'ai apprécié dans cette formation, ce sont les échanges. / Les échanges, c'est ce que j'ai apprécié dans cette formation. **b.** Ce dont j'ai besoin, c'est aider les autres. / Aider les autres, c'est ce dont j'ai besoin. **c.** Ce qui a changé ma vie, c'est ce métier. / Ce métier, c'est ce qui a changé ma vie. **d.** Ce dont j'ai envie, c'est travailler avec les enfants. / Travailler avec les enfants, c'est ce dont j'ai envie. **e.** Ce que je voudrais, c'est m'engager. / M'engager, c'est ce que je voudrais.

6 La personne est malvoyante ou non-voyante : d • La personne se déplace en fauteuil roulant : b et e • La personne est sourde ou malentendante : a et c

7 effectif ; emploie ; à temps plein ; CDI ; mission ; patron ; État ; embauche

Leçon 7

8 a. patiemment **b.** vraiment **c.** récemment **d.** réellement **e.** évidemment **f.** différemment **g.** courageusement

9 a. L'école reproduit **assez** souvent les inégalités sociales. **b.** Le système éducatif a **beaucoup** évolué depuis le siècle dernier. **c.** L'école doit **constamment** s'adapter aux changements de la société. **d.** Le gouvernement soutient **trop** rarement les projets éducatifs originaux. **e.** La gratuité de l'école est **vraiment** essentielle. **f.** Cette innovation pédagogique a **surtout** aidé à développer le « vivre ensemble ». **g.** Le nouvel objectif du programme scolaire a **principalement** permis de former des citoyens épanouis.

10 a. 2 ; **b.** 1 ; **c.** 1

Voyelles nasales et dénasalisation
Graphies du son [ɛ̃] : un, in, ien, oin, aim, en, ein, ain, yn + eim, ym (« m » remplace « n » devant « m », « p » et « b »)

186 cent quatre-vingt-six

Graphies du son [ɑ̃] : an, en, ean, aon + em, am (« m » remplace « n » devant « m », « p » et « b »).
Graphies du son [ɔ̃] : on + om (« m » remplace « n » devant « m », « p » et« b »)

11 b. [ɛ̃] 5. féminin ; 9. un instit – [ɑ̃]1. une enquête ; 8. une différence – [ɔ̃] 3. un don ; 7. une amélioration – [in] 6. finaud – [an] 4. cet âne – [ɔn] 2. donner

Évaluez-vous ! p. 42

› Le vote n'est pas obligatoire en France. **En revanche**, il est obligatoire en Belgique. • Le vote n'est pas obligatoire en France **alors qu'**il est obligatoire en Belgique.

› *Exemple de production :* Hier, je rentrais chez moi quand j'ai vu un homme glisser sur le trottoir. Il a essayé d'attraper le bras de sa femme mais elle a glissé aussi. Ils sont tombés tous les deux ! Heureusement, ils n'étaient pas blessés.

› Ce que j'adore, c'est le travail en équipe. Ce qui me passionne, c'est la communication. Ce dont je suis fier, ce sont nos résultats.

› *Réponse libre.*

› courageusement • patiemment • étonnamment

› *Exemples de productions :* Le français est une langue **très / trop / plutôt / assez / vraiment** difficile. • Je regarde **très / trop / assez** souvent des films en français.

UNITÉ 3 Peut-on tout faire en ligne ?

S'entraîner p. 54-57

Leçon 9

1 que j'envoie, tu envoies, il/elle/on envoie, nous envoyions, vous envoyiez, ils/elles envoient ; que je connaisse, tu connaisses, il/elle/on connaisse, nous connaissions, vous connaissiez, ils/elles connaissent ; que je réussisse, tu réussisses, il/elle/on réussisse, nous réussissions, vous réussissiez, ils/elles réussissent

2 a. soient, soyons → être **b.** ayez, aie → avoir **c.** fassiez, fasse → faire **d.** sache, sachent → savoir **e.** puisses, puissions → pouvoir **f.** veuillent, voulions → vouloir

3 a. Il faut que le médecin s'inscrive sur un site de téléconsultation. **b.** Il faut que le patient et le médecin aient un ordinateur avec une webcam. **c.** Il faut que le patient prenne rendez-vous. **d.** Il faut que le patient reçoive un lien de connexion. **e.** Il faut que tout le monde vérifie que la connexion est bien sécurisée. **f.** Il faut que le médecin choisisse la prise en charge à distance.

4 Obligation générale : b, e – Obligation personnelle : a, c, d

5 Cocher : b, c, e, f, g, h

Leçon 10

6 a. faites, vous fatiguerez **b.** éteignez, prendra **c.** serez, restez **d.** contactez, manquera **e.** suivrez, possédez **f.** habitez, faudra

7 a. être **b.** que nous jouions **c.** faire **d.** que vous restiez **e.** qu'on puisse

Les liaisons
On dit ✗ adieu à la circulation ✗ et ✗ au temps de transport quotidien. Si vous‿avez un petit‿appartement… Investissez dans‿un grand‿écran.

8 b. 1. Je travaille en ✗ Hongrie. **2.** Si vous‿aménagez un‿espace bureau, vous serez plus‿efficace. **3.** Pour plus de confort, ✗ on doit utiliser ✗ un clavier ✗ et ✗ une souris ✗ ergonomiques. **4.** Si on‿a des‿enfants, il faut les‿occuper.

Leçon 11

9 le ; l' ; t' ; m' ; l' ; t' ; leur ; l' ; le ; leur

10 a. eux **b.** elle **c.** nous **d.** lui **e.** vous **f.** elles

Évaluez-vous ! p. 58

› *Exemple de production :* Il est nécessaire que tu t'inscrives pour écrire sur le forum. Il faut être poli. Tu dois saluer les autres internautes. Il ne faut pas que tu utilises un registre trop familier.

› *Réponse libre.*

› *Exemple de production :* Je souhaite aller en France. Je voudrais que nous discutions plus souvent avec les autres étudiants.

› *Exemples de productions :* Si ta connexion Internet ne fonctionne pas, fais un partage de connexion avec ton téléphone. Si je dois travailler chez moi, je m'organise pour faire garder mes enfants. Si j'ai du temps ce week-end, je suivrai un cours de yoga et j'irai au théâtre.

› Mes amis sont très importants. Je passe du temps avec **eux**. Je **les** vois souvent. Je **leur** téléphone toutes les semaines.

UNITÉ 4 Profitons-nous de notre temps libre ?

S'entraîner p. 68-71

Leçon 13

1 elles joueraient ; vous feriez ; ils iraient ; elle écouterait ; nous pourrions ; tu peindrais ; vous seriez ; je créerais

2 changerait ; modifierait ; continuerais ; consacrerais ; parlerais ; sortirais ; ferions ; irions ; seraient ; dépenseriez ; vous reposeriez ; fatiguerais ; s'arrêtait ; avait ; plairait ; supprimerait ; proposait ; refuserais

3 b. Ethan **c.** Amira **d.** Léo **e.** Chloé **f.** Zoé

4 a. multiple **b.** multilingue **c.** multitâche **d.** multimédia **e.** multinationale **f.** multimillionnaire

Leçon 14

5 Registre familier : a, g, i – Registre courant : b, f, h – Registre formel : c, d, e

6 a. Pourquoi nous sentons-nous de plus en plus épuisés ? **b.** Y a-t-il une solution pour mieux gérer son temps ? **c.** Pourquoi parle-t-on beaucoup de la fatigue actuellement ? **d.** Que faites-vous pour vous reposer ? **e.** Comment vous échappez-vous du quotidien ? **f.** Quelle réaction avez-vous en cas de stress ? **g.** Que peuvent faire les gens pour éviter le burn-out ? **h.** Notre société va-t-elle trop vite ? **i.** Le sentiment d'épuisement est-il lié au travail ? **j.** Que proposent les spécialistes pour retrouver la sérénité ? **k.** L'augmentation de la charge mentale est-elle due au numérique ?

7 On = nous : c, d – On = quelqu'un : b, f – On = tout le monde : a, e, g

Les voyelles [ø], [œ] et [ə]

a. et **b.** [ø] : on peut, eux, mes yeux, un vœu ; [œ] : le burn-out, d'ailleurs, les jeunes, un œil, une start-up, il cueille, un pub irlandais, une nurse

8 a. Jules ! Je ne v**eu**x pas d**eu**x oranges mais n**eu**f cl**é**mentines ! **b.** S**eu**le Nicole d**éjeu**ne dans un bol bl**eu** ; H**é**lène pr**é**fère le rose.

cent quatre-vingt-sept 187

Corrigés S'entraîner et Évaluez-vous !

c. Les v**œ**ux du pr**é**sident sont r**e**transmis à la t**é**l**é** c**e** soir à dix-n**eu**f h**eu**res. **d.** D**eu**x d**é**s dos à dos sur une table d**e** j**eu** dans un p**u**b : un s**eu**l tombe au sol.

Leçon 15

9 a. Je n'attendais personne. **b.** Je n'ai rien dit à personne. **c.** Je ne fais jamais ce trajet. **d.** Personne d'autre n'était avec moi. **e.** Rien ne m'a étonné(e). **f.** Je n'ai rien remarqué de particulier. **g.** Je ne rentre jamais à la même heure. **h.** Il n'y avait personne dans la maison.

10 a. Elles ne partent ni à la montagne ni à la mer. **b.** Ni mes parents ni mes grands-parents n'avaient de congés payés. **c.** Les vacanciers n'ont voyagé ni en train ni en avion. **d.** Avec mes amis, nous n'allons ni au cinéma ni au théâtre. **e.** Ni le yoga ni la méditation ne me passionnent. **f.** Ni le calme ni le silence ne me font rêver. **g.** Dans le bruit, on ne peut ni lire ni se reposer. **h.** En vacances, je ne reste accroché ni à mon téléphone ni à ma tablette.

11 a. débrancher **b.** organisé **c.** désagréable **d.** défaire

Évaluez-vous ! p. 72

› *Réponse libre.*

› *Exemples de productions :* On polluerait moins si c'était possible d'aller partout en train. Si je m'installais à la campagne, je pourrais faire de longues promenades dans la nature.

› *Exemples de productions :* Quand les cours de yoga ont-ils lieu ? Est-il possible de fumer ? Où peut-on laver son linge ?

› En classe, j'écoute **toujours**, j'échange avec **tout le monde** et j'apprends **quelque chose**.

UNITÉ 5 — Comment améliorer son cadre de vie ?

S'entraîner p. 84-87

Leçon 17

1 a. en installant, en fleurissant **b.** en vous adressant, en faisant, en remplissant, en proposant **c.** en prenant, en évitant, en garantissant **d.** en fournissant, en donnant, en échangeant

2 a. en traversant **b.** en lisant **c.** en jouant **d.** en construisant

3 a. au milieu du **b.** bordent **c.** autour du **d.** le long du **e.** sous **f.** longent

Leçon 18

4 Cocher : b, c, e, f, h, j

5 b. 2 ; **c.** 5 ; **d.** 1 ; **e.** 6 ; **f.** 4

6 a. avait conçu, avait participé **b.** avait réalisé, avait confié, avait découvert, avait reconnu

7 a. pendant **b.** en **c.** Pendant **d.** dans les années **e.** depuis **f.** en **g.** C'est à partir de **h.** il y a **i.** entre

8 b. 7 ; **c.** 3 ; **d.** 1 ; **e.** 2 ; **f.** 5 ; **g.** 6

Leçon 19

9 a. choisie **b.** vécu, aimé **c.** adorée, passé **d.** déménagé, suivis **e.** quitté, revue **f.** décrite, changé

10 étage ; immeuble ; ascenseur ; marches ; fenêtre ; toits ; cuisine ouverte ; chaises ; lavabo ; placard ; vernie ; pièce ; tapis ; plantes ; balcon ; exposé

Les voyelles [y] et [u] et les semi-consonnes [ɥ] et [w]

a. [y] : excusez, sujet, rue, plus, studio, sûr, sud, l'avenue, Duméril, sur
[ɥ] : situé, suis, huit, cuisine, puis
[u] : bonjour, coupé, vous, écoute, pouvez, ou, ouverte, Toulouse, pour
[w] : moi, oui, quoi, trois, voilà, avoir, voit

b. [y] s'écrit « u » ; [u] s'écrit « ou » ; [ɥ] s'écrit « ui » ou « ué » ; et [w] s'écrit « oi » ou « oui »

Évaluez-vous ! p. 88

› *Exemples de productions :* en végétalisant, en limitant les voitures… / en consultant les annonces, en contactant une agence immobilière…

› *Réponse libre.*

› Quand ils **se sont installés** dans cette maison, ils **n'avaient pas encore terminé** les travaux.

› *Réponse libre.*

UNITÉ 6 — L'art peut-il changer notre quotidien ?

S'entraîner p. 98-101

Leçon 21

1 Forme active : a, d, g – Forme passive : b, c, e, f

2 a. La nouvelle salle d'exposition a été inaugurée par le président. **b.** Une grande rétrospective est organisée par le musée. **c.** Les tableaux vont être choisis par la directrice du musée. **d.** Un nouvel espace a été consacré à la sculpture. **e.** Les œuvres sont mises en valeur par les organisateurs. **f.** Les visiteurs seront accueillis tous les jours. **g.** De nouveaux artistes seront découverts par les spectateurs.

3 a. Il y a un fond coloré. **b.** On voit des personnes très souriantes. **c.** L'homme a un regard fascinant. **d.** Il porte un costume rayé. **e.** Un étrange chapeau cache son visage. / Un chapeau étrange cache son visage. / Un chapeau cache son étrange visage. **f.** La femme a les cheveux noirs. **g.** Elle porte une robe superbe. / Elle porte une superbe robe. **h.** Elle tient un petit sac. **i.** La photo offre une belle perspective. **j.** On sent une atmosphère paisible.

4 a. Je n'ai pas acheté d'autre tableau après. **b.** Cette statue a été faite il y a très longtemps. **c.** Ce n'est plus un musée. **d.** Les objets exposés appartiennent au propriétaire. **e.** La galerie n'est pas sale.

5 a. 2 ; **b.** 4 ; **c.** 3 ; **d.** 5 ; **e.** 1

Leçon 22

6 a. y → dans ce musée **b.** en → de l'exposition **c.** y → dans la rue **d.** en → des photos des Space Invaders **e.** y → à cet endroit **f.** en → d'artistes de rue **g.** en → de la galerie

7 a. Oui, je m'y intéresse. **b.** Non, je n'en ai pas l'intention. **c.** Non, nous n'y sommes pas favorables / je n'y suis pas favorable. **d.** Oui, elle y a déjà assisté. **e.** Non, nous ne nous en souvenons pas / je ne m'en souviens pas. **f.** Non, je n'y ai pas participé. **g.** Oui, ils en ont besoin. **h.** Oui, il en est fier.

8 a. Même si **b.** pourtant **c.** Bien que **d.** Cependant **e.** malgré **f.** même si **g.** toutefois

Leçon 23

9 a. non seulement, mais aussi, par ailleurs **b.** En effet, ainsi, De plus **c.** d'une part, d'autre part, à la fois, et, néanmoins

L'enchaînement vocalique

a. le-brou-ha-ha → 4 syllabes **b.** né-an-moins → 3 syllabes **c.** la-ten-sion-ar-té-rielle → 6 syllabes **d.** les-a-pplau-di-ssements-ont-du-ré → 8 syllabes

10 b. *Écouter la piste pour la correction.*

Évaluez-vous ! p. 102

› *Exemple de production :* C'est une histoire fascinante, un nouveau film, une belle histoire, le film est trop long…

› *Exemple de production :* Les murs sont peints en jaune. Le tableau blanc est situé derrière le bureau. Les tables ont été placées en cercle en face du tableau…

› *Exemples de productions :* Je n'y vais jamais. Je préfère regarder des films chez moi. / J'en écoute tous les jours. / Oui, j'y ai déjà assisté.

› *Exemples de productions :* Les graffitis sont interdits dans la rue, néanmoins on en voit partout. Certaines personnes n'aiment pas la musique, pourtant c'est bon pour la santé.

Sommes-nous tous journalistes ?

S'entraîner p. 114-117

Leçon 25

1 prennes ; sache ; soient ; aille ; suivions ; rédige ; aies ; expliquiez ; dise ; voie ; fassent ; publient ; puisse ; répondes

2 a. Le rédacteur en chef relit les articles des journalistes pour que la ligne éditoriale soit respectée. **b.** Les photos sont nécessaires afin de faire comprendre le contexte des faits. **c.** Le journaliste doit vérifier ses sources pour ne pas tromper ses lecteurs. **d.** Les informations doivent être détaillées afin que le public puisse se faire une opinion sur l'actualité. **e.** Les entreprises commerciales font appel aux influenceurs afin d'améliorer leur image. **f.** Les *followers* d'un influenceur doivent être nombreux pour qu'il ait une réelle influence.

3 sachant ; étant ; acceptant ; ayant ; pouvant ; connaissant ; faisant

4 a. 5 ; **b.** 1 ; **c.** 4 ; **d.** 3 ; **e.** 2

Leçon 26

5 Les enfants veulent savoir… **a.** ce qui est intéressant dans ce métier. **b.** si on gagne beaucoup d'argent. **c.** comment on choisit les sujets de reportage. **d.** si un journaliste dit toujours la vérité. **e.** ce que les journalistes pensent des réseaux sociaux.

6 a. allait **b.** avait lu **c.** venait **d.** auraient **e.** recevait **f.** aimerait **g.** était

7 s'était développé ; était apparu ; était devenu ; proposait ; était ; s'adressait ; disait ; pouvait ; permettait ; ferait ; dirait

Leçon 27

8 C'est certain : a, c, d, g, h - Ce n'est pas certain : b, e, f

9 a. avatar **b.** retoucher **c.** ciblé **d.** algorithmes **e.** virtuelle **f.** intelligence artificielle

Les consonnes [s], [z], [ʃ] et [ʒ]

a. [s] : c'est ; pensent ; podcast ; remplacer ; grâce ; commerce ; l'intelligence ; financer ; artificielle ; spectateur ; concevoir ; personnage ; secondes ; certaines ; ces/ce ; possibilité ; seule ; opérationnels ; discours ; vérification ; séquence ; si ; assembler ; selon ; informations ; sites ; seraient/sont ; sur ; dispositif ; ciblées ; fonction

[z] : Elisabeth ; vous écoutez ; des articles ; quinze ; diffuse ; utiliser ; dispositif ; plus étonnant ; présentateurs ; ces algorithmes ; automatiser ; exemple ; des inconvénients

[ʃ] : chaînes ; réfléchiraient ; retouchées

[ʒ] : bonjour ; Gibert ; l'intelligence ; reportages ; images ; régionale ; ajoutons ; géants ; personnage ; généré ; logiciel ; bouge ; jamais ; jour ; journalistes

b. [s] s'écrit « s » en début de mot, en fin de mot, à côté d'une consonne ; « ss » ; « tion », « ti » ; « c » + e, i. [z] s'écrit « z » ; « s » entre deux voyelles, dans la liaison ; « x ». [ʃ] s'écrit « ch ». [ʒ] s'écrit « j » ; « g » + e, i.

10 a. [s] : chasseur, sachant, chasser, sans, son, Suzanne, soulagée, s'allonger, sur, son, sommier, ces, acrobaties, attention. [z] : Suzanne, rose, dans un, dizaine. [ʃ] : chasseur, sachant, chasser, chien, vaches, cache-cache, champ, chiens, chats. [ʒ] : soulagée, s'allonger, légère, jaunes, jouent, joueurs.

Évaluez-vous ! p. 118

› *Exemples de productions :* J'apprends le français pour m'installer en France. / Je vais en cours afin d'améliorer mon niveau. / Le/La professeur(e) nous fait parler de nous pour que nous progressions plus vite.

› Je regarde les influenceurs **ayant** une vraie expertise. / Les influenceurs **n'étant pas formés** ne sont pas très fiables. / Les personnes **consultant** différents types de médias sont mieux informées.

› *Réponse libre.*

› *Réponse libre.*

Quelle place réserver au vivant ?

S'entraîner p. 128-131

Leçon 29

1 *Cocher :* b, c, e, f, h, i, j

2 a. aurait commencé, avait écouté **b.** n'avait pas augmenté, n'observerait pas **c.** avait pris conscience, aurait limité **d.** ne serait pas, s'étaient intéressés **e.** s'était développée, aurait **f.** n'aurait pas diminué, ne s'étaient pas dégradées

3 a. auraient pu → un reproche **b.** aurait fallu → un regret **c.** aurions dû → un regret **d.** aurait fallu → un regret **e.** auraient dû → un reproche **f.** auriez pu → un reproche

4 a. gaz à effet de serre, couche d'ozone **b.** biodiversité **c.** désertification **d.** inondations **e.** canicule **f.** déforestation

Leçon 30

5 a. Quelques → petite quantité **b.** chaque → totalité **c.** Aucune → quantité nulle **d.** certaines → quantité imprécise **e.** plusieurs → quantité importante

6 a. Quelques-unes **b.** Plusieurs **c.** Tous **d.** chacun **e.** Aucune ; toutes **f.** Certaines **g.** Quelques-uns

7 a. sachent **b.** fassions **c.** faut **d.** soit **e.** faille **f.** remplit **g.** atteigne

La semi-consonne [j]

8 a. Nous ne croyons pas que Camille veuille bien payer notre loyer. **b.** Croyez-vous qu'il vaille mieux une paille ou un tuyau ?

cent quatre-vingt-neuf **189**

Corrigés S'entraîner et Évaluez-vous !

Leçon 31

9 a. Y a rien à manger ! **b.** J'aime pas du tout ces produits. **c.** Qu'est-ce que t'en penses ? **d.** Je n'en veux pas. **e.** Il n'y avait plus de beurre ! **f.** Il est pas végétarien. **g.** Est-ce que tu aimes le bio ?

10 a. me l' **b.** la lui **c.** t'y **d.** lui en **e.** les leur **f.** te l'

11 a. Oui, demande-la-lui. ; Non, ne la lui demande pas. **b.** Oui, donnez-les-moi. ; Non, ne me les donnez pas. **c.** Oui, montre-le-moi. ; Non, ne me le montre pas. **d.** Oui, envoie-lui-en. ; Non, ne lui en envoie pas.

Évaluez-vous ! p. 132

› *Exemples de productions :* Si je n'avais pas appris le français, j'aurais appris une autre langue / je n'aurais pas pu vivre en France. Si nous n'avions pas inventé les nouvelles technologies, nous n'utiliserions pas Internet.

› *Exemple de production :* Je doute que cela soit suffisant. / Je pense que c'est une bonne chose mais je ne crois pas que tous les pays respectent les accords...

› *Exemples de productions :* Je n'aurais pas dû acheter cette nouvelle voiture. J'aurais dû réfléchir avant d'acheter tous ces vêtements.

› *Exemples de productions :* Tous les déchets doivent être triés. Chacun doit faire des efforts. Il ne faut pas trop consommer.

› *Exemple de production :* Oui, je les lis. / Non, je ne les lis pas. Oui, j'en consomme. / Non, je n'en consomme pas. Oui, je m'y intéresse. / Non, je ne m'y intéresse pas.

UNITÉ 9 — Pourquoi voyage-t-on ?

S'entraîner p. 144-147

Leçon 33

1 ai couru ; n'avais jamais couru ; avait ; m'étais préparé ; savais ; a quitté ; faisait ; avait brillé ; s'est mis ; sommes partis ; a plu ; a commencé ; m'étais blessé ; est revenue ; ai mangé ; suis reparti ; restait ; avais ; ai trouvé ; ai continué ; faisait ; me suis dirigé ; a ausculté ; a autorisé ; souffrais ; voulais ; ai marché ; n'ai pas renoncé ; ai passé

2 a. traversées **b.** observés **c.** reçu **d.** faite **e.** aidée **f.** testé **g.** gênée **h.** donnée **i.** revus **j.** accompli

3 a. pendant que **b.** avant que **c.** Avant de **d.** au moment où **e.** avant qu' **f.** Pendant que **g.** après que **h.** Dès que **i.** avant de

Leçon 34

4 a. en haut duquel **b.** avec lesquels / avec qui **c.** dans lesquels **d.** grâce auxquels **e.** autour duquel **f.** sous lequel **g.** auquel / à qui

5 a ; c ; f ; i

6 a. spatial **b.** en orbite **c.** Décollez, amerrissez **d.** apesanteur

Leçon 35

7 a. Je suis contente de découvrir des lieux magnifiques grâce aux documentaires. **b.** Cela m'énerve que les gens fassent des photos au lieu d'admirer les œuvres présentées. **c.** Je regrette de ne pas pouvoir rester plus longtemps dans ce monastère. **d.** Il est furieux que ce site naturel soit interdit aux touristes. **e.** Tout le monde est déçu que la visite guidée n'ait pas lieu. **f.** Je suis étonné que la réalité virtuelle permette de découvrir comment étaient les villes il y a plusieurs siècles. **g.** Je suis heureuse de pouvoir voyager quand je veux.

8 Obligation : b, f ; Doute : c, g ; Souhait : h ; Sentiment : a, d, e

Les accentuations et les intonations

9 Comment peut-on voyager en restant immobile ? Le « voyage immobile » est une expression paradoxale mais pourtant très utilisée. Elle désigne aussi bien le fait de vivre un voyage géographiquement immobile, que celui de voyager par l'esprit, sans aller nulle part.

Évaluez-vous ! p. 148

› *Exemple de production :* J'étais dans la cour de mon école primaire. Nous attendions la maîtresse. Dans la classe, il y avait Céline Dion et Harry Potter. La maîtresse est arrivée mais, en fait, c'était mon patron. Il était en colère. Il disait que nous étions en retard. J'ai regardé autour de moi, mais mes camarades avaient disparu.

› *Exemple de production :* J'ai quitté la maison à sept heures et demie. J'ai bavardé avec mes amis avant que le cours commence. Pendant le cours, j'ai répondu à mes e-mails. Au moment où le prof m'a vu, j'ai arrêté.

› Je te conseille ce livre **grâce auquel** j'ai découvert les voyages immobiles. / Dans ce parc, il y a de beaux arbres **sous lesquels** nous pourrions faire un pique-nique.

› *Réponses libres.*

Droits de reproduction et crédits photographiques

PHOTO DE COUVERTURE : Getty Images / Oliver Rossi

PHOTOS INTÉRIEURES

Alamy : p. 78 (bas) © Hilke Maunder

Getty Images : p. 15 © fStop Images / Halfdark – p. 29 © South_agency – p. 31 © Leo Patrizi – p. 45 © Westend61 – p. 59 © zeljkosantrac – p. 75 © SolStock – p. 89 © Svitlana Hulko – p. 105 © hsyncoban – p. 119 © CasarsaGuru – p. 135 © Alex Potemkin – p. 140 Ariane Mnouchkine © David Lefranc

Leemage : p. 17 photo 1 © OVRM / Bridgeman images – p. 17 photo 5 © Underwood Archives / Leemage – p. 78 (haut) © Tallandier / Bridgeman images

Sipa : p. 31 Anne Vignot © Alain Robert – p. 64 Philippe Delerm © Balkar / Frégé – p. 90 la Galerie du temps © M. Astar – p. 92 © Baleydier

Autres photos : © Shutterstock

DOCUMENTS ÉCRITS, VISUELS ET AUDIO
Unité 1 p. 16 document 1 © ville de Loos-en-Gohelle ; p. 20 couverture et extrait de *Nord perdu* © Éditions Actes Sud, 1999 – **Unité 2** p. 34 affiche © Angélique Bidault ; p. 35 extrait de *Vis ma vie d'instit* © Librairie Arthème Fayard, 2015 – **Unité 3** p. 46 © L'assurance maladie ; p. 34 logo © Que choisir ; p. 51 couverture et présentation de *Comme elle l'imagine* © Mercure de France – **Unité 4** p. 61 logo © LinkedIn ; p. 62 couverture © Éditions du Seuil, 2020 et document 2 © France Inter ; p. 64 *Surtout ne rien faire* © Éditions Milan, 1994 ; p. 65 logo © Ouest France – **Unité 5** p. 76 logos © Le Parisien, Twitter et image de synthèse © PCA-STREAM ; p. 77 site internet © ville de Paris et photo de pied d'arbre © Marie-José Lopes ; p. 79 © DJ Architectes ; p. 80 logo © Babelio, couverture et extrait du livre audio *Marx et la poupée* © Audiolib, 2017 – **Unité 6** p. 94 document 1 © musée des Beaux-Arts de Montréal / Médecins francophones du Canada ; p. 95 extrait de *Châtelet-Lilas* © Éditions Gallimard, 2021 ; p. 96 *Les Musiciens, Souvenir de Sidney Bechet* © ADAGP, 2022 – **Unité 7** p. 108 document 1 © Osama Hajjaj et logo © Le Télégramme – **Unité 8** p. 120 document 1 © ADEME / Mairie de Paris / région Île-de-France, ONERC ; p. 122 document 1 © Éditions Dunod, 2021 ; p. 124 logos © Bon Pote et Twitter ; p. 125 couverture et extrait de *La Vie secrète des arbres* © Éditions Les Arènes, 2017 – **Unité 9** p. 136 photo et texte © Sophie Jacob et logo © Carnets d'aventures ; p. 138 logo © Le Parisien ; p. 140 logo © L'influx ; p. 143 © Marie-José Lopes

VIDÉOS CULTURE(S)
Unité 1 Ma vie aux États-Unis © Yoann Buidin-Ferrer – **Unité 2** Une Idée Folle © Judith Grumbach / Horizons Productions – **Unité 3** Présentation d'un Mooc © Abilways – **Unité 4** Les congés payés © Gaumont-Pathé Archives – **Unité 5** Ville ou campagne ? © LCI – **Unité 6** Avignon © France Télévisions / INA – **Unité 7** Nous sommes tous médias © CLEMI / La Générale de Production – **Unité 8** Biomimétisme © Jean-Philippe Camborde / La Belle Société Production – **Unité 9** Un port normand © France Télévisions / France 3-Normandie

Nous remercions vivement les neuf étudiants de français pour leur collaboration à *Inspire*.

Nous avons fait notre possible pour obtenir les autorisations de reproduction des documents publiés dans cet ouvrage. Dans le cas où des omissions ou des erreurs se seraient glissées dans nos références, nous y remédierons dans les éditions à venir.

Couverture : Nicolas Piroux
Maquette intérieure : Eidos
Adaptation graphique : Anne-Danielle Naname
Mise en page et adaptations pour le niveau 3 : Barbara Caudrelier
Secrétariat d'édition : Sarah Billecocq
Illustrations : Marc Fersten (p. 47) ; Gabriel Rebufello (p. 48, 77 et 84) ; Corinne Tarcelin (p. 159)
Cartographie : carte de la France, plat III ©Claire Levasseur
Enregistrements audio, montage, mixage : Quali'sons, David Hassici

ISBN 978-2-01-713345-2
© HACHETTE LIVRE, 2022
58, rue Jean Bleuzen, CS 70007, 92178 Vanves Cedex, France.

Le code de la propriété intellectuelle n'autorisant, aux termes des articles L. 122-4 et L. 122-5, d'une part, que « les copies ou reproductions strictement réservées à l'usage privé du copiste et non destinées à une utilisation collective » et, d'autre part, que « les analyses et les courtes citations » dans un but d'exemple et d'illustration, « toute représentation ou reproduction intégrale ou partielle, faite sans le consentement de l'auteur ou de ses ayants droit ou ayant cause, est illicite ». Cette représentation ou reproduction, par quelque procédé que ce soit, sans autorisation de l'éditeur ou du Centre français de l'exploitation du droit de copie (20, rue des Grands-Augustins, 75006 Paris), constituerait donc une contrefaçon sanctionnée par les articles 425 et suivants du Code pénal.

Dépôt légal : Janvier 2022 – Édition : 08 – 79/8889/3
Achevé d'imprimer en décembre 2025 en Italie par Vincenzo Bona S.p.A.

Transcriptions

Être différents et vivre ensemble, c'est possible ?

Leçon 1
Parler de soi

🎧 Piste 2. Document 1

Le maire : Bonjour à tous et merci d'être là. Pour ceux qui ne me connaissent pas encore, je suis Paul Bertrand, le maire de votre ville. Nous sommes réunis aujourd'hui pour accueillir nos nouveaux habitants – bienvenue à vous ! – et pour les aider à choisir un groupe de réflexion. Car, comme vous le savez, à Loos-en-Gohelle, les citoyens prennent part aux décisions de la municipalité. Je vous propose de faire un tour de table. Si vous voulez bien vous présenter et nous dire pourquoi vous vous êtes installés à Loos. Madame, vous voulez bien commencer ?

Caroline : Bonjour monsieur le maire. Merci de m'accueillir ! Alors, je m'appelle Caroline Lambert. J'ai 35 ans. Je suis divorcée et j'ai deux enfants de 3 et 5 ans. Je viens de m'installer à Loos pour reprendre la pharmacie de la Mairie. Je suis gérante de la pharmacie, je travaille du lundi au samedi. Et, comme vous l'imaginez, mes journées sont très chargées : je reçois les clients, je passe les commandes, je fais la comptabilité. Alors je n'ai pas beaucoup de temps. Mes enfants sortent de l'école à 18 heures parce qu'ils vont à la garderie mais moi je finis à 19 heures. Donc je ne les vois pas beaucoup. Et c'est difficile de trouver une baby-sitter. Il y a peut-être des choses à améliorer de ce côté-là. Le week-end, enfin… le dimanche, nous faisons des balades. J'essaie de faire du sport, je cours quand je peux, et parfois je prends des cours de yoga. Voilà !

Le maire : Merci beaucoup madame Lambert. Nous allons maintenant laisser la parole à votre voisine.

Maria : Bon, bah, bonjour tout le monde, je suis Maria Linares, je suis espagnole. J'ai vécu à Mons en Belgique pendant longtemps. Mais ma fille habite ici et je suis retraitée alors je me suis installée à Loos-en-Gohelle pour être près de mes petits-enfants. Je ne connais pas encore très bien la ville. Mais je trouve ça formidable de pouvoir parler des projets, d'échanger avec les autres. Je pratique le taï-chi depuis plus de trente ans. En ce moment, j'apprends à me servir d'un ordinateur avec mes petits-enfants. À part ça, je lis beaucoup. Et je couds ; j'aime bien partager mes techniques et aider les autres.

Le maire : Merci madame Linares. Monsieur ?

Philippe : Bonjour ! Alors, moi c'est Philippe Armand. Je viens d'emménager à Loos pour y vivre avec ma compagne. Je vais me marier cet été. Actuellement, je fais des études de marché, j'envoie des mails parce que je suis en train de monter une société spécialisée dans le tri des déchets. Pour moi, l'environnement, c'est une question importante et je veux participer à des projets écologiques. Je sais que la ville est sensible à ce sujet et c'est aussi pour ça que nous avons choisi de vivre ici. Je retape une vieille maison et j'écris aussi des livres de cuisine. En plus, j'ai la chance d'avoir un petit terrain et je vais me lancer dans le jardinage et créer un potager. Et puis, je joue au foot : je suis un grand passionné depuis que je suis petit.

Leçon 2
Comprendre les autres

🎧 Piste 3. Document 2

Journaliste : Bonjour à tous. Comment améliorer les relations entre les jeunes et les seniors ? Parmi les pistes, il y a la cohabitation intergénérationnelle. Une enquête de l'IFOP montre que le contrat de colocation intergénérationnelle séduit plus les jeunes que les aînés. 46 % des jeunes se déclarent intéressés, mais seulement 22 % des personnes âgées se sentent prêtes à vivre avec un ou une jeune.
Francine bonjour ! Vous qui vivez avec une jeune étudiante, pourriez-vous donner à nos auditeurs quelques conseils pour vivre avec un ou une jeune ?

Francine : Oui, alors j'ai 84 ans. J'habite avec Charlotte qui a 20 ans et ça se passe bien. Je m'adresse aux grands-mères et grands-pères comme moi : je vous conseille de passer par un organisme. C'est préférable d'avoir un contrat de colocation très clair. Il faudrait aussi rencontrer plusieurs jeunes, pour avoir le choix et sentir si le contact est bon ou pas. Vous devriez prendre votre temps pour faire connaissance et, ensuite, signer le contrat. Avec les jeunes, il vaut mieux être patient parce qu'ils ne comprennent pas toujours nos habitudes. Ne soyez pas trop exigeants. Moi, je dis que si l'étudiant est sympathique, calme et s'il est là pour les repas, c'est bien. Les jeunes sont directs, donc n'hésitez pas non plus à parler franchement et à vous mettre d'accord sur les règles de vie. Avec Charlotte, nous avons discuté et nous avons décidé des règles ensemble. Par exemple, je ne dois pas occuper la salle de bains le matin, quand elle se prépare pour partir. Charlotte quitte la maison à 8 heures, alors moi j'y vais après elle. Et puis les soirées doivent être tranquilles. Moi, je regarde la télé et Charlotte travaille dans sa chambre.
Voilà. Je suis très heureuse de ne pas être seule. Vraiment, je conseille à tous ce type de colocation parce que c'est le partage, l'échange, le soutien.

Journaliste : Merci Francine !
Qui sait, dans quelques années, la cohabitation intergénérationnelle sera peut-être un mode de vie normal et très courant ? On parle déjà de « coliving », ou colocation géante : dans peu de temps, nous pourrons partager des immeubles de 300 chambres, nous aurons de grands espaces de cotravail, une salle de sport commune, et nous ferons notre lessive dans la laverie de l'immeuble. C'est peut-être comme cela qu'on résoudra la crise immobilière ? Un jour, nous deviendrons des colocataires solidaires et nous recevrons nos amis dans « notre » café-bar commun. Alors, adieu la solitude ! Et vous, vous êtes prêts ?

▶ 01 Activité 9

Raveena : Bonjour, je m'appelle Raveena. Je suis indienne. Dans ma culture, les enfants, les parents et les grands-parents vivent souvent ensemble. Pour nous, la cohabitation intergénérationnelle, c'est naturel. Vivre seul, ce n'est pas normal. Et vous, dans votre culture, vous donnez quelle place aux personnes âgées ?

Leçon 3
Expliquer des différences culturelles

🎧 **Piste 4. Document 1**

Miles : J'habite en France depuis des années mais, à chaque fois que je fais connaissance avec des Français, quand je dis que je suis australien, ils me parlent de sport. C'est à cause de l'image qu'ils ont de l'Australie : la mer, les plages, le rugby… C'est vrai que, dans les médias, l'Australie est toujours associée au sport, donc les Français me demandent quel sport je préfère, ou ma réaction à un match récent. Ils pensent aussi qu'un Australien, c'est quelqu'un qui est grand et blond et qui fait du surf, puisqu'il y a beaucoup de plages en Australie ! Bon, ce n'est pas complètement faux. Le sport en Australie, c'est important. C'est le plus important dans notre culture. C'est pourquoi nous avons cette réputation. Mais moi, je n'ai jamais trouvé le sport intéressant. C'est pour ça que je ne sais pas quoi répondre quand quelqu'un me parle de football australien ou de rugby. C'est pas grave, bien sûr. Mais, à chaque fois, je suis obligé d'expliquer, encore, que je ne m'intéresse pas au sport.
Par contre, avec les enfants, c'est drôle. Comme ils apprennent à l'école que l'Australie est un continent sauvage, ils me demandent s'il y a des kangourous partout ! Si j'ai déjà vu un requin. Ils me font rire, ça j'aime bien !
J'ai un peu changé parce que j'habite en France depuis longtemps. Quand je suis arrivé ici, au début je trouvais que les gens étaient distants et un peu froids. Ils ne rigolaient pas. Dans les soirées, je m'approchais, je souriais, je posais des questions. Les gens se fermaient car ils me trouvaient bizarre. Ici, en France, on a besoin de plus de temps pour faire connaissance. En Australie, on est très familiers tout de suite. Maintenant, je fais comme les Français. Du coup, je suis moins direct.

▶ **02 Culture(s) vidéo**
Ma vie aux États-Unis

Yoann : Salut à tous, *what's up* ? J'espère que vous allez bien. Moi, c'est Yoann et vous êtes sur ma chaîne « Ma vie aux États-Unis ».
Si, vous aussi, vous étudiez à l'étranger, vous avez étudié à l'étranger, ou vous allez étudier à l'étranger, ou que vous êtes à l'étranger pour du travail, enfin bref, si vous êtes à l'étranger pour une période de temps assez longue, il y a quelque chose de souvent inévitable, que tout le monde rencontre au moins une fois, c'est le mal du pays ou ce qu'on appelle en anglais *homesickness*. C'est cette période qu'on rencontre où tout le monde nous manque, où notre expérience nous paraît négative, où on a juste envie de rentrer.
Donc, aujourd'hui, on va parler du mal du pays, *homesickness*, donc le mal du pays. Comment ça se passe et quelques conseils pour comment y remédier, ou comment faire face à cette épreuve, en douceur.
La première étape, c'est l'étape que j'appelle « lune de miel bisounours », l'étape où tout va bien. On arrive dans le pays et, là, on est sous le charme des lieux. La culture est différente, tout nous paraît exotique. Enfin, tout nous plaît. Une rue américaine ! Un arbre américain ! Une voiture américaine !
La deuxième étape, c'est moins rigolo, c'est ce que j'appelle la période « antidépresseur », l'étape noire, enfin c'est l'étape où tout va mal. C'est l'étape où vous commencez à critiquer la culture, les différences culturelles du pays dans lequel vous êtes. Vous doutez de vos choix. Vous avez envie de rentrer chez vous. Votre famille vous manque.
Une incompréhension dans la langue, avec la langue étrangère, vous avez parfois du mal à vous sentir compris, vous avez parfois du mal à comprendre les gens.
Femme : *I'm so glad to see you, welcome to our home. How was your trip? Are you ready to live in Madison?**
Yoann : Euh… *Hello! My name is Yoann!***
Femme : *Yoann? Yoann? Good to see you! Please, come back!****
Yoann : Mais, évidemment, après cette période noire, il y a la période… La lumière arrive enfin. La période, l'étape, la période d'adaptation, c'est la période où enfin les différences culturelles ne sont plus aussi pesantes. Vous vous êtes intégré, vous avez des amis, la langue n'est plus aussi compliquée. Vous vous adaptez vraiment à la culture autour de vous.

* Je suis si contente de te voir, bienvenue chez nous. Tu as fait bon voyage ? Es-tu prêt à vivre à Madison ?
** Bonjour ! Je m'appelle Yoann !
*** Yoann ? Contente de te voir ! S'il te plaît, reviens !

Leçon 4
Techniques pour… interagir dans des conversations quotidiennes

🎧 **Piste 5. Document 1**

Journaliste : Pour finir la saison de la chronique, voici la dernière sélection des « Entendu dans la rue ». À bientôt !

Dialogue 1
Homme : On y va comment ?
Femme : En Velib ?
Homme : Trouver un Velib à 17 heures ?? Laisse tomber !

Dialogue 2
Homme : Tu sais quoi ? Paul et Julie se sont séparés.
Femme : Euh… Ils étaient ensemble ?

Dialogue 3
Femme : J'ai beaucoup, beaucoup travaillé cette semaine !
Femme : Moi aussi.
Femme : Bon, on va boire un verre ?
Femme : Carrément !

Dialogue 4
Homme : Pour dîner en terrasse, il faut absolument réserver.
Homme : C'est clair !

Dialogue 5
Homme : J'ai trouvé un appartement de 35 m^2, commerces et métro à côté.
Femme : C'est top !

Dialogue 6
Homme : L'année prochaine, je m'installe au Japon.
Femme : Au Japon ? Tu rigoles ? Tu parles pas japonais !

Dialogue 7
Femme : Voilà l'addition. Tu paies ?
Homme : Attends ! J'ai déjà payé la dernière fois.

Dialogue 8
Femme : Cette année, le premier janvier tombe un dimanche !
Homme : C'est pas vrai ?!

Dialogue 9
Femme : Le yoga, c'est pas fait pour toi. Tu es trop agité.
Homme : N'importe quoi !

Dialogue 10
Femme : On y va comment ?
Homme : En taxi ?
Femme : Ça marche !

🎧 Piste 6. Activité 5
a. On va au cinéma ce week-end ?
b. C'est toi qui fais les courses.
c. Tu as trouvé un appartement dans le centre-ville ?
d. Lyon est la capitale de la France.
e. Je suis allée chez Farida : champagne et macarons toute la soirée !
f. Tu m'appelles demain ? Mais pas trop tôt.
g. Le jean est le vêtement le plus porté au monde !
h. Tu sais quoi ? Je me marie en juin.
i. Cinq semaines de vacances, c'est bien !
j. L'année prochaine, j'arrête de travailler.

Techniques pour... la médiation : clarifier un message oral

🎧 Piste 7. Document 2
Adrien : Salut Giulio ! C'est Adrien. J'ai bien eu ton message. Écoute, un week-end à Bruxelles ? Carrément ! Mais ce week-end, laisse tomber ! Mon patron a besoin de moi samedi matin. Le vendredi, d'accord, mais travailler le samedi... c'est n'importe quoi ! La semaine prochaine, j'ai trois jours. Donc, si ça marche pour toi, c'est top ! Bises.

Langue & S'entraîner

🎧 Pistes 8 et 9. Vocabulaire
→ *Voir manuel page 25.*

🎧 Piste 10. Phonétique
Le groupe rythmique → *Voir manuel page 25.*

🎧 Piste 11. Activité 4 – Phonétique
Mesdames, messieurs bonjour. Merci de m'accueillir. Alors, je m'appelle Fabien Madrigal et j'ai quarante et un ans. J'ai un enfant de douze ans. Je viens de m'installer à Ars pour reprendre le café de la Poste.

🎧 Pistes 12 à 17. Vocabulaire
→ *Voir manuel pages 26-27.*

UNITÉ 2 — Peut-on combattre les inégalités ?

Leçon 5

Raconter un engagement

🎧 Piste 18. Document 2
Voix off : La chronique du jour, Nicolas Morel.
Journaliste : Voici une histoire qui n'a laissé personne indifférent.
Comme il n'arrivait pas à trouver un apprenti en boulangerie, Stéphane Ravacley a choisi un jeune réfugié. C'est ainsi qu'il y a un an et demi, le patron de « La Huche à Pain », à Besançon, a accueilli Laye Fodé Traoré dans sa boulangerie. Quand Laye est arrivé en France en 2018, il était mineur et ne parlait pas français.
Stéphane l'a pris en apprentissage en août 2019. Laye s'est bien adapté : il travaillait dur, se levait à 3 heures tous les matins et faisait beaucoup d'efforts. Il a très vite appris le français et s'est intégré sans problème. Début janvier, Laye est devenu majeur, c'est pourquoi la préfecture a souhaité l'expulser. Le 4 janvier, Stéphane Ravacley a commencé une grève de la faim pour protester contre l'expulsion de son apprenti. Il a aussi lancé une pétition. Huit jours après, il a dû être hospitalisé pour cause de malaise. Une mobilisation nationale s'est mise en place ; plusieurs associations se sont rassemblées pour le soutenir. Dix jours après le début de sa grève de la faim, la préfecture a régularisé Laye. La nouvelle s'est répandue sur les réseaux sociaux. La maire de Besançon, Anne Vignot, s'est réjouie de cette bonne nouvelle. Aujourd'hui, Stéphane Ravacley espère bien faire bouger l'État français sur la situation des jeunes migrants et migrantes qui sont en apprentissage. « Ce n'est pas de la politique, dit le boulanger, c'est juste de la logique. »

Leçon 6

Donner son avis

▶ 04 Activité 4
Étienne : Au Canada, faire du bénévolat, c'est super important pour entrer dans certaines universités, et plus tard pour trouver un emploi. C'est ce qui fait la différence entre les CV. Moi, j'ai participé à un chantier international en Inde, et j'ai aussi travaillé pour une association environnementale en Ontario. Et vous ? Qu'est-ce qui a le plus compté dans votre CV ?

🎧 Piste 19. Document 3
Personne 1 : Oui. C'est bien, c'est une bonne loi, c'est juste. Tout le monde a le droit de travailler, donc les personnes handicapées aussi bien sûr. Mais bon... dans mon entreprise, c'est un peu compliqué... Employer une personne en situation de handicap, je pense qu'avec tous les escaliers qu'il y a dans le bâtiment, c'est trop difficile. Là où je travaille, les employés doivent être super mobiles.
Personne 2 : C'est une excellente idée. Mais, pour moi, il y a un problème : l'aide financière de l'État ne suffit pas. Je crois que l'État doit payer la totalité du salaire de l'employé handicapé. Les entreprises ont trop d'obligations. Pour nous, ça coûte trop cher. Je trouve qu'il faut demander ça aux multinationales mais pas aux petites entreprises.
Personne 3 : Heureusement que cette loi existe ! Mais il me semble que les autres pays font plus et mieux que nous. Moi, je suis le seul employé en fauteuil roulant dans mon entreprise. Quand je voyage en Europe, je vois beaucoup de personnes en fauteuil partout, dans les musées, les services publics. En France, il y a un problème d'accessibilité, dans le métro par exemple. Les ascenseurs dans le métro, ça devrait être obligatoire. À mon avis, l'État devrait faire un effort.
Personne 4 : Je ne sais pas... Je trouve que c'est compliqué, je crois que c'est difficile d'embaucher une personne malvoyante ou non-voyante par exemple. L'entreprise doit repenser le bureau, acheter du matériel, ça demande beaucoup d'argent. D'après moi, ce ne sont pas les

entreprises qui doivent employer les personnes handicapées, ce sont les services publics qui doivent le faire.
Personne 5 : Moi, je pense que c'est normal de faire travailler des personnes en situation de handicap. J'ai une collègue malentendante et il n'y a pas de problème, nous parlons lentement et elle lit sur nos lèvres. Pour les fauteuils roulants, il faut un ascenseur, il faut faire des portes plus larges, installer des toilettes. Et puis il faut supprimer les marches. C'est le devoir de la collectivité. Je crois qu'on peut imaginer beaucoup de solutions, mais c'est juste qu'on n'y pense pas.

Leçon 7
Parler des inégalités

Piste 20. Document 2
Journaliste : Nous recevons aujourd'hui Mathilde Renould, fondatrice du club « Future, au féminin » et François Gradvohl, professeur de sociologie à l'université Jean-Jaurès de Toulouse, pour commenter les résultats d'une étude qui vient de paraître : « Que pensent les Françaises et les Français des inégalités femmes-hommes ? »
Pour commencer, Mathilde Renould, quelle est la situation en France ?
Mathilde Renould : Cette étude montre que les inégalités sont toujours présentes. Dans le monde du travail par exemple, 64 % des Français pensent que les femmes touchent des salaires plus bas. Donc les Français reconnaissent majoritairement les différences de salaires entre les femmes et les hommes.
Journaliste : François Gradvohl ?
François Gradvohl : Ce que dit Mathilde Renould est vrai. Et ce sondage montre aussi que les hommes sont de plus en plus conscients des différences et qu'ils sont vraiment prêts à s'engager pour plus d'égalité.
Journaliste : Mathilde Renould, que révèlent les réponses au sondage sur la place des femmes dans la société ?
Mathilde Renould : Eh bien, les femmes veulent jouer un rôle dans les décisions car les hommes sont trop fréquemment dominants. Aux postes de pouvoir, on trouve une majorité d'hommes. Les femmes arrivent très difficilement à des postes de direction ! C'est pourquoi 69 % d'entre elles pensent qu'il faut appliquer la parité, c'est-à-dire le même nombre de femmes et d'hommes, dans les entreprises et en politique.
Journaliste : Et quelle est la situation au niveau mondial selon les personnes sondées ? François Gradvohl ?
François Gradvohl : 53 % des Françaises et des Français pensent que l'égalité hommes-femmes a plutôt progressé dans le monde ces vingt-cinq dernières années. Mais près de la moitié des Français ont compris que les inégalités entre les sexes créent de la pauvreté. En effet, quand les inégalités hommes-femmes sont fortes, il y a beaucoup de problèmes liés à l'éducation, la faim et la santé. Et sur ce point, les hommes et les femmes sont assez d'accord pour que la France apporte son soutien à la lutte contre la pauvreté dans le monde, avec respectivement 55 et 67 % de réponses favorables.

▶ 05 Culture(s) vidéo
Une Idée Folle
Homme : Qui a compté les oisillons ? Et qui peut dire…
Jérôme Salter : Il y a souvent une question qu'on ne se pose pas qui est la question des objectifs de l'éducation. À quoi ça sert l'éducation ? À quoi sert l'école ?
François Taddei : On est dans un monde qui change extrêmement vite et dans lequel il y a plein de défis individuels et globaux.
Caroline Sost : On a vraiment, vraiment besoin de permettre l'émergence de citoyens épanouis, responsables, qui contribuent à une réelle évolution de l'humanité.
Constance : Même si on est tout petits, faut quand même essayer de faire quelque chose.
Isabelle Peloux : Les enfants d'aujourd'hui, en gros, il faut leur apprendre à la fois à être bien avec eux-mêmes, de façon à donner le meilleur de ce qu'ils peuvent être, et il faut leur apprendre à faire avec l'autre. Et c'est pas l'un ou l'autre, c'est les deux en même temps.
Elouan : On aide les petits, s'ils ont besoin d'aide.
Homme : Si on veut mettre au défi l'école d'hier de répondre aux questions d'aujourd'hui, mais on est totalement à côté de la plaque.
Isabelle Peloux : Est-ce qu'on peut rire de tout ?
Véronique de Tilly : Je le vois, les enfants peuvent arriver en courant à l'école et, le jour où ils sont malades, être désespérés.
Florian Loupiac : Je me sens vivant.
François Taddei : C'est vraiment une idée folle d'inventer l'école et c'est probablement une idée folle de vouloir changer l'école, mais en même temps, si on est dans un monde qui est toujours plus fou, s'adapter à ce monde en changement, ça suppose de mettre une école en changement et de faire des enseignants comme des élèves des acteurs du changement.
Élève : En fait, c'est fait pour s'éduquer dans la vie. Voilà.

Langue & S'entraîner

Pistes 21 à 28. Vocabulaire
→ *Voir manuel pages 39-40.*

Piste 29. Activité 6
Exemple : Je ne peux pas prendre les escaliers.
a. Je n'entends pas du tout.
b. Je ne peux pas marcher.
c. Je lis sur les lèvres pour comprendre.
d. Mes doigts sont mes yeux.
e. J'ai besoin de portes très larges pour entrer quelque part.

Pistes 30 à 32. Vocabulaire
→ *Voir manuel page 41.*

Piste 33. Phonétique
Voyelles nasales et dénasalisation → *Voir manuel page 41.*

Piste 34. Activité 11b – Phonétique
1. une enquête ; 2. donner ; 3. un don ; 4. cet âne ;
5. féminin ; 6. finaud ; 7. une amélioration ;
8. une différence ; 9. un instit

Préparation au DELF B1
Compréhension de l'oral

Piste 35. ❯ Comprendre une interaction entre locuteurs natifs
Vous écoutez une conversation. Lisez les questions. Écoutez le document puis répondez.

Léo : Tiens, salut Margot ! Ça fait longtemps ! Comment vas-tu ?
Margot : Salut Léo ! Ça va bien, merci. Je viens de faire six mois de stage en Italie, à Milan, dans une société informatique.
Léo : Dis donc, c'est super ! Ça s'est bien passé ?
Margot : Oui, très bien mais au début c'était difficile, j'ai eu du mal à m'adapter.
Léo : Ah bon, pourquoi ?
Margot : Là-bas, les gens sont très accueillants mais aussi parfois très informels... Même mon directeur voulait que je lui dise « tu »... Je n'étais pas habituée ! En France, ce n'est pas comme ça !
Léo : Oui, nous, au début on est plus formel et la hiérarchie c'est très important... Tu as eu des problèmes ?
Margot : Oui, je ne savais pas comment me comporter. Je n'arrivais pas à être aussi souriante et détendue que les autres. Et puis, les gens sont très bavards et, dans la journée, ils font plein de pause-café : on a l'impression qu'ils ne travaillent pas beaucoup... Mais ce n'est pas vrai !! C'est même le contraire !
Léo : Oui, c'est un peu l'idée qu'on a de l'Italie, en France... Mais j'imagine que tu as sympathisé avec quelqu'un, non ?
Margot : Non, en tout cas, pas les premiers jours. Je n'étais pas sûre de tenir six mois. Et puis, deux semaines après mon arrivée, une collègue, Giulia, m'a proposé de sortir. Elle avait compris que je me sentais seule. Elle m'a donné des conseils et m'a expliqué qu'en Italie, les relations au travail sont moins formelles qu'en France mais que ce n'est pas un manque de respect... Alors, tout a été plus simple et, à la fin de mon stage, je ne voulais plus repartir...
Léo : Tu as gardé des contacts là-bas ?
Margot : Oui, et du coup, cet été, je vais y retourner. Giulia m'a invitée dans sa famille, à Venise.
Léo : Super, on dit que c'est une ville magnifique ! Tu m'enverras des photos ?
Margot : Oui, promis !

🎧 Piste 36. ❭ Comprendre des émissions de radio et des enregistrements

Vous écoutez la radio. Lisez les questions. Écoutez le document puis répondez.

Journaliste : Aujourd'hui, nous allons parler de l'association Unis-Cité, en deux mots, hein : « unis » au pluriel et « cité » au singulier...
Cette association a été fondée en 1994 par un groupe de jeunes étudiantes. Les fondatrices de l'association pensent que les jeunes doivent consacrer une étape de leur vie au service des autres : c'est comme ça, par des actions solidaires, que les jeunes prennent confiance en l'avenir et qu'ils participent à la construction de la société de demain. En 30 ans, 25 000 jeunes se sont engagés dans des missions variées : soutien aux personnes âgées, aux sans-abri, aux personnes handicapées, aux enfants...
Nous sommes donc aujourd'hui à Marseille où nous avons découvert la mission « Intergénéreux » d'Unis-Cité. Ce sont des jeunes de 16 à 25 ans, en service civique, qui donnent de leur temps pour lutter contre l'isolement des personnes âgées et rapprocher les générations. Ils vont les voir à leur domicile ou dans des résidences spécialisées. Ils discutent, organisent des jeux, des activités, des sorties. Nous avons rencontré Zahia : elle nous a raconté son expérience.

Zahia : J'avais envie de donner de mon temps. Je me suis dit que, bah, c'est bien de s'engager socialement. J'essaye d'apporter des sourires et de la bonne humeur. C'est important ce qu'on fait parce qu'il y a beaucoup de personnes isolées. On les aide à retrouver un contact avec l'extérieur. Et elles portent aussi un regard plus positif sur la jeunesse. Pour nous, c'est très enrichissant : elles nous racontent leur vie ! Ça nous apporte plus de maturité et aussi une expérience professionnelle utile pour l'avenir... Moi, je me sens utile à la société. Et le petit salaire que je gagne va m'aider à me lancer dans la vie !

Journaliste : Mais comment ces jeunes sont-ils choisis ? Nous avons interrogé la responsable de la mission « Intergénéreux » d'Unis-Cité à Marseille, Florence Lellouche.

Florence Lellouche : Alors, c'est sans condition de diplômes ou d'expérience. Ils sont tous volontaires et, avant leur mission, ils participent à plusieurs journées de formation civique et citoyenne. Ils ont aussi un accompagnement individuel et collectif constant. Enfin, ils participent à un Forum régional qui présente les opportunités de travail et les offres d'emploi dans l'assistance aux plus âgés, après le service civique.

UNITÉ 3 — Peut-on tout faire en ligne ?

Leçon 9
Donner des renseignements

🎧 Piste 37. Document 2

Nina : Salut Émilie !
Émilie : Coucou Nina !
Nina : Comment vas-tu ?
Émilie : Ça va, j'ai pas mal de travail en ce moment mais ça va. Et toi ?
Nina : Je me sens en pleine forme ! Je viens de tester un nouveau truc.
Émilie : Ah oui ? C'est quoi ?
Nina : Une appli de sport en ligne. Je fais de la gym à la maison !
Émilie : Ah vraiment ? Je croyais que tu n'aimais pas le sport ?
Nina : Oui mais j'ai un peu grossi ces derniers temps. Il faut que je fasse de l'exercice pour perdre du poids !
Émilie : Ah ! C'est sûr, le sport va t'aider ! Et puis, c'est important d'avoir une activité physique pour se sentir bien... mais tu pourrais aller courir, aller à la piscine, je ne sais pas, il y a plein de choses à faire !
Nina : Oui mais il faut se déplacer et je n'ai pas le temps.
Émilie : Oui, enfin, faire du sport derrière un écran... Il faut que tu sois motivée !
Nina : Attends mais je suis carrément accro ! On se retrouve deux fois par semaine et le prof, Nicolas, est trop cool !
Émilie : Mmm... Ça doit être bizarre !
Nina : Non mais pas du tout, je t'assure ! C'est comme dans une salle de sport, Nicolas nous montre les exercices et on les fait !

Émilie : Oui d'accord, mais comment il fait pour voir tout le monde ? Et puis comment il fait pour corriger vos positions ?
Nina : Ben en fait, il peut sélectionner certains écrans et il nous voit en gros plan. Et pour nous, c'est pareil, on peut regarder les autres ou simplement voir le prof !
Émilie : OK, pourquoi pas ! Et vous êtes nombreux ?
Nina : Non, c'est des petits groupes de 8 personnes maximum.
Émilie : Ça, c'est pas mal, c'est vrai. Mais ça doit coûter cher, non ?
Nina : Pas du tout ! C'est 10 euros la séance d'une heure quinze. Tu payes sur une application et tu reçois le lien le jour du cours.
Émilie : Il faut payer un abonnement ?
Nina : Non, non, c'est sans engagement, tu viens quand tu veux ! Il y a une séance d'essai gratuite ! Tu peux même avoir la séance en replay si tu n'es pas disponible.
Émilie : Ah ça, c'est vraiment intéressant ! Et quels types de cours ils proposent ?
Nina : Attends, je t'envoie le lien tout de suite !
Émilie : Merci. Ah oui... tu as raison, je vais m'inscrire je crois.

Leçon 10
Organiser une activité à distance

🎧 **Piste 38. Document 1**
Journaliste : Travailler chez soi, c'est le rêve de beaucoup. On s'imagine gagner de l'argent sans bouger de son canapé, on dit adieu à la circulation et au temps de transport quotidien... Mais c'est facile de se laisser perturber quand on est à la maison ! Nous accueillons aujourd'hui un spécialiste qui va nous donner quelques conseils pour optimiser le télétravail. Thibault Baheux, bonjour !
Thibault Baheux : Bonjour !
Journaliste : Alors Thibault, vous êtes l'auteur du blog « Réinventer son travail » et spécialiste en management.
Thibault Baheux : C'est exact.
Journaliste : Pour commencer Thibault, est-ce qu'on peut télétravailler en pyjama ?
Thibault Baheux : Le pyjama, ça n'est vraiment pas une bonne idée ! S'habiller comme au bureau, c'est se préparer mentalement ! Et puis, si vous devez participer à une visioconférence urgente, vous serez prêt à vous présenter devant vos interlocuteurs !
Journaliste : Et question espace, est-ce qu'il y a des choses à faire pour bien travailler à la maison ?
Thibault Baheux : Oui, c'est essentiel ! Si vous vous aménagez un espace bureau, vous serez plus efficace. L'idéal, c'est d'avoir une pièce dédiée au travail. Mais pas de panique ! Si vous avez un petit appartement, il vous suffit d'aménager un coin bureau, ou de vous réserver un bout de table.
Journaliste : Et dites-nous, est-ce qu'il faut un équipement particulier en plus de l'ordinateur et de la webcam ?
Thibault Baheux : Non, c'est suffisant... Mais pour plus de confort, je vous conseille d'avoir un bon siège de bureau et d'utiliser un clavier et une souris ergonomiques ! Et si vous travaillez sur votre pc portable, investissez dans un grand écran pour reposer vos yeux !
Journaliste : Souvent, les personnes qui pratiquent le télétravail se plaignent de travailler plus. Vous confirmez ?

Thibault Baheux : C'est vrai en partie ! Le problème, c'est que quand on travaille à la maison, on a l'impression d'être plus flexible dans ses horaires. On peut prendre un rendez-vous chez le médecin en plein après-midi, ou aller faire du shopping par exemple ! Mais au final, on passe beaucoup de temps à faire autre chose, on est moins concentré. Et résultat, on risque de travailler très tard le soir !
Journaliste : Alors justement, comment faire pour séparer vie perso et vie pro ?
Thibault Baheux : Eh bien, si vous ne voulez pas laisser le travail occuper toute votre vie, fixez-vous des horaires de travail sur la journée... et éteignez votre ordinateur à la fin de la journée !
Journaliste : On doit donc éviter de faire des pauses ?
Thibault Baheux : Non, surtout pas ! C'est important de faire des pauses. Parce que, si vous passez plusieurs heures consécutives sur votre écran, vous serez moins efficace ! Mais il faut que les pauses soient courtes ! Et puis, il faut penser à prendre le temps de déjeuner sainement et éviter de manger devant son écran.
Journaliste : Et comment faire si on a des enfants ?
Thibault Baheux : Eh bien, si vous travaillez quand vos enfants sont à la maison, isolez-vous autant que possible !
Journaliste : Mais on risque aussi de se sentir isolé, justement...
Thibault Baheux : C'est vrai, c'est pour ça que c'est important de maintenir du lien social avec vos collègues ou avec votre équipe. Prenez de leurs nouvelles, et si vous le pouvez, travaillez ensemble à distance !
Journaliste : Merci Thibault pour tous vos conseils.
Thibault Baheux : Merci à vous !

 **07 Activité 5**
Eva : Je m'appelle Eva. Dans mon pays, le Brésil, on pratique régulièrement le télétravail. Enfin... dans les bureaux surtout ! On propose aux salariés au moins une journée par semaine où ils restent à la maison. Et dans votre pays, est-ce que le télétravail est une pratique courante ?

Leçon 11
Parler de ses expériences

🎧 **Piste 39. Document 2**
Bonjour à tous. Ravi de vous retrouver derrière vos écrans ! Alors, justement, je vais vous parler de mon livre : *La société du sans contact*. Dans ce livre, je m'interroge sur les différentes situations du quotidien qui nous poussent à éviter les interactions avec les autres. Par exemple, pourquoi un spectateur va aller voir un film au cinéma s'il peut le regarder en streaming en trois clics depuis son canapé ? Et les occasions d'éviter le contact sont nombreuses !
Pour commencer, pourquoi on passe autant de temps sur son téléphone ? De plus en plus, les jeunes surtout, ne l'utilisent plus pour téléphoner ! Ils envoient des SMS, ils font des vocaux, c'est-à-dire des messages audio, si vous ne connaissez pas le terme ! Ils vont sur les réseaux sociaux. Et on remarque que la communication avec les amis ne se passe plus en direct. Aujourd'hui, on reçoit des notifications, on veut des informations rapides. Par exemple, je vous parlais des films tout à l'heure, eh bien on fait même du « speed watching » : on accélère la lecture des vidéos pour perdre moins de temps ! En réalité, on n'a plus de

patience, on est dans l'urgence... Une autre chose : comme tout le monde, j'aime bien raconter ma vie sur Facebook ou sur Instagram. Sur les réseaux, on montre une partie de nous-même. On veut montrer la piscine de nos vacances, on veut publier les plats qu'on mange. On veut dire qu'on est heureux. On veut connaître les informations sur nos comptes, les likes, les commentaires... Et parfois ça peut créer un sentiment de solitude, et même de la dépression, quand on ne reçoit pas les réactions attendues. Au final, on passe du temps sur les outils numériques mais on ne vit plus vraiment le moment. La société du sans contact ne laisse plus de place à la magie, à la rencontre. Lorsque vous utilisez votre GPS pour vous indiquer la route à suivre, vous ne demandez plus votre chemin dans la rue. Alors vous gagnez du temps, peut-être, mais vous perdez la surprise. Par exemple, quand on cherchait un bar, la personne disait : « Non mais ce bar a fermé, allez plutôt au bar d'en face parce qu'il est plus sympa ». Aujourd'hui, on ne vit plus ces rencontres parce qu'on a les yeux fixés sur notre téléphone portable.

▶ **08 Culture(s) vidéo**
Présentation d'un Mooc
Oui, non mais je sais, je sais, mais moi ça m'arrange pas du tout. Oui, je sais pour vous que... oui, non, non. Ah ?... Bon, d'accord, bon d'accord, très bien, excusez-moi, hein. Mer... Merci.
Bon. Bonjour et bienvenue dans ce Mooc mobile « Savoir convaincre, ça s'apprend ». Et on en a tous besoin. Enfin tous, non, parce que certains obtiennent toujours tout ce qu'ils veulent. Mais, qu'est-ce qu'ils ont de plus que vous ? Que moi ? Eh bien en fait, ils n'ont rien de plus. Être persuasif, c'est scientifique, ça s'apprend. Et c'est Éric Goulard, expert en communication non verbale et crédibilité qui va vous aider à transposer les principales clés de la communication d'influence dans votre quotidien. Dans quatre semaines, vous aurez musclé votre force de persuasion et persuader sera presque une seconde nature, et guider vos interlocuteurs vers la bonne décision, un jeu d'enfant. Mais comment atteindre ce but ? Première étape : un questionnaire vous aidera à établir votre profil d'influenceur. En bonus, vous suivrez une vidéo très ludique, vous verrez : comment transformer un simple échange en une communication performante ? Ensuite, vous entrez dans votre parcours de formation seulement dix minutes par jour, une heure par semaine pendant un mois. Chaque semaine se compose de cinq vidéos avec des interventions de notre expert bien évidemment et des interviews. Chaque semaine, dans une webcast, Éric répondra à vos questions posées le plus souvent sur le forum. Le forum, le lieu d'échange entre vous, les mookers, et nos experts. À la fin de chaque vidéo, ce sera à vous de jouer, notre expert vous lancera un challenge, une mise en pratique des concepts que vous aurez découverts. À vous ensuite de partager votre expérience avec la communauté, vous savez, les autres mookers, sur le forum. La quatrième et dernière semaine sera entièrement dédiée à l'étude d'un cas pratique avant de recevoir la certification de votre formation. Un peu comme un golfeur qui avant de se lancer sur un dix-huit trous frappe la balle sur le practice. En tout cas, un conseil : allez jusqu'au bout de ce parcours car c'est à l'issue de cette quatrième et dernière semaine que vous obtiendrez le graal, la recommandation LinkedIn qui vous permettra de montrer au monde entier que désormais plus rien ni personne ne vous résiste. Savoir convaincre, ça s'apprend, tout de suite.

Langue & S'entraîner

🎧 **Piste 40. Activité 4**
Pour rester en forme...
Exemple : Il faut aller régulièrement chez le médecin.
a. C'est nécessaire que tu fasses du sport.
b. Il est indispensable de marcher.
c. C'est indispensable que vous soyez actifs.
d. Il faut qu'il ait un bon régime alimentaire.
e. C'est nécessaire de bouger.

🎧 **Pistes 41 à 43. Vocabulaire**
→ *Voir manuel page 55.*

🎧 **Piste 44. Activité 5**
Exemple : Je fais de la gym avec une super appli !
a. On est abonnés à cette salle de sport.
b. Le prof nous regarde sur son écran pour nous corriger.
c. Je reçois le lien le jour de la séance.
d. Il va à la piscine tous les jours.
e. Nous prenons des cours de gym à distance.
f. Parfois, j'ai du mal à me connecter.
g. Elle peut refaire la séance en replay.
h. J'ai une webcam sur ma tablette pour voir le prof.

🎧 **Pistes 45 à 47. Vocabulaire**
→ *Voir manuel page 56.*

🎧 **Piste 48. Phonétique**
Les liaisons → *Voir manuel page 56.*

🎧 **Piste 49. Activité 8b – Phonétique**
1. Je travaille en Hongrie.
2. Si vous aménagez un espace bureau, vous serez plus efficace.
3. Pour plus de confort, on doit utiliser un clavier et une souris ergonomiques.
4. Si on a des enfants, il faut les occuper.

🎧 **Piste 50. Activité 10**
Exemple : Le colis arrivera chez le client.
a. On doit faire la réclamation auprès des employés.
b. Le client a négocié avec la vendeuse.
c. Il y a eu une longue négociation entre le directeur et moi.
d. D'après le vendeur, il y aura un remboursement total.
e. Ce colis est pour ton ami et toi ?
f. Je fais souvent mes achats en ligne avec mes copines.

🎧 **Pistes 51 à 53. Vocabulaire**
→ *Voir manuel page 57.*

Unité 4 — Profitons-nous de notre temps libre ?

Leçon 13
S'informer sur les loisirs

▶ 10 **Activité 3**

Enrique : À la fin de la semaine, je suis très fatigué. Donc je commence par me reposer et faire une bonne grasse matinée. En été, j'aime me promener, faire des photos pour les partager. L'hiver, je vais plus au cinéma ou chez des amis. La plupart du temps, j'écoute de la musique à la maison ou je vais sur Internet. Je passe beaucoup de temps sur mon téléphone. Et vous ? Comment vous changez-vous les idées ?

🎧 **Piste 54. Document 1**

Voix off : L'édito socio, Ali Pernoud.

Léa : Bonjour Ali. Aujourd'hui, vous vous interrogez sur le lien entre loisirs et organisation du temps de travail, et sur son évolution dans les prochaines décennies.

Ali Pernoud : Bonjour Léa. Oui, alors tout d'abord, quels sont aujourd'hui les loisirs des Français ? Selon un sondage Opinionway, eh bien il n'y a pas de véritable surprise : la télévision reste en tête, suivie de l'ordinateur, mais pour combien de temps encore ? Bien sûr, ce sont les loisirs dits « passifs » qui sont les plus populaires. J'entends par « loisir passif » le fait qu'il n'y a pas d'interaction : on est devant sa télé ou son ordinateur et on consomme des images. Dans les prochaines années, on peut penser que l'ordinateur remplacera la télévision, qui disparaîtra complètement. L'étude montre qu'évidemment nous ne faisons pas assez de sport. Ça, on le savait. Les jeux vidéo, quant à eux, arrivent en dixième position. On peut imaginer que les Français vont continuer à faire peu de sport, mais que la popularité des jeux vidéo va augmenter.

Léa : D'accord. Mais la question à se poser aujourd'hui n'est pas de savoir quels loisirs on pratiquera mais plutôt quelle sera la relation entre le travail et le temps libre à l'horizon 2030, 2035 ? N'est-ce pas Ali ?

Ali : Tout à fait. Et voici les prévisions des chercheurs : tout d'abord, il y aura une baisse de la durée du travail de 10 %. Ce n'est pas énorme. Ensuite, les modalités de travail seront plus diversifiées : deux ou trois jours sur place, deux ou trois jours en télétravail, selon les secteurs. Et puis on prendra ses jours de repos par demi-journée. On pourra aussi cumuler ces demi-journées. Enfin, le smartphone sera encore plus présent dans nos vies, et nous serons multiconnectés grâce à la généralisation de la 5G. Le téléphone sera une extension de notre cerveau, on pourra commander un café avec un nuage de lait, réserver sa salle de travail, changer son planning et prévenir son boss. Un casque de réalité virtuelle, sans fil, permettra de suivre un cours de yoga.

Léa : Eh bien quel programme ! Merci Ali.

Leçon 14
Découvrir un fait de société

🎧 **Piste 55. Document 2**

Carine Bécard : L'invité du grand entretien, ce matin, est un historien, agrégé de philosophie, professeur à l'École des hautes études en sciences sociales et il s'est intéressé à l'histoire de la fatigue. Pourquoi, en cette fin d'année, nous nous sentons de plus en plus fatigués, d'ailleurs soyons précis : physiquement épuisés ? Ce qui est certain, c'est que la fatigue prend de plus en plus de place dans nos vies : burn-out, charge mentale dont on parle de plus en plus. Georges Vigarello, bonjour.

Georges Vigarello : Bonjour Carine Bécard.

Carine Bécard : Merci d'avoir accepté notre invitation. Alors j'aimerais qu'on commence par dresser un constat. Est-ce qu'on est aujourd'hui effectivement plus fatigués qu'hier ? Est-ce que c'est une réalité ? Est-ce qu'on peut même la mesurer ?

Georges Vigarello : Alors, pour tout vous dire, constat impossible. En revanche, ce qui est intéressant, c'est de constater que l'on en parle davantage. Autrement dit, dans les sociétés d'aujourd'hui qui sont, ne l'oublions pas, des sociétés individualistes, les individus s'écoutent davantage, ils sont plus attentifs à ce qu'ils éprouvent.

Carine Bécard : Est-ce que la fatigue touche toutes les classes sociales de la même façon ?

Georges Vigarello : Ah, bien sûr que non.

Carine Bécard : Est-ce que les jeunes sont aujourd'hui plus fatigués que les générations précédentes ?

Georges Vigarello : Une fois encore, la société d'aujourd'hui, c'est une société où les individus parlent d'eux-mêmes. Vous voyez… Ils disent et ils écrivent sur eux-mêmes ; les blogs, c'est un exemple magnifique où les gens se mettent finalement à transmettre par écrit ce qu'ils éprouvent. Et indiscutablement, bien sûr, ils ont tous le sentiment qu'ils sont confrontés à des difficultés dont ils parlent et ces difficultés se traduisent par de la fatigue, et en particulier de la fatigue psychologique.

Carine Bécard : Est-ce que la fatigue psychologique, psychique, est moins bonne que la fatigue physique ? C'est souvent ce qui est dit. Est-ce que c'est vrai ou est-ce que c'est faux ?

Georges Vigarello : Ah c'est indiscutable. Historiquement, ce type d'inquiétude, ce type de malaise grandit avec le temps. Un des premiers exemples à mes yeux, ce sont les correspondances du 18e siècle, où les individus commencent à exister pour eux-mêmes : plus de place à l'autonomie, au citoyen, etc. Et vous avez dans les lettres des individus qui vous disent : « Je me sens brusquement fatigué, je ne peux plus faire ce que je voulais faire ». Donc, il y a de l'écoute là, et cette écoute, elle va grandir parce qu'on va prendre davantage le temps.

Carine Bécard : Est apparu ce mot de « charge mentale ». Alors j'imagine bien que ça existait avant. D'ailleurs, ça apparaît quand ? La charge mentale, depuis quand on en parle ?

Georges Vigarello : La charge mentale, ça apparaît dans la deuxième moitié du 20e et c'est lié à l'informatique. Qu'est-ce que c'est que la charge mentale ? Regardez votre écran, votre écran vous pose la question suivante : combien d'informations êtes-vous en mesure de gérer ? Et dans certains cas, le flux informationnel est si chargé que vous n'arrivez plus à le gérer.

Carine Bécard : Donc la charge mentale, elle existe aussi bien pour les hommes que pour les femmes ? Parce qu'on avait un petit peu tendance à dire que c'était que pour les femmes.

Georges Vigarello : Bien entendu, simplement, il se trouve

que dans les années récentes, l'insistance est mise sur le fait que la femme est victime d'une charge mentale plus forte que les hommes parce qu'elle a à la fois son métier, elle a à la fois le fait de s'occuper de ses enfants, elle a le repas, que l'homme partage peu.
Carine Bécard : Est-ce qu'il serait pas grand temps, par exemple, de réapprendre à prendre le temps de prendre son temps ?
Georges Vigarello : Je pense que c'est très important. Il y a d'ailleurs beaucoup de textes qui sont sortis à ce sujet qui sont des éloges de la lenteur. C'est-à-dire qu'il faut savoir à la fois gérer le repos, gérer le sommeil, il faut à la fois savoir s'adapter et en même temps savoir se mesurer, je crois que c'est très important.
Carine Bécard : Je vous remercie infiniment, je rappelle...
Georges Vigarello : C'est moi qui vous remercie.
Carine Bécard : ...le titre entier de votre livre, *Histoire de la fatigue du Moyen Âge à nos jours*, et c'est aux éditions du Seuil.

Leçon 15
Imaginer

Piste 56. Document 4

Texte 1
Homme 1 : Où étiez-vous au moment du crime ? demanda l'inspecteur Sacrebleu.
Homme 2 : J'étais chez moi, monsieur l'inspecteur. Je lisais le journal.
Homme 1 : Vous avez vu quelqu'un ?
Homme 2 : Non, personne ! Je suis innocent !
Homme 1 : Mais sur la victime on a trouvé une photo de vous et votre adresse...

Texte 2
Femme : Où étiez-vous ? Vous ne m'avez rien dit ! demanda Catherine, en colère.
Homme : J'étais chez Lord Marchmain, mon amour. Vous savez que c'est vous que j'aime, il n'y a personne d'autre que vous.
Femme : Vous ne me dites jamais la vérité ! Je ne veux plus vous revoir. Ne revenez pas, ni ici, ni à la campagne.

▶ 11 Culture(s) vidéo
Les congés payés
Depuis le début du siècle, les ouvriers sont asservis à leurs machines. Industrialisation, taylorisation, travailleurs sans droits ni loisirs, aux gestes mécaniques. Symbole familier des temps modernes.
Juin 1936, l'illusion lyrique certes, mais aussi de réelles victoires sociales : les quarante heures, les congés payés, enfin reconnu le droit au loisir. Émotion du premier départ, en moto, en vélo, en tandem, des ouvriers qui ne connaissent ni la Marne ni Joinville, de ceux qui, bouleversés, allaient découvrir la mer.
Il faut se souvenir de l'été 36, pour être ému par cet hymne naïf aux congés payés : « Heureux temps des vacances où chacun, fuyant la ville, s'évade des soucis quotidiens. Exode vers l'espace, l'air, le soleil régénérateur. Cette détente est principalement nécessaire à la jeunesse. Et c'est le départ vers la campagne où ils trouveront le repos de l'esprit en prenant des forces nouvelles. »

Leçon 16
Techniques pour... la médiation : expliquer une recette

Piste 57. Document 2
Zack : Tiens, voilà une recette de gâteau que je te conseille. On peut le prendre pour le dessert ou pour le quatre-heures.
Sami : Chouette ! ... « Pouding du chômeur ». Pourquoi ça s'appelle pouding du chômeur ?
Zack : « Pouding » c'est comme l'anglais, « pudding », et chômeur parce que c'est simple à préparer, les ingrédients ne sont pas chers. On dit que ça date de la crise de 29.
Sami : Ingrédients pas chers ? Mais le sirop d'érable, c'est pas donné.
Zack : Tu sais, chez nous on le trouve partout. C'est vraiment pas cher. On pourrait peut-être le remplacer par du miel.
Sami : Non, on va trouver ça... C'est quoi la poudre à pâte ?
Zack : Tu sais. Pour faire gonfler la pâte.
Sami : Ah ! la levure ? C'est drôle, les unités de mesures sont en tasses et en cuillères ! Vous n'utilisez pas les grammes au Canada ?
Zack : En fait, on utilise les deux mais pour la vie de tous les jours, c'est plutôt les tasses.
Sami : Mais ça fait combien en grammes ?
Zack : Je crois qu'une tasse et demie, c'est 170 grammes à peu près.
Sami : OK. Et une cuillère à thé ?
Zack : En France, vous dites « cuillère à café ».
Sami : D'accord... bon on a les ingrédients. Tu me dis comment on fait ?
Zack : Eh bien, d'abord tu préchauffes ton four à 325 degrés.
Sami : 325 ? Mais c'est énorme !
Zack : Mais c'est des Fahrenheit !

Langue & S'entraîner

Pistes 58 à 60. Vocabulaire
→ *Voir manuel page 68.*

Piste 61. Activité 3
a. Nina : Pour moi, les loisirs, c'est surtout le théâtre et les musées.
b. Léo : Tous les samedis, avec mon association, je participe à des actions humanitaires.
c. Amira : On m'a offert un cours pour découvrir les vins, c'était super !
d. Chloé : Chaque semaine avec des copains, on fait des jeux de stratégie en ligne ou dans un bar.
e. Zoé : Je sculpte et je fais de la photo.
f. Ethan : Je cours, je fais de la randonnée en forêt et parfois je vais à la pêche.

Piste 62. Activité 5
Exemple : Où le stage a-t-il lieu ?
a. Les chambres sont individuelles ?
b. Est-ce que le centre est loin de la ville ?
c. Quelles activités pratique-t-on ?
d. Fournissez-vous le matériel ?
e. Y a-t-il beaucoup de jeunes ?
f. Est-ce que j'aurai du temps libre ?
g. On mangera quoi ?
h. Est-ce qu'il y aura un programme personnalisé ?
i. Je peux apporter mon téléphone et ma tablette ?

🎧 **Piste 63. Phonétique**
Les voyelles [ø], [œ] et [ə] → *Voir manuel page 70.*

🎧 **Piste 64. Activité 8 – Phonétique**
a. Jules ! Je ne veux pas deux oranges mais neuf clémentines !
b. Seule Nicole déjeune dans un bol bleu ; Hélène préfère le rose.
c. Les vœux du président sont retransmis à la télé ce soir à dix-neuf heures.
d. Deux dés dos à dos sur une table de jeu dans un pub : un seul tombe au sol.

🎧 **Pistes 65 à 71. Vocabulaire**
→ *Voir manuel pages 70-71.*

UNITÉ 5 — Comment améliorer son cadre de vie ?

Leçon 17
Proposer un projet

🎧 **Piste 72. Document 2**
Emma Garcia : Bonjour à toutes et à tous. Je suis Emma Garcia et je fais partie de l'équipe qui travaille sur le projet de végétalisation des Champs-Élysées.
Comme vous allez le voir, Paris met tout en œuvre pour bâtir la ville durable du 21e siècle : piétonisation de grands axes, promenades végétalisées, pistes cyclables. La volonté de la mairie de Paris est en effet de favoriser les déplacements à pied et à vélo et de végétaliser la ville. C'est pourquoi, à l'occasion des Jeux olympiques de 2024, la municipalité a décidé de réaménager complètement la célèbre artère parisienne. Ce projet innovant, dont le budget s'élève à 250 millions d'euros, va complètement transformer la plus belle avenue du monde. Alors, comme vous allez le voir, la réalisation du projet va offrir à Paris un véritable « poumon vert » de 78 hectares ! Car nous proposons un réaménagement complet des espaces avec, en particulier, une réorganisation des jardins qui bordent l'avenue. Commençons par la place de la Concorde. Actuellement, c'est un immense rond-point, plein de voitures, et au milieu de ce rond-point trône l'Obélisque. Eh bien comme vous le voyez, en 2024, cette place sera partiellement piétonne. L'avenue des Champs-Élysées, maintenant. Elle relie la place de la Concorde à l'Arc de Triomphe sur deux kilomètres. Aujourd'hui, 68 % des 100 000 visiteurs quotidiens de l'avenue sont des touristes, 5 % seulement sont des promeneurs parisiens. Les Parisiens trouvent l'avenue bruyante, surpolluée. Il y passe actuellement 3 000 véhicules par heure ! Le projet prévoit donc de planter plus de 360 arbres ici, le long de l'avenue, dans l'objectif de végétaliser le quartier et de créer des zones ombragées, surtout du côté des numéros pairs, c'est-à-dire le trottoir de droite quand on va vers l'arc de Triomphe, où il y a du soleil tout le temps. L'alignement des arbres qui longeront l'avenue sur toute sa longueur et l'ajout de zones vertes à côté, avec des aires de jeux pour les enfants, protégeront les piétons de la chaleur en laissant circuler un air plus respirable. Les trottoirs seront beaucoup plus larges, et on pourra prendre un café sous les arbres. Les espaces réservés aux voitures seront ainsi réduits de moitié pour diminuer les nuisances liées à la circulation, le bruit et bien sûr la pollution. Après 2024, il n'y aura que deux couloirs dans chaque sens de circulation et bien sûr des pistes cyclables. Comme vous le voyez, les Champs-Élysées vont devenir plus verts et plus accueillants pour les promeneurs. Y a-t-il des questions ?

Leçon 18
Faire visiter un lieu

▶ **13 Activité 6**
Ricky : J'habite à Hong Kong. Nous sommes très nombreux et nous avons peu d'espace : nous sommes environ 7 000 habitants au km^2, donc nous construisons en hauteur. Moi, j'habite au 35e étage et je vois la mer de ma fenêtre. J'aime beaucoup ma ville même s'il y a beaucoup de circulation et de bruit. Dans les immeubles de Hong Kong, c'est normal d'avoir un restaurant au rez-de-chaussée, un coiffeur au premier étage, quelques appartements, puis une école à l'étage au-dessus. Et votre ville ? Comment est-elle organisée ?

🎧 **Piste 73. Document 2**
Le guide : Alors nous arrivons devant Le Volcan, le grand centre culturel du Havre. On l'a inauguré en 1982, il y a plus de quarante ans aujourd'hui. Ce lieu regroupe plusieurs disciplines artistiques : le théâtre, la danse, la musique. C'est une scène nationale depuis 1991 et il fait partie du Patrimoine mondial de l'Unesco depuis 2005. Il faut savoir que c'est au Havre qu'on a créé la première maison de la culture en 1961. C'est à partir de ce moment qu'on a commencé à parler de « culture pour tous » et c'est aussi l'objectif de ce centre : accueillir des publics de tous les milieux sociaux. Revenons à l'origine de sa construction : comme vous pouvez le voir, c'est une architecture très moderne, et c'est Oscar Niemeyer, un architecte brésilien, qui l'a réalisée… Approchez-vous… Vous pouvez observer qu'il y a en réalité deux bâtiments : le grand volcan et le petit volcan. On les a construits dans les années 80, comme je vous l'ai dit, et les travaux ont duré près de cinq ans. On l'a rénové pendant quatre ans, entre 2011 et 2015. Cela a permis notamment de transformer le petit volcan en médiathèque, un lieu très apprécié des Havrais. Pendant les travaux de rénovation, toutes les équipes ont déménagé dans la gare maritime du Havre que nous avons visitée tout à l'heure. Je vous expliquerai bien entendu les grandes transformations intérieures quand nous entrerons dans le bâtiment.
Mais d'abord, je vous propose de faire le tour des bâtiments. Suivez-moi. Comme vous pouvez le remarquer, les bâtiments sont uniquement composés de courbes, il y a un vrai contraste avec le reste de la ville et donc avec le style de Perret. Alors, ici, le café au cœur des deux bâtiments, c'est une des terrasses les plus fréquentées de la ville. Au-dessus, vous remarquez deux rampes qui relient les bâtiments. Vous voyez également, là-bas, un petit bassin avec une sculpture. Suivez-moi, regardez : la sculpture est intégrée au bâtiment. Et cette main, c'est en fait le moulage de la main d'Oscar Niemeyer.
Je vous invite à me suivre, nous allons longer le bassin pour découvrir l'intérieur des bâtiments. Nous commencerons par la scène du grand volcan.

Leçon 19

Parler de son lieu de vie

🎧 Piste 74. Document 2
Juillet 1986 - Paris - Rue Marx Dormoy
Nous sommes devant une grande porte en bois. Mon père dépose les valises, appuie sur un petit bouton et pousse la porte. Nous montons les marches. Sur les marches coule un lourd tapis rouge avec des arabesques marron et jaunes dessinées dessus. C'est agréable de poser le pied sur ce gros tapis.
À chaque étage, il y a deux grandes portes, deux appartements. Elles sont très belles ces portes, brillantes, vernies, imposantes. Je remarque aussi la sonnette, dorée ou argentée sur le côté droit. [...]
Nous montons encore et encore mais je remarque, chose étrange, que passé le quatrième étage, les portes deviennent moins belles, moins imposantes, les murs se fissurent, la peinture tombe par endroits et au cinquième étage, d'un coup, le tapis rouge disparaît. [...] Ça commence à sentir l'humidité, la moisissure et la pauvreté. [...]
La porte ne donne que sur une seule pièce, un studio de 15 m². [...]
J'observe la pièce : il y a un lavabo, une petite télé, un placard, une table, trois chaises, une plante. Une fenêtre, j'y cours. Je vois la rue, les toits parisiens, la bouche de métro. Nous sommes là tous les trois, nichés au sixième étage sans ascenseur d'un immeuble parisien dans le 18e arrondissement, enfin réunis après maintes difficultés et épreuves.

🎧 Piste 75. Document 3
Agent immobilier : Allô…
Agent immobilier : Allô bonjour ?
Femme : Allô, bonjour, excusez-moi. C'est moi qui viens d'appeler, j'ai fait une mauvaise manip et ça a coupé.
Agent immobilier : Pas de problème. Je vous écoute.
Femme : Je vous appelle au sujet d'un appartement qui est situé rue Joly.
Agent immobilier : Oui ?
Femme : Moi, j'habite en face, donc en face… Heu… Moi, je suis au 27 donc, attendez, je regarde par la fenêtre, c'est quoi en face ? Le 28. C'est un appartement avec un balcon, avec un panneau « à vendre ».
Agent immobilier : Oui, oui, je vois.
Femme : Est-ce que vous pouvez me renseigner ? Est-ce que…
Agent immobilier : Ah ! C'est…
Femme : Oui, dites-moi.
Agent immobilier : Je regrette, il vient d'être acheté. Et, en fait, c'est un studio.
Femme : Ah ! OK…
Agent immobilier : Est-ce que vous cherchez… vous avez un projet d'achat ? Que recherchez-vous ?
Femme : Oui, on cherche un deux ou trois pièces, avec possibilité de faire une cuisine ouverte et puis aussi un balcon orienté plein sud, voilà. Notre objectif, c'est d'avoir un balcon. À Toulouse, on peut vraiment profiter de son balcon.
Agent immobilier : Nous avons un autre appartement, de l'autre côté de l'immeuble. Un 57 m² qui donne sur l'avenue Alfred Duméril et sur le parc. Ça pourrait vous intéresser ?
Femme : Ah oui, si en plus on voit les arbres, ça me plaît bien ! C'est possible de visiter ?
Agent immobilier : Alors, oui. C'est un bel appartement, dans un bel immeuble. Il est à 310 000 euros. On peut négocier un peu le prix. Quand seriez-vous disponible pour la visite ?
Femme : Eh bien…

▶ 14 Culture(s) vidéo
Ville ou campagne ?
Présentatrice : Les vacances se terminent dans 48 heures. Alors dernier moment de temps libre pour nos enfants qui arrivés à l'adolescence raffolent de la frénésie des villes et fuient la tranquillité de la campagne. Mais les ados des champs s'ennuient-ils plus que les ados des villes. Dans la région de Toulouse, Matthieu Perrot et David Salmon ont fait le match.
Voix off : Ils vivent dans des environnements très différents et sont heureux dans leurs vies d'adolescent. À gauche, Léo, 16 ans, habite dans une grande ville, Toulouse. À droite, Valentin, 15 ans, réside à Saint-Sardos, un petit village d'à peine 1 200 habitants. Nous les avons suivis le temps d'une après-midi. Pour Léo, elle commence dans le métro, direction le centre de Toulouse avec son ami, Fodil.
Léo : L'avantage, c'est que on a… vraiment, il y a tout. On peut aller au cinéma, on peut aller manger, il y a des bars, il y a plein de restaurants.
Voix off : Ce mercredi, pour ces deux copains, ce sera donc cinéma. Au même moment, à 50 km de là, Valentin démarre sa moto, la clé de son autonomie. Il doit rejoindre ses amis au stade municipal, à 3 minutes de son domicile.
Valentin : C'est tout le temps ouvert, il y a tout qui est ouvert. Voilà, c'est ça qui est chouette ici. C'est que tout est ouvert.
Voix off : Des infrastructures accessibles et gratuites. 40 minutes de rugby pour commencer l'après-midi, avant d'aller retrouver d'autres amis du village, un peu plus loin, pour un match de foot improvisé. Ici, en dehors du sport, il y a peu d'activités, mais cela convient très bien à Valentin.
Valentin : Une grande ville, ça peut être intéressant pour visiter et tout mais après… heu… y vivre ? Je sais pas il y a la pollution sonore, la pollution, ça a l'air pas… pas terrible, je trouve. Voilà, moi j'aime bien ici, c'est paisible.
Voix off : Un cadre bucolique dans lequel le réseau mobile est cinq fois moins rapide que dans la grande ville. Pour Léo, le citadin, ce serait difficile de vivre aujourd'hui sans un smartphone parfaitement connecté.
Léo : Tout le temps, quand je suis dans les transports, quand je suis au lycée, quand on a une heure de trou, enfin, je suis tout le temps dessus.

Leçon 20

Techniques pour… faire un exposé oral

🎧 Piste 76. Document 1
Yuki : Bonjour à tous. Alors, aujourd'hui, je vais vous parler de Tokyo. Moi, j'habite dans la banlieue de Tokyo, à Mitaka. Je vais d'abord vous présenter la situation géographique de Tokyo, ensuite j'expliquerai l'évolution de l'organisation de la ville, puis je parlerai de la population. J'aborderai aussi les moyens de transport et enfin je vous expliquerai le rythme de vie des habitants.

Quelqu'un est-il déjà allé à Tokyo ? Oui d'accord, je vois que deux d'entre vous connaissent Tokyo.
Alors, tout d'abord, comme vous le voyez sur cette carte, Tokyo est une ville au bord de l'Océan pacifique, c'est la capitale du Japon. Nous avons différentes sortes de paysages : la mer d'un côté et, de l'autre, des montagnes. Connaissez-vous une montagne très célèbre près de Tokyo ?
Un étudiant : Le mont Fuji !
Yuki : C'est ça : le mont Fuji ! Bravo ! Le voici sur cette photo. Parlons maintenant de l'évolution de l'organisation de la ville. C'était à l'origine un village de pêcheurs qui s'appelait Edo et, à partir du quinzième siècle, 300 villes et villages se sont rassemblés. Edo devient Tokyo en 1868 et c'est devenu la ville qu'on connaît aujourd'hui. Il y a 23 arrondissements, comme vous pouvez le voir sur le plan, et il y a également plusieurs quartiers par arrondissement.
Passons à la population. Tokyo est une des villes les plus peuplées au monde. Nous sommes un peu plus de 13 millions dans Tokyo même et 37 millions si on compte la banlieue, où j'habite.
En ce qui concerne les transports, ils sont très développés. Par exemple, il y a 3,5 millions de passagers par jour à Shinjuku, la gare la plus fréquentée au monde ! Et c'est de la gare centrale de Tokyo que partent les trains Shinkansen. Vous connaissez les trains Shinkansen ?
Un étudiant : C'est comme le TGV ?
Yuki : Oui, c'est ça, ce sont les trains blancs à grande vitesse, un peu comme les TGV en France. Tous les habitants ont une carte de transport, pour le métro, le train, les bus et même des bateaux-bus. Et on circule aussi beaucoup à vélo !
Et pour finir sur le rythme de vie : la vie à Tokyo va très vite et nous avons souvent de longues journées de travail. Personnellement, je quitte la maison à 7 heures du matin et je rentre souvent à 21 heures. Comme beaucoup de voyageurs, j'en profite pour travailler dans le train. Et si j'ai faim, le soir, j'achète parfois un bento quand j'arrive à la gare de Mitaka. Voilà, j'espère que mon exposé vous a plu. Vous avez des questions ?

Langue & S'entraîner

🎧 **Pistes 77 à 81. Vocabulaire**
→ *Voir manuel page 85.*

🎧 **Piste 82. Activité 4**
Exemple : Il avait construit.
a. Elle a redessiné.
b. On avait détruit.
c. Nous avions recréé.
d. Elle s'est trompée.
e. Il avait souhaité.
f. On s'était installés.
g. Vous avez édifié.
h. Ils avaient réaménagé.
i. Vous vous êtes occupés.
j. Elles s'étaient organisées.

🎧 **Pistes 83 à 86. Vocabulaire**
→ *Voir manuel pages 86-87.*

🎧 **Piste 87. Phonétique**
Les voyelles [y] et [u] et les semi-consonnes [ɥ] et [w]
→ *Voir manuel page 87.*

🎧 **Piste 88. Activité 11b – Phonétique**
1. Je suis Jules, lui c'est Louis. Et vous ?
2. Voici Lulu qui habite à Toulouse depuis trois mois.
3. Et puis Doudou qui étudie le droit à Tulle.
4. Voilà des villes dures à dire : Bourgoin, Poitiers, Troyes, Le Puy, Rouen, Royan, Tours, Fréjus !

UNITÉ 6 — L'art peut-il changer notre quotidien ?

Leçon 21

Parler d'une œuvre d'art

▶ **16 Activité 3**
Carmen : Si je devais faire le top 5 de mes arts préférés, je dirais : en premier la musique, en deuxième le cinéma, puis la photo, en quatrième la peinture, et pour finir la danse. Je peux vivre sans peinture mais je ne peux pas vivre sans musique ! Et j'aime beaucoup la photo. J'en fais moi-même en amatrice et je ne rate jamais l'exposition d'un grand photographe. Et vous ? Quel est le top 5 de vos arts préférés ?

🎧 **Piste 89. Document 3**
Gaspard : Regarde, c'est beau ça !
Jade : Ouais, enfin… c'est une sculpture quoi… C'est pas génial ! Et le personnage est effrayant.
Gaspard : Mais non ! Elle a une expression extraordinaire, cette statuette ! C'est un magnifique buste ! Regarde : c'est écrit qu'elle porte une coiffe de notable. Ça devait être une grande dame. La statue est en terre cuite. C'est vrai qu'elle est différente. Elle a un long cou, des petits bras… C'est ça qui est original.
Jade : C'est un curieux personnage…
Gaspard : Ce n'est pas un style reconnaissable pour toi et moi, mais c'est un objet fascinant. Elle a un visage paisible, ses yeux sont fermés.
Jade : Mmm… Moi, je préfère ça.
Gaspard : Quoi ? Ce tableau-là ? C'est vraiment une représentation très classique.
Jade : Eh bien moi, j'aime bien. C'est une composition harmonieuse, et les touches de blanc ça donne un effet intéressant, ça attire le regard.
Gaspard : Regarde ses mains. C'est une pose artificielle ! Par contre, il y a de forts contrastes : les lignes verticales avec la harpe et le chapeau rond, la peau blanche et l'écharpe claire, avec la robe en velours noir. Ça, c'est intéressant mais sinon, c'est une toile académique sans grand intérêt pour moi.
Jade : Écoute, c'est un joli portrait. Elle a l'air vrai. La statuette, c'est pas une œuvre réaliste. Le personnage du tableau nous regarde. La statuette ne nous regarde pas.
Gaspard : Eh oui, elle ferme les yeux, elle est envoûtée par la musique ! Elle ne pose pas. C'est ça qui me plaît.
Jade : Heu… En fait, c'est pas une femme. Regarde, c'est écrit là que c'est un tambourinaire.
Gaspard : Ah bon ? Je ne savais pas que les hommes portaient aussi des colliers comme ça. En tout cas c'est une très belle statue ! Je la mettrais bien dans mon salon.

Jade : Les deux œuvres datent de la même période. C'est étonnant ! Le style est complètement différent. Mais bon, moi je préfère le tableau.

Leçon 22
Nuancer un avis

🎧 **Piste 90. Document 1**

Journaliste : Bonjour à tous. Bienvenue dans notre émission hebdomadaire consacrée aux grandes figures du street art. Vous connaissez Invader sans l'avoir croisé. Depuis 1998, cet artiste se rend dans les plus grandes villes du monde pour y coller ses mosaïques en forme de crabes, tirées du jeu vidéo *Space Invaders*. On les trouve actuellement dans 79 villes – Paris, Malaga, Berlin, Cancún, Tokyo et bien d'autres encore… L'artiste explique qu'il en colle vingt à cinquante par ville. Résultat : il y en a près de 4 000 aujourd'hui ! Invader se définit comme un « hacker de l'espace public » qui souhaite envahir les villes du monde de ses œuvres. Il considère que les musées et les galeries d'art ne sont pas accessibles à tous, et il a donc décidé d'installer son travail dans l'espace public, pour le rendre visible par le plus grand nombre. En plus de ses collages en ville, on retrouve parfois ses œuvres dans des endroits très insolites. Peu de personnes peuvent y avoir accès comme par exemple… la Station Spatiale Internationale ! Il explique dans une interview que cela fait longtemps qu'il y pensait et qu'il est très heureux d'y être arrivé ! Afin de partager son art, le street artiste a lancé une application pour smartphone qui permet de capturer les Space Invaders. L'objectif est d'en prendre le plus possible en photo.

Leçon 23
Échanger sur le rôle de l'art

🎧 **Piste 91. Activité 5**
3 morceaux de musique

 **17 Culture(s) vidéo**

Journaliste : Venez avec moi ! Bonjour et bienvenue à Avignon ! Le temps du mois de juillet, la Cité des Papes se transforme en gigantesque scène de théâtre et – accrochez-vous ! – pas moins de 1 500 spectacles sont joués ici tous les jours. Alors, je serai votre guide dans cette épopée, pour vous frayer un chemin dans ce dédale. Je vous ai concocté un très joli programme : de la chanson, de l'humour, du théâtre, et même du cabaret. Alors, restez avec moi, ça va swinguer.
Alors, ce matin, j'ai donné rendez-vous ici, dans les jardins de la Maison de Fogasses, un endroit très calme et très agréable, à Éric-Emmanuel Schmitt, et vous allez voir, c'est un véritable touche-à-tout.
Moi, j'ai trouvé l'homme-orchestre de ce festival d'Avignon : Éric-Emmanuel Schmitt, c'est vous. Vous écrivez, vous êtes dramaturge (on vous connaît), vous êtes auteur, et il y a deux ans, vous étiez ici, au festival, pour jouer *Monsieur Ibrahim et les Fleurs du Coran*. Pourquoi on se lance là-dedans ? Pourquoi on veut s'éprouver en tant qu'acteur sur scène, alors que vous êtes l'un des auteurs francophones les plus représentés, les plus joués au monde, quand même.

Éric-Emmanuel Schmitt : Vous savez, quitter la solitude de l'écrivain qui est à sa table, qui est ému par ses personnages ou qui rit de ce que disent ses personnages, et puis qui tout d'un coup se dit « Mais, est-ce que quelqu'un d'autre rira ? Est-ce que quelqu'un d'autre sera ému ? », et là, tout d'un coup, j'incarne. C'est-à-dire que c'est dans mon corps, c'est dans ma voix. C'est avec mon énergie à moi, et je sens le public. Je le vois comme une patte de chat. Vous savez, une patte de chat qui peut se faire douce et qui peut griffer. Ce qui compte, c'est la foi ; c'est-à-dire qu'on décide d'y croire… Et à Avignon, tout d'un coup, la foule se met en cercle autour de quelqu'un dans la rue, ça devient une scène de théâtre, et le spectacle est là. Il y a un esprit de jeu, du « et si » : l'enfant qui dit « Et si, alors toi tu serais et moi je serais… ». Et puis ça marche. Parce qu'on a besoin d'imaginaire, on a besoin de se raconter le monde, on a besoin d'apprivoiser le monde.

Leçon 24
Techniques pour… la médiation : expliquer les pictos d'un musée

🎧 **Piste 92. Document 3**

Agent d'accueil du musée : Le vestiaire est derrière. Vous pouvez y laisser votre grand sac. Pour accéder aux étages vous avez soit les escalators, soit l'ascenseur. Je vous conseille de prendre l'ascenseur, il y a assez de place pour la poussette. Vous avez ici la cafétéria et au quatrième étage il y a le restaurant. Bien sûr il y a un menu enfant. Pour les souvenirs, il y a des comptoirs à cartes postales répartis dans les différentes salles, sinon, la boutique du musée, avec livres et petites reproductions se trouve derrière vous à gauche. Il y a aussi des distributeurs pour retirer de l'argent près de la billetterie.
Comme vous voyez, la salle des sculptures est fermée. Bien évidemment, vous pouvez prendre des photos, mais sans flash. Les toilettes sont équipées pour changer les bébés. Pour les tickets, c'est avec ma collègue à la billetterie à côté. Comme vous êtes quatre adultes et deux enfants, il y a un tarif spécial. Si vous prenez un audioguide, il y a un symbole sur le cartel de certaines œuvres. Si vous voulez une visite guidée, il faut vous inscrire ici, c'est moi qui m'en occupe. Il y en a une qui commence dans quinze minutes. Le point de rencontre est de l'autre côté, devant l'auditorium. Enfin, vous pouvez charger vos téléphones près du vestiaire. Voilà. Bonne visite !

Langue & S'entraîner

🎧 **Piste 93. Activité 1**

Exemple : La sculpture est faite en bois.
a. Les acteurs se sont présentés.
b. Les tableaux sont exposés.
c. Le sculpteur a été applaudi.
d. Les œuvres sont arrivées au musée.
e. La statuette est placée dans une vitrine.
f. La photo est prise de nuit.
g. Les danseurs sont montés sur scène.

🎧 **Pistes 94 à 102. Vocabulaire**
→ *Voir manuel pages 99, 100 et 101.*

🎧 **Piste 103. Phonétique**
L'enchaînement vocalique → *Voir manuel page 101.*

🎧 **Piste 104. Activité 10b – Phonétique**

Le brouhaha a cessé et Théo, leur Théo, est apparu derrière le public. Il a commencé à jouer comme s'il était seul au monde tout en progressant lentement en direction de la petite scène au milieu des spectateurs qui tous avaient tourné la tête. Il a joué avec une douceur et une assurance qui appelait le recueillement.

UNITÉ 7 — Sommes-nous tous journalistes ?

Leçon 25

Parler des métiers de l'information

🎧 **Pistes 105 et 106. Document 1**

Sylvie Kauffmann : Bonjour, je suis Sylvie Kauffmann, journaliste et directrice éditoriale du *Monde*. Merci à tous d'être là cet après-midi pour ce débat consacré aujourd'hui aux questions que nous nous posons sur le but de notre travail. Et que vous vous posez sans doute aussi… et bien sûr, sur l'évolution de notre métier. Je vous présente donc nos invités. Il y a Céline Pigalle qui est directrice de la rédaction de BFM-TV. Nous avons aussi David Dufresne journaliste indépendant. Et enfin Delphine Roucaute rédactrice en chef du monde.fr. Ce débat nous tient particulièrement à cœur. Si vous le voulez bien, nous allons commencer. Le monsieur là, qui lève la main par exemple. Allez-y, ouvrez le débat.
Homme 1 : Bonjour à tous. Avec Internet et les réseaux sociaux, les médias classiques n'ont plus le monopole de l'information. Alors, être journaliste aujourd'hui, qu'est-ce que ça veut dire ?
Sylvie Kauffmann : Oui, Delphine, allez-y.
Delphine Roucaute : Je dirais que le travail du journaliste consiste à recueillir des informations, puis à écrire des articles ou publier des reportages afin que le public ait accès à l'actualité et la comprenne. Sur Internet, il y a des personnes qui écrivent ce qui leur passe par la tête. Nos métiers et nos rôles à nous sont très précis. Il y a les reporters qui vont sur le terrain afin de vérifier l'authenticité des informations, et pour montrer la réalité des faits. Il y a aussi ceux qui font des enquêtes très longues, qui font ce qu'on appelle du journalisme d'investigation. Ils cherchent à révéler des informations inconnues du grand public. N'oublions pas les correspondants, les dessinateurs de presse et bien sûr les secrétaires de rédaction qui relisent et parfois réécrivent les articles pour qu'il n'y ait pas d'erreurs. Comme vous voyez, un journaliste c'est un professionnel de l'information.
Sylvie Kauffmann : Merci Delphine. La dame, là-bas, dans le fond. Je vous en prie, madame, prenez le micro.
Femme : Peut-on, selon vous, être journaliste et militant à la fois ?
Sylvie Kauffmann : Céline, vous voulez répondre ?
Céline Pigalle : Oui. Alors, à priori : non. Le journaliste a un devoir d'objectivité, il doit rester neutre, ne pas dire ce qu'il pense ni ce qu'il faut penser. C'est ça la déontologie de notre profession. Cela dit, l'éditorial explicite la position ou le point de vue de la rédaction du journal. Il y a aussi les rubriques « point de vue », où le journal donne la parole aux politiciens, aux intellectuels etc. pour que les lecteurs, ou le public en général, puissent avoir accès à la controverse, c'est-à-dire au débat, aux différents avis.
Sylvie Kauffmann : Le jeune homme, là, devant. Allez-y, monsieur.
Homme 2 : Bonjour à tous. Quelle est la différence entre une vidéo tournée par un cameraman d'une chaîne de télé, et la vidéo d'un simple individu, faite avec son téléphone sur le vif et qu'il publie sur un réseau social ?
Sylvie Kauffmann : David…
David Dufresne : La différence, c'est que d'abord nos images sont des images professionnelles et puis nous les complétons par une mise en contexte, et par une vérification des faits. Une vidéo vue sur Internet peut être sortie de son contexte, dater de plusieurs années, ou ne pas correspondre à l'événement dont on parle.
Sylvie Kauffmann : Oui, Delphine, vous voulez intervenir ?
Delphine Roucaute : Oui. Je suis tout à fait d'accord avec ce que dit David. Et je voudrais ajouter que, personnellement, je pense que ce métier est beaucoup plus difficile à exercer aujourd'hui. Sur le Net, nous sommes régulièrement attaqués ou interpellés sur la véracité des informations, sur notre neutralité. C'est légitime, ça fait partie du métier mais cette méfiance est plus importante depuis l'arrivée d'Internet. On doit répondre aux doutes du public pour qu'il y ait échanges d'idées et débat démocratique. Et puis…

▶ 19 **Activité 7**

Pavel : En ce moment, je suis deux influenceurs. L'un pour la cuisine, l'autre pour les activités physiques. Ils donnent de bons conseils, mais bien sûr ils essaient aussi de vendre les produits dont ils parlent. Et puis, je m'informe sur les réseaux sociaux : je reçois des notifications pour les dernières nouvelles. Mais je suis aussi abonné à un journal en ligne. Et vous ? Comment vous informez-vous ?

Leçon 26

Transmettre des informations

🎧 **Piste 107. Document 3**

Thomas : Dis donc, tu n'arrêtes pas de recevoir des notifications !
Adher : Ben oui ! Comme ça je sais toujours ce qui se passe !
Thomas : Toi, tu es atteint d'infobésité !
Adher : De quoi ?
Thomas : Infobésité. Ça veut dire « excès d'informations », c'est quand une personne est hyperconnectée, quand elle veut connaître toutes les informations. Je viens de lire une interview sur ce sujet. Ils ont interrogé une journaliste pour la sortie d'un documentaire sur l'infobésité. Tu n'en as jamais entendu parler ?
Adher : Euh, non.
Thomas : Elle définit ça comme une maladie, elle parle d'addiction.
Adher : Une maladie, il faut peut-être pas exagérer !
Thomas : Détrompe-toi ! Elle a dit que les gens souffraient de plus en plus de troubles de la concentration.
Adher : Mais c'est n'importe quoi !
Thomas : Attends ! Ça ne s'arrête pas là. Elle a expliqué que ça pouvait aller jusqu'à des difficultés à prendre des décisions… et même jusqu'au burn-out !

Adher : Ah carrément ! Tout ça parce qu'on veut seulement se tenir au courant ?
Thomas : Oui et elle a précisé aussi que le pire c'était quand on cherchait certains types d'informations comme les informations sensationnelles.
Adher : On ne peut plus faire ce qu'on veut !
Thomas : Ensuite elle a expliqué que ça avait commencé avec les chaînes d'info en continu et que le problème s'était aggravé progressivement avec les applications. Elle a ajouté que, dans le futur, les risques seraient de plus en plus élevés, que ce serait de pire en pire.
Adher : C'est sûr qu'on a plus de possibilités de s'informer qu'à l'époque de la presse papier et de la radio ! Je ne vois pas en quoi c'est un problème !
Thomas : Eh bien parce qu'on multiplie les risques de souffrir de cette addiction ! Le journaliste lui a demandé ce qu'on pouvait faire pour lutter contre ça, elle a répondu qu'il fallait désactiver les notifications pour ne pas subir ces effets, elle a conseillé aussi de hiérarchiser l'information.
Adher : Mouais…
Thomas : Tu veux qu'on regarde le documentaire ensemble ?
Adher : Qu'est-ce que tu dis ?
Thomas : Je te demande si tu veux qu'on regarde le documentaire ensemble.
Adher : Non, franchement, ça ne m'intéresse pas trop, et puis je n'ai vraiment pas le temps en ce moment.

Leçon 27

S'interroger sur l'information

🎧 **Piste 108. Document 1**

Bonjour, c'est Elisabeth Gibert. Vous écoutez le podcast de 28 minutes sur Arte radio. Bonne écoute.
Grâce à l'intelligence artificielle – ou IA – on peut faire écrire des articles à des « robots rédacteurs », ou bien concevoir de manière automatique des micro-reportages, des vidéos de 15 secondes. L'intelligence artificielle monte ses vidéos toute seule, c'est-à-dire qu'elle repère les points importants d'un discours, ou d'une séquence en images, et peut les assembler pour qu'on les diffuse en continu. Selon nos informations, des sites d'information régionale seraient sur le point d'utiliser ce dispositif. Ajoutons que les informations sont ciblées en fonction du profil du spectateur. Des géants du commerce en ligne seraient prêts à financer ces dispositifs. Encore plus étonnant, des chaînes d'information en continu pensent remplacer leurs présentateurs par un avatar, un personnage fictif généré par le logiciel. Il parle, il bouge, il est complètement convaincant. Ce présentateur virtuel n'est jamais malade et travaille vingt-quatre heures sur vingt-quatre. Certaines télés privées réfléchiraient à la possibilité d'utiliser un jour ces journalistes gratuits et toujours opérationnels. Mais ce n'est pas tout : ces algorithmes peuvent automatiser, du moins en partie, la vérification de l'information : par exemple détecter des images retouchées et des vidéos manipulées. Bref, même si l'intelligence artificielle peut faire peur, elle n'a pas que des inconvénients.

▶ **20 Culture(s) vidéo**
Nous sommes tous médias

La fumée était impressionnante. Dimanche soir, Cindy, Léonard et Fama étaient réunis au kebab du coin lorsqu'un incendie a pris dans le café des Sports de l'autre côté du boulevard. Aussitôt, les trois copains se sont précipités sur place. Cindy a pris des photos avec son portable, elle les a aussitôt postées sur Photogram, son réseau social préféré. Gros succès, son compte a gagné plein d'abonnés au fil de la soirée. Les deux autres ont discuté avec les gens qui sortaient affolés du café des Sports. Ils étaient les premiers à recueillir les témoignages et un témoin parlait d'un client qui était parti précipitamment avant les autres alors qu'on sentait à peine l'odeur du feu. Et Fama a tout raconté sur les réseaux sociaux, elle pensait avoir un scoop, l'article de Fama était intitulé : « On tient le coupable ». Le lendemain, en arrivant au collège, elle s'est fait alpaguer par Romain :
– Dis donc, t'as raconté n'importe quoi, hier ! Le suspect dont tu parles, c'était mon oncle, il a passé toute la fin de soirée à la police alors que l'incendie, c'était un accident ! Une flamme sur de l'huile bouillante !
D'ailleurs, l'oncle de Romain a appelé les parents de Fama pour se plaindre. Là, c'est elle qui s'est sentie coupable. Accuser quelqu'un d'avoir mis le feu, c'est grave évidemment. Avant de le faire, il faut avoir des preuves de ce que l'on dit, surtout quand on écrit un texte public. Or, tout ce qu'on diffuse sur les réseaux sociaux, c'est public ! On a l'impression de ne s'adresser qu'à quelques copains, comme une discussion dans un café, mais les propos, les photos, comme la fumée dans le café des Sports se répandent très vite. On suit un compte, on transmet son contenu et, de fil en aiguille, des milliers de personnes peuvent en avoir connaissance. C'est ce qui s'est passé pour le post de Fama. Aujourd'hui, grâce au web et à tout ce qu'il permet, nous sommes tous « médias », c'est-à-dire que nous pouvons tous être témoin d'un événement et il suffit d'un téléphone ou d'un ordinateur pour le raconter en temps réel comme de vrais journalistes, et même plus vite, trop vite parfois. Après cet épisode, un journaliste de la rédaction du *Canard boiteux* est venu expliquer tout ça au collège. Fama en a fait un récit mais elle a pris soin de ne pas mettre le feu aux réseaux sociaux.

Leçon 28

Techniques pour… la médiation : prendre des notes

🎧 **Piste 109. Document 2**

Julie : Bonjour Sacha, ici Julie Bertaud, tu peux prendre des notes ?
Sacha : Bonjour Julie. Oui, je t'écoute.
Julie : Il faudrait ajouter l'info au flash de 10 h. OK ?
Sacha : OK, c'est noté.
Julie : Voilà ce que je sais. Il s'agit d'un jeune homme de 17 ans, lycéen à Reims. Il devait passer son bac de français. Il est parti en train de Paris et a oublié de descendre à Reims. Quand il s'est aperçu de son erreur, complètement paniqué, il a prévenu le contrôleur du train. La SNCF a mis à sa disposition un taxi à son arrivée en gare de Nancy pour le conduire à son centre d'examen. Le chauffeur a roulé à toute allure pour permettre au jeune d'arriver à l'heure. J'ai une interview du chauffeur. Le taxi s'est fait arrêter par les gendarmes pour excès de vitesse. Et c'est finalement eux qui ont conduit le jeune homme au centre d'examen, où il a pu passer son épreuve.

🎧 Piste 110. Activité 8
Secrétaire : Bonjour, école de journalisme de Bordeaux. Je vous écoute.
Anna : Bonjour monsieur, j'aimerais obtenir des informations sur votre master de journalisme.
Secrétaire : Alors il se fait en deux ans et il est accessible sur concours. Il y a une partie théorique et une partie pratique puisqu'on propose deux stages pendant la période d'études.
Anna : Combien de temps durent les stages ?
Secrétaire : Le premier est un stage court de deux mois non rémunéré. Le second est un stage plus long qui se déroule de mai à août. Il dure quatre mois. Le salaire, enfin je veux dire l'indemnité de stage, est en général d'environ 600 euros par mois.
Anna : D'accord. Et quel est le tarif de l'école ?
Secrétaire : Il faut compter 6 000 euros par an.
Anna : Et, dites-moi, que faut-il faire pour s'inscrire ?
Secrétaire : Vous envoyez votre dossier via notre site, nous faisons une première sélection. Si vous êtes retenue, nous vous convoquerons à un concours. On a en général 500 demandes pour 40 places disponibles.
Anna : Ah, c'est très sélectif !
Secrétaire : Oui mais vous avez des modules d'entraînement sur notre site, n'hésitez pas à les consulter.
Anna : Merci beaucoup pour toutes ces informations. Je vais préparer mon dossier.
Secrétaire : Je vous en prie. Bonne journée.
Anna : Bonne journée, au revoir.

Langue & S'entraîner

🎧 Pistes 111 à 113. Vocabulaire
→ *Voir manuel pages 115-116.*

🎧 Piste 114. Activité 8
Exemple : Un incendie s'est déclaré dans un hôtel.
a. Ça s'est passé en pleine nuit.
b. Il y aurait une vingtaine de blessés.
c. L'alerte a été donnée par le directeur de l'hôtel.
d. Les pompiers n'ont pas encore réussi à éteindre le feu.
e. C'est une cigarette qui serait la cause du départ de feu.
f. Un chat se trouverait encore dans une chambre.
g. Une enquête a été ouverte.
h. L'hôtel a été évacué.

🎧 Pistes 115 à 117. Vocabulaire
→ *Voir manuel page 117.*

🎧 Piste 118. Phonétique
Les consonnes [s], [z], [ʃ] et [ʒ] → *Voir manuel page 117.*

🎧 Piste 119. Activité 10c – Phonétique
1. Un chasseur sachant chasser sans son chien est un bon chasseur !
2. Suzanne, soulagée, va s'allonger légère sur son sommier rose.
3. Une dizaine de vaches jaunes jouent à cache-cache dans un champ.
4. Attention à ces acrobaties de chiens et chats joueurs !

Unité 8 — Quelle place réserver au vivant ?

Leçon 29
Parler des changements climatiques

▶ 22 Activité 2
Kyria : Chez moi, en Allemagne, l'écologie est une question importante. On produit des énergies renouvelables grâce aux panneaux solaires ou aux éoliennes et on est très attentifs au tri des déchets. Et puis on a l'habitude de se déplacer à vélo. Dans les grandes villes, il y a beaucoup de pistes cyclables et de nombreux espaces verts !
Et dans votre pays, quelles mesures ont été mises en place pour l'environnement ?

🎧 Piste 120. Document 2
Un rapport d'experts présenté ce jour révèle que les vagues de chaleur de ces dernières années n'auraient pas été si fortes si les activités humaines n'avaient pas été aussi importantes. Météo France et l'Institut Pierre-Simon Laplace ont présenté les relevés des températures depuis 1947 en France, en Allemagne, aux Pays-Bas et au Royaume-Uni. Ils montrent des températures extrêmes ces dernières années. En effet, à Paris par exemple, il a fait 42,6 degrés le 25 juillet 2019, contre 40,4 degrés en 1947, qui représentait le précédent record de chaleur. C'est avec la canicule de 2003 que les experts ont pris conscience de ces vagues de chaleur.
D'après le rapport, si le climat n'avait pas été modifié par les activités humaines, la canicule qui s'est abattue sur plusieurs pays d'Europe en 2019 aurait été de 1,5 à 3 degrés moins chaude. Les chercheurs veulent interpeller le grand public. Ils soulignent que les États ne semblent pas mesurer l'urgence de la situation, et précisent que les accords de Paris, qui visent à contenir le réchauffement planétaire en dessous de 2 degrés, ne sont pas respectés par les pays qui en sont pourtant membres.

🎧 Piste 121. Document 3
Lucas : Qu'est-ce qu'il fait chaud ! J'en peux plus ! T'as entendu ? Ils prévoient 38 et même 40 degrés la semaine prochaine... et on est seulement en juin !
Françoise : Oui, j'ai entendu ça. C'est de pire en pire ! Il ne faisait pas si chaud quand j'étais jeune !
Lucas : Tu dis toujours que c'était mieux avant !
Françoise : Mais c'est vrai. Tu ne te rends pas compte : regarde, un peu partout dans le monde il y a des tornades, des incendies de forêts, des inondations ! Et même ici, en France, il y a de plus en plus de sécheresses et on est obligé de mettre en place des restrictions d'eau et de réduire l'arrosage des champs...
Lucas : Tu sais, moi, j'ai toujours connu ça !
Françoise : Je sais bien. En fait, ça fait des années qu'on aurait dû agir ! Les scientifiques ont commencé à nous alerter dans les années 70 ! Ils disaient qu'il fallait limiter les gaz à effet de serre...
Lucas : Et qu'est-ce que vous avez fait ?
Françoise : Eh bien, en fait... on ne les a pas pris au sérieux, c'était un peu pareil pour tout le monde. On ne parlait pas

vraiment d'écologie à l'époque ! Moi, j'avais 20 ans, et je reconnais que ça ne m'intéressait pas beaucoup.
Lucas : Je trouve ça fou ! Tu sais Mamie, c'est pas contre toi mais, puisque vous saviez, il aurait fallu faire quelque chose ! Vous auriez pu penser aux générations futures ! On n'en serait pas là aujourd'hui…
Françoise : C'est vrai ! Je regrette sincèrement, Lucas. Je sais qu'on aurait dû consommer moins, se montrer plus responsables. Et puis, si les grandes industries avaient réduit leur activité, ou au moins si elles avaient produit de façon plus raisonnée, ça aurait réduit la pollution ! On a tous pris de mauvaises habitudes !
Lucas : Oui, bon, mais, d'un autre côté, la vie est plus facile que quand tu étais jeune…
Françoise : Tu dis ça pour être gentil mais je sais bien que si on avait fait ce qu'il fallait, on respirerait mieux aujourd'hui !

Leçon 30

Prendre position sur les droits des animaux

🎧 **Piste 122. Document 3**

Journaliste : Une loi a été adoptée cette semaine en France, elle interdit les animaux sauvages dans les cirques et les delphinariums, et encadre l'adoption des animaux de compagnie. Alors, où en sont les Français avec les animaux ? Le sociologue Jean Viard nous aide à y voir clair. Jean Viard, pensez-vous que cette loi soit une réelle avancée pour les espèces animales ?
Jean Viard : Oui, je pense que c'est un progrès. Il y a une évolution du rapport à l'animal qui est considérable. Mais je doute que cela suffise. On sait que plus de 50 % des Français ont un animal de compagnie ! Certains choisissent même d'avoir une maison avec jardin pour en avoir un. Mais un chien, il faut le promener au moins deux fois par jour, il faut aller courir avec lui parce qu'il s'ennuie. Parmi les propriétaires d'animaux, tous ne sont pas prêts à s'impliquer autant ! Résultat, les abandons d'animaux sont toujours aussi nombreux !

🎧 **Piste 123. Document 3**

Journaliste : Une loi a été adoptée cette semaine en France, elle interdit les animaux sauvages dans les cirques et les delphinariums, et encadre l'adoption des animaux de compagnie. Alors, où en sont les Français avec les animaux ? Le sociologue Jean Viard nous aide à y voir clair. Jean Viard, pensez-vous que cette loi soit une réelle avancée pour les espèces animales ?
Jean Viard : Oui, je pense que c'est un progrès. Il y a une évolution du rapport à l'animal qui est considérable. Mais je doute que cela suffise. On sait que plus de 50 % des Français ont un animal de compagnie ! Certains choisissent même d'avoir une maison avec jardin pour en avoir un. Mais un chien, il faut le promener au moins deux fois par jour, il faut aller courir avec lui parce qu'il s'ennuie. Parmi les propriétaires d'animaux, tous ne sont pas prêts à s'impliquer autant ! Résultat, les abandons d'animaux sont toujours aussi nombreux !
Journaliste : Comment expliquez-vous cela ?
Jean Viard : Il y a plusieurs raisons à cela. Je pense que de nombreux propriétaires ont un rapport immature à l'animal : ils pensent d'abord à leur propre plaisir. Quelques-uns traitent même leur animal comme un objet : ils le teignent, ils l'habillent… Mais l'animal n'est pas un jouet, c'est un être vivant qui a des besoins ! Chaque animal a droit au respect.
Journaliste : Comment expliquer, alors que les êtres humains ont des animaux de compagnie et des animaux d'élevage depuis la nuit des temps, que ce débat sur le bien-être animal n'émerge qu'aujourd'hui ?
Jean Viard : Je ne crois pas que nous parlions du même rapport à l'animal quand nous parlons des éleveurs. D'abord, je pense qu'ils respectent beaucoup leurs animaux en général. Ils font appel à des abattoirs pour les tuer. Mais bien sûr, l'objectif, c'est malgré tout de vendre de la viande !
Journaliste : Justement, croyez-vous qu'il faille également réglementer les conditions de vie des animaux dans les élevages ?
Jean Viard : Bien sûr ! C'est indispensable non seulement de garantir des conditions d'élevage décentes, mais aussi de revoir les conditions d'abattage.
Journaliste : De manière générale, pensez-vous que notre rapport au monde animal évolue ?
Jean Viard : Je n'en suis pas convaincu personnellement. Certains prétendent qu'on a progressé en tuant les nuisibles. On s'est débarrassés des loups, puis des ours. Maintenant, on pleure les hérissons… On se rend compte qu'on est allé beaucoup trop loin dans la domination des animaux. Regardez les insectes, il n'y en a presque plus. C'est tragique, l'insecte est un enjeu absolument majeur !

Leçon 31

Agir pour l'avenir

🎧 **Piste 124. Document 2**

Rémi : Tiens, il y a des tomates en promo, on pourrait en prendre pour l'apéro, non ?
Pierre : Attends, on est en janvier, c'est pas du tout la saison !
Rémi : Bon, OK, d'accord. T'as une autre idée ?
Alice : On n'a qu'à prendre du saucisson !
Pierre : Prenez-en si vous voulez. Moi, j'en mangerai pas, je vous rappelle que je suis végétarien. Je vous en ai parlé l'autre jour, vous vous souvenez ?
Rémi : Oui, oui, inutile de nous le répéter ! Bon, ça va pas être fastoche !
Pierre : Mais si, tu vas voir !
Alice : Bon et pour le plat principal, vous avez une idée ?
Rémi : Ben, moi j'aurais bien mangé de la viande, mais bon j'ai compris que c'était pas ton truc, Pierre !
Alice : Attends, y a des steaks végétariens ! T'en mangeras ?
Pierre : Oui, pas de problème.
Rémi : Non mais, moi, j'en mangerai pas ! Pas question ! Si je mange un steak, je mange de la vraie viande !
Alice : Bon, ben, je propose qu'on fasse autre chose parce qu'on va pas s'en sortir…
Pierre : Et si on faisait des crêpes ? Chacun peut y mettre ce qu'il veut, non ?
Rémi : Moi, des crêpes, je suis toujours d'accord !
Pierre : OK. Je vais chercher du lait, de la farine et des œufs. Vous vous occupez du reste ?
Alice : Ça marche !
Rémi : Tu mets quoi d'habitude sur tes crêpes ?
Alice : On peut prendre du fromage : du comté et un chèvre frais, ça te va ? Et des champignons ?

Rémi : Bonne idée, mais je sais pas si c'est de saison. Faudrait peut-être voir avec Pierre ?
Alice : Ah non, ne le lui demande pas… c'est pas la peine, on a qu'à prendre une boîte ! Je m'en occupe, tu regardes pour le reste ? OK, j'ai pris les fromages et les champignons.
Rémi : Donne-les-moi, je les mets dans le panier. Tiens, voilà Pierre.
Pierre : J'ai trouvé des œufs de poules élevées en plein air. J'en ai pris en plus pour mettre sur les crêpes ! J'ai pris de la salade aussi.
Rémi : Hé ! Pierre, j'ai pris des chips de légumes pour l'apéro !
Pierre : Trop bien ! Merci ! Et vous avez pensé aux ingrédients pour les crêpes sucrées ?
Alice : Citron, miel, confiture, pâte à tartiner, ça te va ?
Pierre : Top ! On va les chercher…
Alice : T'inquiète ! Rémi me les a déjà donnés !
Pierre : Rémi, pour la pâte à tartiner, tu as vérifié qu'il n'y avait pas d'huile de palme ?
Alice : J'étais sûre que tu le lui demanderais !
Rémi : Moi aussi !… Regarde, c'est écrit sur l'étiquette « sans huile de palme » !
Pierre : Cool, il reste plus qu'à passer en caisse !

▶ 23 **Culture(s) vidéo**
Biomimétisme
Voix off : Lorsque nous regardons des paysages naturels, lorsque nous contemplons la beauté de toutes sortes d'organismes vivants, nous ne devinons pas les avancées technologiques que ces organismes ont développées ni leur fonctionnement en écosystèmes parfaitement équilibrés. La démarche qui étudie le monde vivant pour mieux s'en inspirer s'appelle le biomimétisme. Dans quel but l'homme cherche-t-il à comprendre la nature aujourd'hui et pourquoi s'inspirer du vivant ?
Kalina Raskin : Le vivant va regrouper l'ensemble des espèces qui vivent à la surface de la planète. Et donc ça va des bactéries jusqu'à l'être humain. Les espèces qu'on observe aujourd'hui, elles sont le résultat de près de 4 milliards d'années d'évolution.
Tarik Chekchak : Par exemple, il y a des déchets dans le vivant mais c'est toujours une ressource pour d'autres organismes. La feuille, qui est un magnifique panneau solaire fabriquée à température et pression ambiantes avec des éléments abondants, une fois qu'elle se fane, elle devient ressource qui va créer de l'humus. Et donc on n'est pas dans une économie linéaire, on est dans une économie circulaire où le déchet devient une ressource pour quelqu'un d'autre.
Voix off : C'est grâce aux progrès récents de la science que nous pouvons explorer la richesse du vivant et en découvrir les prouesses. La transposition de ces connaissances à nos sociétés humaines pourra-t-elle les transformer de façon durable et nous inciter à mieux préserver la biodiversité ?
Kalina Raskin : Imaginons par exemple qu'un concepteur se pose la question de substituer, trouver un nouvel adhésif. La juste façon de se poser la question lorsqu'on veut faire du biomimétisme, c'est pas de se dire : qu'est-ce qu'il y a comme colle dans le vivant ? Ça va être de se dire : quelles sont les différentes stratégies d'assemblage dans le vivant et peut-être qu'à ce moment-là on pourra tomber sur d'autres stratégies que de la colle, on pourra tomber par exemple sur la façon dont un gecko peut s'accrocher sur une vitre et qui n'est pas dépendant d'une colle. C'est un système physico-chimique complètement différent. Ce biomimétisme, il offre une opportunité de repenser nos systèmes de conception, de repenser le cahier des charges des différents produits et services que nous allons développer de façon à les rendre compatibles avec la biosphère et donc de façon à les rendre durables.
Voix off : Le biomimétisme propose des réponses concrètes aux enjeux à la fois du développement durable, de la lutte contre le réchauffement climatique et de la protection de la biodiversité. Apprendre de la nature et se réconcilier avec elle est une promesse pleine d'espoir pour une humanité consciente des changements dans lesquels elle doit s'engager.

Leçon 32

Techniques pour… participer à un débat

🎧 **Piste 125. Document 1**
Animateur : Bonjour à tous. Bienvenue dans notre émission « 5 minutes pour débattre ». Aujourd'hui, notre débat portera sur la mode. Peut-on encore acheter des vêtements neufs ? Pour en parler, nous accueillons Sidonie Mirabeau, créatrice de mode, Emmanuel Gonzague, influenceur et enfin Carmen Baron, responsable de boutique. Nous allons commencer avec vous, Carmen Baron : pouvez-vous nous dire quel type de vêtements vous vendez ?
Carmen Baron : Je travaille dans une friperie, c'est-à-dire que je ne vends que des vêtements de seconde main. Mes clients sont des personnes de tous les âges qui ont décidé d'avoir une consommation plus responsable des vêtements et qui ont donc de vraies motivations écologiques. Pour moi, c'est vraiment ça l'avenir de la mode !
Animateur : Emmanuel Gonzague, vous voulez réagir ?
Emmanuel Gonzague : Je ne suis pas du tout d'accord avec ce qui vient d'être dit ! Au contraire, la mode doit se renouveler, elle ne se trouve pas dans les friperies !
Animateur : Justement, à ce propos, nous allons laisser la parole à Sidonie Mirabeau.
Sidonie Mirabeau : Merci, je tiens à dire que je partage l'avis de monsieur. La mode a toujours besoin de nouvelles inspirations ! Je ne suis, bien sûr, pas contre les friperies mais il doit y en avoir pour tout le monde !
Emmanuel Gonzague : Tout à fait !
Sidonie Mirabeau : J'aimerais ajouter qu'il existe d'autres solutions. Aujourd'hui, certaines boutiques proposent des bons d'achat en échange de vos anciens vêtements. C'est une autre façon de s'engager pour l'environnement !
Carmen Baron : Absolument !
Emmanuel Gonzague : Si je vous comprends bien, on ne peut plus acheter un vêtement simplement parce qu'il nous plaît et qu'on aime la mode ?
Sidonie Mirabeau : Ça n'est pas ce que j'ai dit. Mais, comme l'a souligné madame Baron, de plus en plus de gens cherchent à consommer de manière plus raisonnée, et ils ont raison : on ne peut plus se permettre aujourd'hui de consommer sans réfléchir à ses achats.
Emmanuel Gonzague : Vous allez trop loin ! Pour moi, c'est aux créateurs et aux enseignes d'être responsables, pas aux clients !

Sidonie Mirabeau : C'est vrai ! Pour ma part, j'utilise beaucoup de textiles recyclés dans mes créations. Mais ça ne suffit pas ! Les consommateurs doivent être attentifs aux marques qu'ils choisissent.
Carmen Baron : Je suis entièrement d'accord !
Animateur : Monsieur Gonzague, vous voulez intervenir ?
Emmanuel Gonzague : Moi, je ne suis vraiment pas convaincu ! Le problème, c'est que les marques qui affichent leur engagement écologique sont souvent des marques chères et tout le monde ne peut pas se permettre d'acheter ce type de produits !
Carmen Baron : Vous permettez ? Vous avez en partie raison, mais aujourd'hui il existe de plus en plus de marques éthiques accessibles à tous. En réalité, je crois que la solution c'est vraiment de mettre en place des règles strictes dans la production des vêtements. Ça aiderait aussi les consommateurs !
Animateur : Les cinq minutes sont écoulées ! Merci à tous les trois pour votre participation.

Techniques pour... la médiation : gérer un désaccord

Piste 126. Document 2
Katarzyna : Comme on a deux parties, je propose de les présenter, et toi tu fais l'introduction et la conclusion.
Sebastian : Ça me semble pas logique, c'est toi qui as écrit l'introduction, c'est quand même plus simple si c'est toi qui commences.
Katarzyna : Non mais j'ai pas envie de commencer.
Sebastian : Je ne trouve pas ça juste. Et puis on était d'accord : on présente la partie qu'on a rédigée, et moi, j'ai écrit la première partie. Je veux bien commencer, c'est pas le problème mais pas question que je ne fasse que l'introduction et la conclusion.
Katarzyna : C'est pas du tout ce qu'on avait dit et puis on a fait toutes les recherches ensemble, on maîtrise bien le sujet tous les deux !
Sebastian : Oui d'accord mais moi j'aimerais qu'on parle autant l'un que l'autre !
Katarzyna : C'est vraiment pas facile de travailler avec toi... Tu n'as qu'à demander à quelqu'un d'autre de présenter l'exposé avec toi !

Langue & S'entraîner

Piste 127. Activité 1
Exemple : Elle aurait modifié.
a. On avait eu.
b. Elle se serait trompée.
c. Nous aurions fait.
d. Ils avaient pris.
e. Nous nous serions engagés.
f. J'aurais pu.
g. Tu avais mis.
h. Elles auraient dû.
i. Vous auriez protesté.
j. On serait partis.

Piste 128. Vocabulaire
→ *Voir manuel page 129.*

Piste 129. Activité 5
Exemple : On doit préserver le bien-être de tous les êtres vivants.
a. Quelques propriétaires d'animaux devraient être punis.
b. Il faudrait contrôler chaque élevage.
c. Aucune espèce animale ne doit être abandonnée !
d. Il faut condamner certaines pratiques cruelles envers les animaux !
e. Il existe plusieurs associations qui défendent les droits des animaux.

Piste 130. Phonétique
La semi-consonne [j]→ *Voir manuel page 130.*

Piste 131. Activité 8 – Phonétique
a. Nous ne croyons pas que Camille veuille bien payer notre loyer.
b. Croyez-vous qu'il vaille mieux une paille ou un tuyau ?

Pistes 132 à 134. Vocabulaire
→ *Voir manuel page 130.*

Piste 135. Activité 9
Exemple : Tu as envie de faire les courses ?
a. Ya rien à manger !
b. J'aime pas du tout ces produits.
c. Qu'est-ce que t'en penses ?
d. Je n'en veux pas.
e. Il n'y avait plus de beurre !
f. Il est pas végétarien.
g. Est-ce que tu aimes le bio ?

Pistes 136 et 137. Vocabulaire
→ *Voir manuel page 131.*

Préparation au DELF B1
Compréhension de l'oral

Piste 138. ❯ Comprendre des émissions de radio et des enregistrements
Vous écoutez la radio. Lisez les questions. Écoutez le document puis répondez.
Journaliste : Dans un appel à la lutte contre la désinformation sur les réseaux sociaux, l'Agence de la Santé Publique du Canada (l'ASPC) a salué les efforts actuels de Facebook, de Twitter et de YouTube visant à supprimer les fausses informations au sujet du COVID 19. En effet, au début de la crise sanitaire, nous avons assisté à la diffusion de nombreuses informations, souvent contradictoires, sur le virus et ses effets et sur la validité des vaccins proposés. Selon l'ASPC, les principaux médias sociaux ont beaucoup contribué à cette surabondance d'informations. Cependant, dans une note diffusée dimanche, l'administratrice en chef de la Santé Publique du Canada, Madame Theresa Tam, estime aujourd'hui que les efforts mis en place par Facebook, Google et Twitter pour réduire les fausses informations présentes sur leurs plateformes sont encourageants. Ainsi, le réseau social Facebook a annoncé qu'il ne tolérerait plus, à partir du mois de février, le partage de fausses informations sur de nombreux sujets touchant le coronavirus et les vaccins contre le COVID 19. Toutes les informations selon lesquelles le virus serait de fabrication humaine ou les vaccins ne seraient pas efficaces, ou seraient toxiques, seront supprimées.
L'ASPC considère que le partage de fausses informations, volontaire ou non, crée de la confusion et de la méfiance et empêche les usagers de prendre librement des décisions

vitales au sujet de leur santé. L'Agence fait aussi la promotion de sites spécialisés dans la vérification des faits comme le site gouvernemental vraioufauxenligne.ca, ou bien celui du collectif scientifique LaScienceD'abord ou encore le site destiné aux enfants HabiloMédias.ca. « J'aimerais que tous les Canadiens soient attentifs, qu'ils fassent une pause et vérifient soigneusement l'information avant de la retransmettre sur les réseaux sociaux, afin d'interrompre la chaîne de fausses informations », a souligné Madame Tam.

Pourquoi voyage-t-on ?

Leçon 33
Raconter une expérience

▶ 25 **Activité 5**
Xasia : L'altitude me fait peur, prendre l'avion a toujours été un problème pour moi. Mais ma meilleure amie s'est mariée avec un Néo-zélandais et j'étais sa témoin. J'ai d'abord dit que 15 heures d'avion, ce n'était pas possible pour moi ! Puis j'ai réfléchi et j'ai décidé de faire un effort. Ça a été très difficile, mais je l'ai fait pour mon amie. Pour moi, ça a été un vrai exploit. Et vous, avez-vous réussi à affronter une peur ?

🎧 **Piste 139. Document 2**
Cécile : C'est vous Pepe ?
Pepe : Oui, c'est moi ! Bonsoir.
Cécile : Bonsoir. Je m'appelle Cécile. J'ai vu votre annonce sur le panneau de la librairie. Je voudrais faire un voyage de plusieurs mois. Je suis étudiante en droit mais je vais faire une année de césure.
Pepe : Heu… une année de quoi ?
Cécile : De césure, c'est-à-dire que je veux faire une pause d'un an pendant mes études.
Pepe : Ah ! OK.
Cécile : Donc, vous cherchez des personnes pour partir en mer avec vous. Vous pouvez m'en dire plus ?
Pepe : Avec plaisir. On se tutoie ?
Cécile : D'accord.
Pepe : Alors moi j'ai acheté un voilier, qui est dans le port de Lisbonne. Là, je suis à Paris pour vendre mon appartement et régler quelques affaires personnelles avant de partir pour un an autour du monde. Un bateau de 12 mètres, c'est assez grand et donc je cherche des équipiers et des équipières. Et dès que j'ai trouvé l'équipage, c'est-à-dire trois personnes, je retourne à Lisbonne et je mets le cap sur les Açores, puis la Guadeloupe, etc.
Cécile : Et vous avez… enfin… tu as déjà fait un aussi long voyage ? Et tu sais naviguer ?
Pepe : Autrefois, quand j'étais très jeune, j'ai longé la Patagonie à la voile. Ça fait deux ans que je me prépare et j'ai aussi suivi une formation en Bretagne.
Cécile : Et pourquoi tu veux faire le tour du monde ?
Pepe : J'ai décidé d'arrêter de travailler après que mon médecin m'a alerté : il m'a dit que je risquais le burn-out. Comme j'avais 59 ans, j'ai démissionné. Je veux profiter du temps que j'ai, m'échapper de la ville, être proche de la nature.
Cécile : Wouah ! Quelle décision !
Pepe : Au moment où j'ai décidé de tout plaquer, je me suis senti libéré. Avant que le boulot devienne vraiment stressant, j'étais plutôt heureux. J'ai beaucoup travaillé et j'ai gagné beaucoup d'argent mais aujourd'hui ça ne m'intéresse plus. Et toi, pourquoi tu veux partir ?
Cécile : J'ai envie de voyager, mais sans faire du tourisme. Je veux découvrir le monde et savoir de quoi je suis capable. Mais, avant de me décider, j'ai besoin d'un peu plus d'infos. Je connais rien à la navigation. Est-ce qu'il faudrait que je suive une formation ? Est-ce qu'on est payé ?
Pepe : T'as pas besoin de formation. Et personne n'est payé. Tout le monde participe au travail : cuisiner, réparer, manœuvrer et nettoyer. Il y a beaucoup à faire sur un bateau et quand quelque chose casse, il faut réparer avant qu'il fasse nuit. Pendant que les uns travaillent, les autres dorment, on n'arrête jamais. Et pendant les escales, on fait les courses, on visite un peu, et on repart.
Cécile : Tu penses que ce serait difficile pour moi ?
Pepe : Je ne sais pas. Ça dépend de toi.
Cécile : J'aimerais tellement me retrouver au milieu de l'océan. Et j'ai un peu peur en même temps. Et puis…

Leçon 34
Parler du tourisme

🎧 **Piste 140. Document 3**
Journaliste : Aujourd'hui, je ne vous parlerai pas d'avions mais de tourisme spatial. Demain, à 20 heures (2 heures du matin, heure française), le premier vol touristique de SpaceX décollera des États-Unis. Quatre touristes passeront trois jours dans l'espace. Des tests seront effectués avant et après le vol pour étudier l'effet du voyage sur leur corps. L'idée est d'accumuler des données pour les futurs passagers privés. Après ces trois jours en orbite à 540 km d'altitude, les astronautes devraient amerrir dans l'océan Atlantique, au large des côtes de la Floride.
Alors, en 2049, les touristes enverront sans doute à leurs proches des cartes postales depuis des hôtels « tout compris » : « Bises de la station orbitale ! » En tout cas, dans trente ans, nous ne voyagerons plus comme aujourd'hui, c'est certain. Les moins riches auront fait l'expérience de l'apesanteur et le tourisme spatial sera entré dans les habitudes.
Mais quel sera le coût écologique de ces voyages dans l'espace ? Il est encore difficile d'estimer précisément l'impact environnemental de ce tourisme. Mais en se basant sur l'empreinte carbone des récents vols commerciaux dans l'espace, les scientifiques alertent sur les conséquences pour l'environnement. Alors : vivre l'extase de l'apesanteur, avec vue sur la Terre et sans penser au futur : le tourisme spatial a-t-il un bel avenir devant lui ?

Leçon 35
Réfléchir au voyage

🎧 **Piste 141. Document 2**
Journaliste : Bonjour Ariane Mnouchkine. Vous êtes la fondatrice du Théâtre du Soleil, et vous avez choisi d'évoquer pour nous votre « voyage immobile » à Bodnath, un sanctuaire bouddhiste situé à Katmandou, au Népal. Pourquoi êtes-vous partie seule au Népal ?

Ariane Mnouchkine : Je souhaitais m'éloigner de Paris, du travail. Je suis alors partie à Bodnath, lieu profondément bouddhiste. Je suis heureuse que des visiteurs puissent profiter de cet endroit extraordinaire. Je suis arrivée juste après Noël. Il faisait un temps sublime. Je me suis installée dans la guest-house du monastère où j'ai passé quinze jours. Là, je n'ai rien fait d'autre que de me lever le matin, tourner autour du grand stupa vingt ou trente fois par jour. Le stupa, c'est le monument religieux autour duquel on tourne, toujours par la gauche. Je m'arrêtais pour manger un bol de nouilles et boire du thé préparé par les moines.
Journaliste : Comment vos journées étaient-elles rythmées ?
Ariane Mnouchkine : Par les tours autour du stupa. Je me suis autorisée une vie quotidienne sans aucune activité. Cette vie oisive était supportable, je crois, parce je travaillais spirituellement.
Journaliste : C'est la première fois que vous séjourniez à Bodnath ?
Ariane Mnouchkine : Non. D'ailleurs, la dernière fois que j'y étais allée, les pots et les bassines pour laver la vaisselle étaient en cuivre. Aujourd'hui, ils sont en plastique. Je suis triste qu'on fasse disparaître les choses du passé. Je me suis posé la question du progrès véritable. Et je regrette qu'on soit obligés de choisir entre traditions et progrès.
Journaliste : L'un de vos plus beaux voyages a donc été… immobile.
Ariane Mnouchkine : C'est vrai. J'ai davantage voyagé sans bouger à Bodnath que si j'avais parcouru 150 kilomètres dans la région. J'observais les gens, je cherchais des regards. En fait, je n'ai plus envie de passer trois jours quelque part puis de vite m'en aller. Je veux rester. Quand j'ai quitté Bodnath, j'ai eu envie de pleurer. J'aurais pu, j'aurais dû rester plus longtemps.

▶ **26 Culture(s) vidéo**
Un port normand
Présentateur : Le petit boîtier se monte en 10 secondes et vous emmène il y a très longtemps.
Petit garçon : Un pommier, des maisons…
Présentateur : *Les Visiteurs*, version tourisme à Honfleur. Le petit port normand revenu au Moyen Âge, en 3D et à 360 degrés, la promenade est tout de suite moins ennuyeuse.
La mère : À cinq ans, c'est compliqué de faire des visites guidées avec lui. Et le fait que ce soit … qu'il y ait des choses à regarder, c'est très bien. Les enfants, ça leur permet de voir aussi comment était une ville au Moyen Âge. Et puis, ça permet que ce soit un petit peu plus interactif.
Présentateur : Honfleur s'est fait une spécialité de ces visites guidées, enjolivées d'images de synthèse et de jeux.
Clémence Frémont : Un des projets dans le cadre de la réhabilitation, c'est de sortir un petit peu la culture hors des murs, et d'expliquer de manière ludique la ville d'Honfleur, son histoire, son patrimoine, son architecture.
Présentateur : En préparation : un second voyage dans le temps. Il évoquera la marine à voile.

Langue & S'entraîner

🎧 **Pistes 142 à 146. Vocabulaire**
→ *Voir manuel page 145.*

🎧 **Piste 147. Activité 5**
Exemple : Elle aura voyagé.
a. Ils se seront entraînés.
b. Il est parti.
c. Tu auras marché.
d. On avait couru.
e. Elle aurait modifié.
f. Elle se sera reposée.
g. Ils gagneront.
h. Vous aviez participé.
i. Vous aurez gagné.
j. Ils se seraient inscrits.

🎧 **Pistes 148 et 149. Vocabulaire**
→ *Voir manuel page 145.*

🎧 **Piste 150. Activité 8**
Exemple : Je suis heureuse qu'on parte en voyage ensemble.
a. Il regrette que ses amis ne viennent pas avec lui.
b. Il faut que les sites touristiques soient protégés.
c. Je ne pense pas que nous puissions bientôt aller sur la Lune.
d. On est énervés que le vol soit retardé.
e. Il a peur que ce voyage soit dangereux.
f. Il est nécessaire que tu sois en forme pour faire cette randonnée.
g. Il ne croit pas que cette destination soit intéressante pour un enfant.
h. Elle souhaite que ses amis viennent avec elle sur le voilier.

🎧 **Pistes 151 à 155. Vocabulaire**
→ *Voir manuel page 147.*

🎧 **Piste 156. Phonétique**
Les accentuations et les intonations → *Voir manuel page 147.*

🎧 **Piste 157. Activité 9a – Phonétique**
Comment peut-on voyager en restant immobile ? Le « voyage immobile » est une expression paradoxale mais pourtant très utilisée. Elle désigne aussi bien le fait de vivre un voyage géographiquement immobile, que celui de voyager par l'esprit, sans aller nulle part.

DELF B1 - Compréhension de l'oral

Vous allez écouter plusieurs documents. Il y a deux écoutes. Pour répondre aux questions, cochez la bonne réponse.

🎧 **Piste 158.** ❯ **Exercice 1 : Comprendre une interaction entre locuteurs natifs**
Vous écoutez une conversation. Lisez les questions. Écoutez le document puis répondez.

Baptiste : Salut Camille, je suis content de te voir !
Camille : Salut Baptiste ! Oui, moi aussi !
Baptiste : Dis donc, tu as l'air en forme…
Camille : Oui, je vais très bien. Tu sais, j'ai changé de travail.
Baptiste : Ah, super ! Je me souviens que la dernière fois qu'on s'est vus, tu étais très stressée, justement à cause de ton travail, non ?
Camille : Oui, à la fin de mes études de journalisme, j'ai travaillé au journal de ma ville : je m'occupais des faits divers.

Au début, je trouvais ça passionnant d'être tout le temps au cœur de l'actualité ! Mais il fallait être toujours joignable, à n'importe quelle heure… Je n'avais plus de vie privée…
Baptiste : Oui, je comprends ! Et alors, tu as abandonné le journalisme ?
Camille : Non, pas du tout ! Tu sais qu'au lycée, je m'intéressais déjà beaucoup à la question des personnes handicapées. Un jour, dans la rue, j'ai rencontré Monsieur Garaud…
Baptiste : Monsieur Garaud, notre prof de philosophie ?
Camille : Oui, exactement ! Il venait de fonder une revue en ligne sur le handicap. Il m'a proposé d'y collaborer. Évidemment, j'ai accepté tout de suite ! Être en contact avec des spécialistes de ces questions mais aussi avec des médecins, des avocats, des éducateurs, c'est ça qui me plaît ! Et je découvre toujours de nouveaux sujets d'enquête. La revue propose une grande variété d'articles et de points de vue très différents sur ces questions…
Baptiste : Mais, étant donné toutes les difficultés rencontrées par les personnes handicapées au quotidien, tu n'es pas trop découragée ?
Camille : Parfois si, un peu ! Mais je pense qu'il faut alerter sur l'urgence d'agir. Et écrire dans un journal en ligne permet de sensibiliser toujours plus de monde…
Baptiste : Oui, tu as raison ! Tu pourras m'envoyer l'adresse du site de ta revue ? Ça m'intéresse !
Camille : Oui, bien sûr !

🎧 **Piste 159.** ❯ Exercice 2 : Comprendre une émission de radio (domaine public)

Vous écoutez la radio. Lisez les questions. Écoutez le document puis répondez.

Journaliste : Bonjour à toutes et à tous ! Aujourd'hui, nous vous présentons l'association internationale « Planète Urgence » qui est engagée dans la préservation de l'environnement et qui vient de lancer l'opération « Un euro = un arbre planté ». Son objectif : financer son programme « Environnement et Développement » afin de préserver les forêts et leur biodiversité. Le concept est simple : pour chaque euro versé, l'association s'engage à planter un arbre dans des zones très fragilisées par l'action humaine et menacées par la déforestation. Nous savons tous qu'un arbre produit de l'oxygène, stocke du carbone, contribue au maintien des espèces animales et végétales, régule le cycle de l'eau, protège les sols et favorise l'équilibre climatique. Préserver les forêts est donc un moyen de participer à la sécurité alimentaire et économique des populations les plus vulnérables. Car les forêts représentent une source d'énergie renouvelable pour des millions de personnes, un matériau de construction et engendrent des revenus durables pour de nombreux artisans et leurs familles. Donc, absolument essentielle pour la planète, la forêt joue un rôle important dans la régulation du climat, abrite une biodiversité exceptionnelle et constitue une ressource alimentaire essentielle pour les populations rurales. Pourtant, malgré la mise en garde de différents rapports officiels appelant à une gestion durable de ces écosystèmes, la déforestation avance à un rythme très rapide. Les forêts sont en danger ! Grâce à des projets de préservation en collaboration avec les populations locales au Cameroun, en Indonésie et à Madagascar, Planète Urgence a le pouvoir de lutter concrètement et durablement contre la déforestation. Et, derrière chaque arbre planté, il y a une aventure humaine, une histoire de collaboration entre les communautés locales et les équipes de Planète Urgence. En effet, ces hommes et ces femmes travaillent ensemble pour restaurer et préserver les forêts en danger. Un arbre planté, c'est toute une filière économique durable qui est soutenue, et c'est aussi tout un réseau d'enfants et d'adultes sensibilisés et impliqués dans la préservation de leur environnement.

🎧 **Piste 160.** ❯ Exercice 3 : Comprendre une émission de radio (domaine professionnel)

Vous écoutez la radio. Lisez les questions. Écoutez le document puis répondez.

Journaliste : Faire en sorte qu'il y ait plus de femmes scientifiques : c'est la mission que se donne depuis presque 20 ans la Fondation L'Oréal avec son programme « Pour les femmes et la science ». Nous en parlons avec Alexandra Palt, avocate de formation, spécialiste des droits de l'homme et actuellement directrice de la fondation L'Oréal. Alors, Alexandra Palt, où en sommes-nous dans ce domaine ?
Alexandra Palt : La présence des femmes dans les sciences progresse. En France, il y a aujourd'hui 28 % de chercheuses, contre 25 % en 2010. C'est une évolution positive, mais insuffisante. Par ailleurs, les postes de décision au plus haut niveau académique sont occupés par seulement 14 % de femmes. De plus, elles sont encore minoritaires dans certains domaines comme les mathématiques, le numérique et l'ingénierie.
Journaliste : Comment cela s'explique-t-il ?
Alexandra Palt : D'abord, ces métiers sont peu connus des femmes en général. Car peu de femmes scientifiques parlent de leur expérience. Ensuite, les clichés sont nombreux. À l'école, les matières scientifiques sont considérées comme exigeantes et les professions scientifiques apparaissent comme peu compatibles avec une vie équilibrée. Ainsi, dans une enquête menée auprès de femmes scientifiques, elles déplorent d'une part la difficulté à concilier vie privée et vie professionnelle, d'autre part la culture sexiste très présente dans les milieux scientifiques. Donc, très tôt, les petites filles s'éloignent de ces matières.
Journaliste : Alors, que faudrait-il faire ?
Alexandra Palt : D'abord, je dirais qu'il faut arrêter de présenter la science comme trop abstraite, et sans lien avec la vie de tous les jours, sans engagement. Au contraire, il faut expliquer que c'est un moyen de se rendre utile à la société. La science dessine le monde de demain et il faut que les femmes en fassent partie ! Et, aujourd'hui, les femmes scientifiques sont trop modestes, elles ne prennent pas assez la parole.
Journaliste : Vous dites que la science émancipe ?
Alexandra Palt : Oui, elle permet de développer l'esprit critique et donc la capacité de choisir. Elle permet une émancipation financière et une libération personnelle. Les femmes peuvent avoir un rôle déterminant dans ce domaine, surtout qu'il y a beaucoup d'emplois intéressants. Il est clair qu'une science qui s'ouvre à la différence est une meilleure science pour le monde…